KB237615

주제별 말씀묵상
심화예화 365

주제별 말씀묵상 심화예화 365

2017년 12월 1일 초판 발행

첨 삭 | 한치호
발행인 | 김수곤
발행처 | 도서출판 선교횃불
등록일 | 1999년 9월 21일 제 54호
　　　　전화 : (02)2203-2739
　　　　팩스 : (02)2203-2738
등록처 | 서울 송파구 백제고분로 27길 12(삼전동)
이메일 | ccm2you@gmail.com
홈페이지 | www.ccm2u.com

ⓒ 도서출판 선교횃불

ISBN 978-89-5546-397-2 03230

이 출판물은 저작권법의 보호를 받는 저작물이므로 무단전재와 무단복제를 금합니다.
파본은 교환해 드립니다.

주제별 말씀묵상
심화예화 365

한치호 목사 첨삭

신교횃불

머리말

우리는 지금, 하나님은 거절하고, 자기에게 주목하기를 원하는 세상에서 살아가고 있다. 오늘날의 세대 현상을 이미 바울이 예고해주었다.

–사랑에 대하여 잘못된 길을 가고 있다. 자기를 사랑하는 자, 돈을 사랑하는 자, 쾌락을 사랑하는 자들이다.

–관계에 대하여 잘못된 길을 가고 있다. 부모를 거역하는 자, 감사하지 않는 자, 거룩하지 못한 자, 무정하고 무자비하고 남을 비방하고 무절제하고 난폭하고 선을 좋아하지 않는 자들이다.

–이에 더하여 배신, 자만, 쾌락을 하나님보다 더 사랑하고 있다.

이러한 삶의 모습은 하나님의 심판이 가까웠다는 것을 암시해준다. 이때, 우리에게 하나님은 말씀하신다. 오직 하나님이 말씀을 들어야 한다는 것이다. 나의 소망은 하나님의 말씀에 있다.

'성경을 읽고, 하나님의 말씀을 묵상하려고 할 때, 말씀을 심화 있게 관찰하고, 내게 주시는 음성으로 듣도록 돕는 사람이 나의 곁에 있다면 얼마나 행복할까?' 바로, 이러한 간절함에서 이 책은 엮어졌다.

성경의 저자들은 하나님께로부터 받은 것을 기록하였다. 성경에는 사람으로 하여금 구원에 이르게 하는 지혜와 교훈이 있다. 이 은혜를 날마다 누리기를 소원하면서 엮었다. 하나님의 말씀을 품성하게 경험하도록 예화를 곁들였으니, 하나님의 말씀으로 복된 하루, 하루를 설계하고 기도하자.

2017년 5월, 한치호 목사

차 례

04 그리스도의 향기

05 하나님께 구별된 존재

06 하늘에 속한 사람

01

새 사람을
입으라

새 사람이 된 도둑

남은 자는 예루살렘에서부터 나올 것이요 피하는 자는 시온 산에서부터 나오리니 여호와의 열심이 이 일을 이루리라 하셨나이다 하니라.

왕하 19:31

　도둑질만 하고 살던 사람이 하루는 아무것도 훔치지 못하고 있을 때, 신학생에게서 전도 책자를 받고 나무 밑의 의자에 앉아 그것을 읽었다. 그때, 성령님께서 그에게 이렇게 말씀하셨다.

　"버려라. 그리고 새 사람이 되어라!"

　도적은 성령의 감동하심에 따라서 못된 옛 생활을 청산하고, 교회에 등록하여 그리스도의 사람이 되었다.

　"예수님께서 죄인인 나 때문에 하신 일을 생각하면 생각할수록 감사합니다. 헌데 내가 60이 되도록 아무도 내게 그리스도 안에서 살도록 인도해준 사람이 없었습니다."

　새 사람이 된 도둑이 교회 앞에서 간증하면서 한 말이었다.

본문의 묵상을 위한 주제어

1. 남은 자는: 하나님께서 구원을 계획하신 사람을 가리킨다.
2. 피하는 자: 고난을 피하여 하나님의 품으로 피한 상태를 말한다.
3. 이 일을 이루리라: 죄인이 구원 받는 근거는 여호와의 열심에 있다.

기도: 필요한 사람에게 베풀어 그리스도를 전하게 하시옵소서.

결단이 이 정도는 되어야

새 사람을 입었으니 이는 자기를 창조하신 이의 형상을 따라 지식에까지 새롭게 하심을 입은 자니라. 골 3:10

도박에 깊이 빠져 있던 한 청년이 죄를 뉘우치고 삶의 방향을 온전히 바꾸었다. 어느 날, 그를 아는 마술사가 그에게 카드 한 벌을 주면서 그것을 자르라고 했다.

그는 정색하며 외쳤다.

"안돼요! 나는 다시는 카드를 만지지 않겠다고 결심했어요."

마술사가 깜짝 놀라며 그를 달랬다.

"그건 당신을 다치게 하는 것이 아니라네. 나는 당신에게 카드놀이나 노름 같은 걸 하라고 하는 게 아니잖나. 생각 좀 하게, 바보같이 굴지 말고."

그러나 그는 결심을 끝내 굽히지 않았다.

"아무리 뭐라고 해도 난 카드를 만지지 않겠어요. 그것은 내 인생을 엉망진창으로 망쳐 놓았단 말입니다."

본문의 묵상을 위한 주제어

1. 새사람: 성도는 늘 옛사람과 대비해서 새사람으로 존재해야 한다.

2. 형상을 따라: 하나님의 뜻에 순종하여 예수님을 닮아가야 한다.

3. 새롭게 하심을: 예수님 안에서 소유한 새로운 본성을 쫓아야 한다.

기도: 여호와께서 받으실 만한 행동의 하루가 되게 하시옵소서.

불로소득

여호와께서 의인의 영혼은 주리지 않게 하시나 악인의 소욕은 물리치
시느니라. 잠 10:3

시험이 치러지는 시간에, 한 학생이 남의 시험지를 열심히 보고
쓰고 있었다. 컨닝을 한 것이다. 담임선생이 그 학생에게 조용히 다
가가서 어깨에 손을 얹었다. 그러더니 속삭이듯이 말했다. "열심히
노력해서 살아야지, 불로소득으로 살아가면 되겠나?"

담임선생의 말에 오히려 학생은 당황해 하였다. 그는 컨닝을 하다
들켰기 때문에 시험지를 빼앗기리라 생각했던 것이다. 그런데 담임
선생의 말은 컨닝에 대하여 꾸짖는 것이 아니었다. 이 학생은 이 말
을 새로운 삶의 충격으로 받아들이게 되었다.

그는 열심히 공부하였다. 그는 지금 큰 병원의 구매 과장이 되었
고, 얼마 전에는 담임선생을 초청해 대접을 융숭히 했다. 그때의 자
기 마음과 지금 자기 마음을 말하며, "자신을 절대로 불로소득으로
살아가지 않겠다."고 하였다.

본문의 묵상을 위한 주제어

1. 의인의 영혼: 하나님 앞에서 의로우면 하나님의 보장을 받는다.

2. 악인의 소욕: 악한 꾀는 달콤하게 여겨져도 나를 망치는 통로이다!

3. 여호와께서: 나의 한 날을 두고, 하나님께서 판단하심에 주목하자.

기도: 다른 사람의 눈보다 자신을 속이는 것에 민감하게 하시옵소서.

성자가 된 도둑

새 사람을 입었으니 이는 자기를 창조하신 이의 형상을 따라 지식에까지 새롭게 하심을 입은 자니라. 골 3:10

어떤 사람이 양을 도둑질을 해서 자신의 이마에 양 도둑(S.T.)이라는 화인을 받았다. 그는 회개하여 마을 사람에게 불행한 일이 생기면 가서 도와주고, 대신 아파해 주고, 대신 매 맞아 주었다. 그래서 그 동네와 이웃 마을에서는 그 사람이 없으면 살맛이 없어질 정도가 되었다.

그는 동네 사람들에게 목사보다 더 존경을 받았다. 그가 나이가 많게 되자, 그에게 낙인을 찍었던 사람들이 다 죽고 그들의 2세들만 남게 되었다. 2세들은 자라서 그 노인을 존경하고, 학교의 입학식 때는 훈사를 하는 유명한 사람이 되었다.

시간이 흘러 낙인을 찍는 풍속은 없어졌다. 아이들 중에, 노인의 이마에 어째서 S.T.가 붙었느냐고 묻는다. 마을 사람들은 그가 거룩해서 성자(S.T.)라는 낙인을 찍었다고 하였다. 도둑이 성자가 된 것이다.

본문의 묵상을 위한 주제어

1. 새 사람: 주님 안에서 새로워진 본성을 확인하며 오늘을 시작한다.
2. 형상을 좇아: 예수님을 본받아 그 안에서 완성되기를 기도한다.
3. 지식에까지: 예수 안에서 구원에 이르는 지식에 이르기를 다짐한다.

기도: 새 사람을 입게 하셨으니 오직 성령님께 붙잡히기 원합니다.

참된 변화

네게는 여호와의 영이 크게 임하리니 너도 그들과 함께 예언을 하고 변하여 새 사람이 되리라. 삼상 10:6

그리스도인이 된 사람과 신자가 아닌 친구가 함께 대화를 나누고 있었다. 불신자 친구가 그에게 그리스도에 대하여 열 가지로 물었지만 그는 대답을 못해 주었다.

"그러나 이 사실 하나는 분명히 알고 있지. 3년 전에, 내가 그리스도인이 아니었을 때는 주정뱅이였고 빚도 많았고 내 가정은 산산조각이 되어갔네. 저녁마다 처자식들은 내가 집에 오는 것을 무서워했지.

그러나 이제는 술도 끊었고, 빚도 갚았고, 우리 가정은 화목해 졌지. 저녁마다 아이들은 나를 기다리고 있게 되었거든. 이게 모두 그리스도가 나에게 이루어주신 것일세.

또한 나는 지독한 죄인이라는 것과 그럼에도 불구하고 하나님은 나를 이 세상에서 가장 사랑하신다는 것만은 분명히 알고 있지."

본문의 묵상을 위한 주제어

1. 여호와의 영이: 오늘, 하루를 시작하면서 성령님께 붙들리도록 하자.

2. 예언을 하고: 하나님의 말씀을 자신에게 선포하고, 그 말씀을 듣자.

3. 새사람이: 성령님께 이끌림과 하나님의 말씀으로 자신을 도전하자.

기도: 하늘에 속한 사람으로 살아가도록 이끌어 주시옵소서.

한 영혼을 변화시킨 양고기

하나님을 따라 의와 진리의 거룩함으로 지으심을 받은 새 사람을 입으라. 엡 4:24

랙스Lax 목사는 한 노인이 몹시 아프다는 이야기를 듣고 그를 찾아갔는데 그 노인은 고개를 돌린 채 말 한 마디조차 하지 않았다. 그 집을 나선 목사는 두 덩어리의 양고기를 그 집에 배달해주도록 주문하였다.

며칠 후에, 다시 그 집을 방문했다. 노인은 전보다는 약간 다정하게 대해주었다. 목사는 집으로 돌아가면서 양고기를 주문하였다. 세 번째 심방을 하게 되었을 때, 그 노인은 많이 달라졌다. 그 결과, 랙스 목사님은 노인과 함께 기도할 수 있었다.

그 후에, 랙스 목사는 노인이 죽었다는 사실을 알게 되었다. 그러나 그 노인은 마지막 순간에 이렇게 말하였다.

"랙스 목사님에게 전해주십시오. 나를 변화시킨 것은 목사님의 설교가 아니라 나를 위하여 사 주셨던 양고기였소."

본문의 묵상을 위한 주제어

1. 하나님을 따라: 나에게 임한 구속의 은혜는 하나님의 계획이었다.

2. 지으심을 받은: 죄의 용서를 받아, 하나님의 형상대로 재창조되었다.

3. 새 사람을: 옛 사람의 옷에 새 사람의 옷을 걸쳐 입는 것이 아니다.

기도: 저에게 기준이 아니고, 하나님을 기준에 두게 하시옵소서.

주님을 위해서 내 삶이 불타기를

자기의 육체를 위하여 심는 자는 육체로부터 썩어질 것을 거두고 성령을 위하여 심는 자는 성령으로부터 영생을 거두리라. 갈 6:8

1950년대 세계 선교의 영웅 짐 엘리엇Jim Elliott이 정글에서 피를 흘린 후에 발견된 그의 일기장에는 이런 말이 적혀 있었다.

"결코 놓쳐서는 안 되는 일, 그것을 위하여 결국 끝까지 붙들고 있을 수 없는 그것들을 버리는 사람, 그는 결코 어리석은 사람이 아니다."

이 역사 속에서 하나님의 위대한 발자취를 남기기 위해서, 하나님께 쓰임 받는 삶을 살기 위해서 청춘과 부와 명예와 권력을 버릴 수 있는 사람은 결코 어리석지가 않다는 것이다.

그는 계속해서 이렇게 고백하였다. "주님, 오래 살기를 구하지 않습니다. 다만 주님을 위해서 내 삶이 불타기를 원합니다."

이것이야 말로 우리가 겪을 수 있는 최고의 변화가 아니겠는가? 만일, 하나님께 자기를 버릴 수 있는 사람이라면 그는 어리석지 않다.

본문의 묵상을 위한 주제어

1. 자기의: 하나님께서 주목하시듯이 오늘을 살면서 자신을 주시하자.
2. 육체를-성령을: 하나님 앞에서 산다는 것은 선택의 삶이다.
3. 거두리라: 행실에서 거두지 않는 것이 없다는 사실을 두려워하라!

기도: 선택과 거절의 기준을 자신이 아닌, 하나님께 두게 하시옵소서.

거룩한 죽음

너희는 유혹의 욕심을 따라 썩어져 가는 구습을 따르는 옛 사람을 벗어
버리고. 엡 4:22

아프리카의 한 마을로 선교사가 들어갔는데, 잔인하고 미개한 사
람들이 사는 곳이라 총을 갖고 갔다. 그가 마을에 들어서자, 원주민
전사들이 창을 겨누며 다가섰다.

그는 웃으면서 말했다. "저는 당신들을 사랑하려고 여기에 왔습니
다. 하나님께서는 당신들을 사랑하시므로 저를 이 마을로 보내셨습
니다. 하나님을 사랑을 전해드리고 싶습니다."

그때 원주민 전사들은 살기 어린 눈빛으로 그를 포위했다. 긴박한
순간 총을 잡은 손에 힘을 준 그는 잠시 고민하다가 총을 내려놓았
다. 결국, 그는 원주민 전사들의 공격을 받고 숨을 거두었다.

원주민 전사들이 선교사 주검 곁으로 다가갔을 때, 실탄이 장전된
총을 발견하고 죽은 선교사에게 감동되어 눈물을 흘렸다.

본문의 묵상을 위한 주제어

1. 유혹의 욕심: 진리를 등지고, 자신의 유익을 생각해서는 안 된다.
2. 구습: 죄와 멸망으로 달려가도록 하는 행실의 거절을 경험하라!
3. 벗어 버리고: 옛 생활이 청산되어야 새사람이 되어 살아갈 수 있다.

기도: 나를 위해서 고난을 당하신 주님을 묵상하게 하시옵소서.

스스로 버리는 삶

너희가 만일 성령의 인도하시는 바가 되면 율법 아래에 있지 아니하리
라. 갈 5:18

프란체스코Francesco는 앗씨시의 부유한 집의 아들로 태어났지만 모든 것을 버렸다. 그는 21세 되던 해에 어느 동굴에 들어가서 깊은 명상과 기도를 통해서 주님을 만나, 자기를 헌신했다.

그는 세상의 것을 모두 포기하기로 했다. 아버지의 유산과 상속권과 아버지의 자신까지도 포기했다. 그는 심지어 지식과 학문도 버렸다. 그 포기는 그에게 이제까지 경험해보지 못했던 마음의 평안을 누리게 해주었다.

"오늘날 지식과 학문을 탐구하는 사람들이 너무 많습니다. 나도 한때는 책을 모아보고 싶은 유혹을 받았었습니다. 그러나 형제들이여, 명심하여 들으십시오. 우리 주님 예수 그리스도께 대한 사랑 때문에 스스로 무식해지기 원합니다. 세상에 대하여서는 어리석고, 그만큼 주님을 사랑할 때, 자신이 행복해집니다."

본문의 묵상을 위한 주제어

1. 너희가: 갈라디아 성도를 주목하신 하나님께서 나를 찾으신다.
2. 성령의 인도: 자신을 철저하게 거절하고, 성령님께 맡기는 삶이다.
3. 율법 아래: 주님 안에 있어서 정죄를 면하게 해주셨음을 감사한다.

기도: 세상의 것을 버리고, 하나님의 부요를 보게 해주시옵소서.

의로운 회개와 영광

위의 것을 생각하고 땅의 것을 생각하지 말라. 골 3:2

친구 사이인 두 청년이 어느 주일 저녁에 좋지 못한 곳, 술 마시고 도박하고 춤추는 장소에 가려 하였다.

그들이 어느 예배당 앞을 지나가게 되었을 때, 한 청년이 죄악 된 장소에 가는 것을 그만두자고 하였고, 한 청년은 춤을 추는 곳으로 가겠다고 고집을 부려 두 사람은 헤어졌다.

많은 시간이 흐르고 나서, 한 늙은 죄수가 눈물을 뚝뚝 흘리면서 이렇게 중얼거렸다.

"새로 취임하는 대통령이 30년 전에는 내 친구였는데, 이 사람은 대통령이 되고, 나는 일생을 교도소에서 감옥 생활 하다가 죽게 되었으니 이런 분한 일이 어디에 또 있는가?"

이 대통령이 바로 미국에서 22대, 24대 대통령에 취임한 스티븐 클리브랜드Stephen G. Cleveland였다.

본문의 묵상을 위한 주제어

1. 생각: 오늘의 생각이 평생의 행동을 결정하게 된다는 사실이다.

2. 위의 것: 하늘에 속한 거룩한 성품 중에서 한 가지라도 구비하자.

3. 땅의 것: 죄와 저주 아래에 놓였던 습관이 아직도 있는지 살핀다.

기도: 감추어진 죄를 고백하여 용서받는 즐거움을 주시옵소서.

다리가 아픈 성도

그러므로 너희도 영적인 것을 사모하는 자인즉 교회의 덕을 세우기 위하여 그것이 풍성하기를 구하라. 고전 14:12

어떤 성도가 목사를 찾아와서 다리가 아프다고 하였다. 목사는 잠시 묵상하다가, 그녀가 주님을 위해서 몸을 드렸으면 좋겠다고 생각하였다. 그러나 다리가 아픈 사람에게 무엇을 하라고 권면한단 말인가?

목사는 성령님께서 강권하시는 대로 그녀에게 구역으로 봉사하라고 권하여 구역을 맡겼다. 그녀가 구역장으로 봉사한 지, 얼마의 시간이 지난 후에 놀라운 일이 일어났다. 다리의 아픔이 깨끗하게 낫게 되었다.

그래서 목사에게 벅찬 감동으로 말하였다. "목사님, 제가 평생 다리가 아팠는데 구역장을 하면서 심방하러 다니는 중에 이 다리가 깨끗하게 나았습니다." 그녀는 하나님의 은혜에 감사하고, 구역장의 일을 본 것에 감사하였다. 자기를 위해 살 때는 평생을 아팠던 다리가 남을 위해 사니 나아졌던 것이다.

본문의 묵상을 위한 주제어

1. 영적인 것을: 오늘, 하늘에 속해 있는 신령한 것을 바라보아야 한다.
2. 덕을 세우기: 하나님과 교회에 유익함이 되는 행동을 한다.
3. 풍성하기를: 신령한 은사의 풍성을 구하여 교회를 섬기도록 한다.

기도: 오늘의 열매를 맺어 주님께 영광을 드리게 하시옵소서.

무엇으로 채워져 있는가?

너희는 이 세대를 본받지 말고 오직 마음을 새롭게 함으로 변화를 받아 하나님의 선하시고 기뻐하시고 온전하신 뜻이 무엇인지 분별하도록 하라. 롬 12:2

어거스틴St. Augustine이 예수님께 붙들린 사람으로 살기를 다짐하고 지내던 어느 날이었다. 그가 꿈을 꾸었는데, 자신이 천국의 문 앞에 도착해 있었다. 천국의 문지기가 그에게 물었다.

"당신은 누구요?"

그가 대답하기를, "진실한 크리스천입니다." 라고 했다.

그러자 문지기는 단호히 말하기를, "당신은 크리스천이 아닙니다. 왜냐하면, 당신의 머리와 생각에는 철학자 키케로의 사상과 생각으로 가득 차 있어서입니다. 사람의 머리에 들어있는 것이 그를 판단합니다."

그의 말에 소스라치게 놀란 어거스틴은 잠에서 깨어났다. 꿈에서 천국의 문지기가 들려주었던 말이 다시 그의 가슴에 울림으로 들려왔다. 그는 진짜 신자답게 하나님의 말씀으로 채워지는 삶을 살리라 결심하였다.

본문의 묵상을 위한 주제어

1. 이 세대를: 사탄이 다스리고 있는 이 세상은 거절의 대상이다.
2. 변화를 받아: 오늘도 성령님에 의해 마음이 새롭게 변화되도록 한다.
3. 분별하도록 하라: 하나님의 자녀로서 세상에서의 구별을 선택한다.

기도: 신자가 아니라 주님의 제자로 살아가게 하시옵소서.

성령님의 독점

술 취하지 말라 이는 방탕한 것이니 오직 성령으로 충만함을 받으라.

엡 5:18

어떤 도시에서 있을 전도 대회를 위한 계획을 세우려고 몇몇 목사들이 모인 가운데 한 사람이 무디D. L. Moody 선생을 강사로 추천했다. 그 모임의 사람들 중에서 대부분이 이 제안에 찬성했지만, 한 사람만 다음과 같은 말을 했다. "여러분들께서 말씀하시는 것을 들으니, 마치 무디 선생이 성령님을 독점한 것 같습니다."

그때 다른 한 목사가 일어나서 그에게 대답으로 말하였다.

"아닙니다. 무디 선생이 성령님을 독점한 것이 아니라 성령님께서 그를 독점하고 계십니다!"

그 목사는 부연해서, 무디 선생이 성령의 전으로 그의 육체를 헌신했을 뿐만 아니라 주님의 뜻에 따르기 위해 자신의 의지를 완전히 버릴 줄 아는 분이라고 강조하였다.

본문의 묵상을 위한 주제어

1. 술 취하지 말라: 세상의 것이 아니고, 하늘의 것에 주목해야 한다.

2. 방탕한 것이니: 세상의 것을 따르면 육체의 것이 드러난다.

3. 성령으로 충만함을: 성령님께 인도되어 능력 있는 삶을 살아야 한다.

기도: 성령님 외에는 어떤 것에도 취하지 않게 해주심을 빕니다.

성령의 인도하심을 따라

그의 성령을 우리에게 주시므로 우리가 그 안에 거하고 그가 우리 안에 거하시는 줄을 아느니라. 요1 4:13

존 번연John Bunyan이 감옥에 갇혔을 때, 어느 날 옥사장이 윗사람 모르게 그에게 옥문을 열어주면서 집에 잠깐 다녀오라고 하였다.

번연이 옥에서 나와 얼마쯤 가다가 되돌아오자, 옥사장이 왜 돌아오느냐고 물었다. 번연이 그에게 말했다. "당신의 호의는 고마우나 성령이 인도하시는 길이 아니라서 돌아왔습니다."

그로부터 한 시간 후에, 이 나라의 국왕이 직접 감옥을 시찰하면서 번연이 감옥에서 어떻게 지내는지를 확인하고 돌아갔다. 이때, 옥사장이 번연에게 말하였다.

"목사님께서 성령의 인도하심을 따라 행동하셨기에 목사님도 살고 나도 살았습니다. 이제부터는 목사님께 가시라, 오시라 하지 않을 테니까 목사님의 마음에 비쳐오는 성령의 인도하심을 따라 가시고 싶을 때 가셨다가 오시고 싶을 때 오시기 바랍니다."

본문의 묵상을 위한 주제어

1. 주시므로: 예수님으로 말미암아 하나님과 관계를 형성하게 되었다.

2. 그 안에: 성령님께서 은혜를 주셔서 우리를 예수님과 연합시키신다.

3. 그가 우리 안에: 성령님께서 하나님과의 관계를 유지시켜 주신다,

기도: 순간, 순간 성령님의 인도하심에 민감하기 원합니다.

일생에 처음으로 경험한 뜨거움

또 너희는 많은 환난 가운데서 성령의 기쁨으로 말씀을 받아 우리와 주를 본받은 자가 되었으니. 살전 1:6

존 웨슬레John Wesley는 1738년 5월의 어느 날 아침에 루터의 로마서 주석을 읽다가 마음이 뜨거워지는 것을 경험했다.

"나의 죄를 다 사하시며 죄와 사망에서 구원하신다는 것을 확신하게 되었다. 내 일생에 처음으로 경험한 뜨거움이었다. 내가 그리스도 안에 있다는 사실을 깨닫게 되고 내 마음속의 모든 정욕과 죄악이 물러가면서 주님만을 모시는 기쁨으로 충만해졌다."

그는 이 기쁨을 참을 수 없어서 밖으로 나가 증거하였고, 그가 나가서 간증할 때에 사람들의 마음이 뜨거워지는 역사가 일어났다. 이러한 성령운동이 크게 번져 지금의 감리교를 이루게 되었고, 당시에, 부패와 타락으로 멸망 직전에 있던 영국을 건져내는 역할을 하게 되었다.

본문의 묵상을 위한 주제어

1. 많은 환난: 우리는 세상에서 환경으로 인한 고통과 핍박을 받는다.

2. 기쁨으로: 말씀은 듣는 순간에 성령의 기쁨을 누리게 한다.

3. 본받은 자: 나는 과연, 복음을 받은 후에, 주님을 본받고 있는가?

기도: 성령님의 불이 심령에 임하는 벅참을 경험하게 하시옵소서.

지역의 범죄율이 떨어진 이유

소망의 하나님이 모든 기쁨과 평강을 믿음 안에서 너희에게 충만하게
하사 성령의 능력으로 소망이 넘치게 하시기를 원하노라. 롬 15:13

해군비행장이 있는 펜사콜라에는 군인들이 많이 왕래하였고 그
들을 상대로 매춘업이 성행하였다. 그리고 동성연애와 마약 중독과
주술로 인해 죄악이 만연했다. 도시가 음란의 죄악으로 채워져 가
는 느낌이었다.

그런데 1995년에 브라운스빌 교회가 이 지역으로 들어와 놀라운
성령의 부흥 운동이 일어나기 시작하였다. 성령님의 강한 임재가
이 도시를 두르고 있음을 느끼게 되었다.

그러자 온 도시가 성령으로 변화 받게 되었고, 많은 범죄자들이
회개하고 그리스도께 돌아왔다. 술주정뱅이들과 마약중독자들로
붐비던 거리가 변화되기 시작하였다. 도시에는 거룩함의 분위기가
넘치게 되었다. 1996년에 플로리다주의 전체의 청소년 범죄율은
1% 증가했으나 브라운스빌 지역은 오히려 13%나 감소했다.

본문의 묵상을 위한 주제어

1. 소망의 하나님: 하나님은 나의 소망이 되시는가를 스스로 묻는다.

2. 믿음 안에서: 예수님과 관계를 맺는 십자가의 믿음은 은혜이다.

3. 성령의 능력으로: 나에게 소망을 주시는 성령님께 감사하도록 한다.

기도: 하늘에 속한 사람으로 변화를 받은 흔적으로 지내게 하시옵소서.

거듭나게 하는 성령

내가 이르노니 너희는 성령을 따라 행하라 그리하면 육체의 욕심을 이루지 아니하리라. 갈 5:16

찰스 콜슨Charles Wendell Colson은 닉슨 행정부 때 닉슨 대통령의 보좌관으로 권력의 중심에 있던 사람이었다. 그러다가 워터게이트 사건으로 감옥에 들어갔다. 그는 감옥에서 고뇌하고 기도하던 중에 친구가 준 기독교 도서를 읽다가 성령으로 거듭나는 경험을 하게 되었다.

1973년 8월, 회심하여 그리스도인이 되었다. 그는 교도소선교회를 설립하여 전 세계 교도소 재소자, 전과자, 범죄 희생자와 그 가족들을 돕고 있다. 그리고 그는 자기 경험을 『거듭남』이라는 제목의 책으로 썼다.

그 책은 베스트셀러가 되었고 그러면서 거듭남이라는 말이 미국 사회에 큰 충격을 주기 시작했다. 그 후부터 대통령에 출마하는 사람에게 반드시 거듭난 사람인가를 묻게 되었고, 이것은 그때 이후 대선주자들이 거쳐야 되는 첫 번째 질문이 되고 있다.

본문의 묵상을 위한 주제어

1. 너희는: 우리는 하나님과의 관계 안에서 오늘도 살아가야 한다.
2. 행하라: 성령의 임재는 우리에게 성령께 이끌려 순종하라 하심이다.
3. 육체의 욕심: 성령의 이끌림에 자기를 복종시키지 않는 삶이다.

기도: 성령님의 강권하심에 순종하는 한 날이기 원합니다.

무릎을 꿇고 엎드렸을 때

주의 날에 내가 성령에 감동되어 내 뒤에서 나는 나팔 소리 같은 큰 음성을 들으니. 계 1:10

제2차 세계대전 때, 수많은 크리스천들이 히틀러에 의해 감옥과 수용소에서 고통을 받았다. 그들 중에 마르틴 니오뮬러가 있었다. 그는 성탄절에 다른 세 명의 크리스천이 있는 방으로 옮겨졌다.

세 명 중의 한 명은 구세군 출신이었고, 한 명은 오순절 파, 그리고 나머지 한 사람은 감리교도였다. 그리고 자신은 독일 자유 복음주의 교회 출신이었다. 그들은 폭격에 불타 버려진 문 조각을 발견하고 그것을 마룻바닥 위에 탁자로서 올려놓았다. 그리고 그들은 그들이 매일 받는 검은 빵과 물로 주님의 최후의 만찬을 기념했다.

수용소에서 치렀던 그 조촐한 성찬식을 회상하며 니오뮬러는 말했다. "우리가 그 차가운 돌 마루 위에 같이 무릎을 꿇고 엎드렸을 때, 우리의 교단적인 차이는 눈 녹듯이 사라졌습니다."

본문의 묵상을 위한 주제어

1. 주의 날에: 나의 매일, 매일이 주님께 속한 날이기를 다짐해야 한다.

2. 감동되어: 주님의 재림을 기다리는 은혜는 성령의 감동이시다.

3. 큰 음성을: 오늘, 나의 심령을 깨우는 천사의 음성 듣기를 소망하자.

기도: 아주 사소한 것일지라도 성령님의 강권에 맡기기 원합니다.

하나님의 말씀과 성령님의 임재

너희도 성령 안에서 하나님이 거하실 처소가 되기 위하여 그리스도 예수 안에서 함께 지어져 가느니라. 엡 2:22

에이든 토저Aiden Wilson Tozer는 『이것이 성령님이다』라는 그가 쓴 책에서 성령의 충만을 이렇게 설명하였다.

"성령님은 성경의 진리를 받아들이지 않는 그리스도인들에게는 임하지 않는다. 그분은 아무것도 없는 진공상태에 임하지 않으시며 하나님의 말씀이 있는 곳에 임하신다.

말씀의 연료가 있는 곳에 성령님의 불이 임하면 희생제물을 모두 태워버린다. 하나님의 말씀은 단순한 지적(知的) 빛이 아니다. 영적 생명이요, 하늘의 불이다.

하나님의 말씀은 하나님의 사랑이 담긴 러브레터이며, 하나님의 얼굴을 비추어주는 거울이다. 그러므로 뜨거운 마음과 불타는 사랑으로 하나님의 말씀을 읽어라."

본문의 묵상을 위한 주제어

1. 성령 안에서: 오늘 성령님의 인도를 받으면서 지내도록 하자.
2. 거하실 처소: 하나님께서 내 안에 계시도록 거룩하게 한다.
3. 지어져 감: 하나님께서 원하시는 형상을 이루어가는 한 날이 되자.

기도: 저의 가슴과 저의 삶의 자리가 성전이 되기 원합니다.

성령님께서 먼저 방문하여

주 예수 그리스도의 은혜와 하나님의 사랑과 성령의 교통하심이 너희 무리와 함께 있을지어다. 고후 13:13

어느 교단의 전도부에서 문서전도를 위하여 말을 더듬는 사람을 채용하게 되었다. 더러는 그를 뽑지 말자고 하였다. 그가 문서전도자가 되었는데, 다른 이들보다 전도를 잘하였다. 이에, 그가 어떻게 전도를 하는가 의아해하여 전도본부의 지도자가 따라가 보았다.

그는 시골길을 걸어 한 집, 한 집을 방문하였다. 그런데 그는 그 집에 들어가기 전에 나무 밑이나 길가에서 무릎을 꿇고 기도를 했다. "하나님, 성령께서 먼저 저 집을 방문하여 그 사람을 감동시켜 주시옵소서. 나는 아무것도 할 수 없습니다. 주님만 믿고 갑니다. 아멘."

그렇게 한참을 기도한 후에, 집을 방문하였는데, 놀랍게도 그가 방문하는 집마다 말더듬이의 잘 알아들을 수 없는 말을 듣고, 기독교 문서를 사기로 약속하는 것을 볼 수 있었다.

본문의 묵상을 위한 주제어

1. 주 예수 그리스도의: 십자가에서 나타난 구속의 은혜에 감사한다.

2. 하나님의 사랑: 하나님의 친 백성이 되도록 하신 사랑에 감사한다.

3. 성령의 교통하심: 나를 도와주시고, 위로하시는 성령님과 동행한다!

기도: 구원하는 일에 주님과 동업자 된 심정을 주시옵소서.

존 웨슬레의 묵상

빌기를 다하매 모인 곳이 진동하더니 무리가 다 성령이 충만하여 담대히 하나님의 말씀을 전하니라. 행 4:31

존 웨슬레John Wesley는 깊은 묵상을 하다가 환상 중에 천국 문 앞으로 가게 되었다. 그는, 문간을 지키던 베드로에게 물었다. "저와 함께 감리교 운동을 하던 친구들이 얼마나 천국에 들어 왔는지 궁금합니다." 베드로가 명부를 한참 뒤적거리더니 그런 이름은 없다고 했다.

그는 깜짝 놀랐다. "제 신앙은 잘못된 모양입니다. 그러면 장로교 교인들은 얼마나 들어왔습니까?" 베드로는 없다고 하였다.

그는 더욱 놀라지 않을 수 없었다. "한 가지 더 묻겠습니다. 그러면 천주교인은 얼마나 들어왔습니까?" 베드로는 천주교인도 없다고 하였다. "그러면 도대체 누가 이 천국에 들어옵니까?" 베드로가 말하였다. "예수님을 참으로 자기의 구주로 영접하고 믿는 사람 그리고 성령이 충만한 그리스도인이 천국에 들어옵니다."

본문의 묵상을 위한 주제어

1. 빌기를 다하매: '빌기를 다하기' 전에는 결코 기도를 놓지 않는다.
2. 성령이 충만: 오늘, 나의 삶에서 성령님의 역사가 있기를 기도하자.
3. 담대히: 오늘, 내가 꼭 해야만 할 일에 대하여 담대해있는가?

기도: 숨을 쉬는 순간에 하나님께 충만하기를 사모하게 하시옵소서.

10 실링짜리의 금화

이는 그리스도 예수 안에 있는 생명의 성령의 법이 죄와 사망의 법에서
너를 해방하였음이라. 롬 8:2

허드슨 테일러James H. Taylor가 가난한 집을 찾으니, 그 집에 갓난
아이를 안은 젊은 여인이 병든 몸으로 누워 있었다. 그 여인을 돕고
싶었으나 그의 주머니에는 다음 날의 밥값으로 2실링 6펜스가 있었
다.

그래서 허드슨 테일러는 위로의 말을 하고 돌아섰다. "낙심하지
마십시오. 하늘에는 자비롭고 사랑 많으신 아버지가 계십니다."

그 순간, 소름이 끼쳐오는 전율을 느끼게 되었다. 돈을 움켜쥔 있
는 자신을 책망하는 성령의 소리가 들려왔던 것이었다. 그는 거북
하였으나 다시 여인이 누어있는 방으로 갔다. 자신이 갖고 있던 돈
을 모두 주고 나왔다. 그때, 비로소 그의 마음이 가벼워졌다.

다음날 아침, 밥값이 없어서 굶어야 하는데, 그에게 우편물 하나
가 도착했다. 편지를 열어 보니 거기에 10 실링짜리의 금화가 들어
있었다.

본문의 묵상을 위한 주제어

1. 예수 안에: 주님께서 이루신 구속의 은혜로 하루를 시작하는가?

2. 성령의 법: 나의 생명을 풍성하게 하실 성령님의 역사를 사모한다.

3. 죄와 사망의 법: 율법이 나를 정죄하지 않도록 죄에서 떠나라!

기도: 모든 경우에, 하나님을 먼저 대하는 은혜를 누리기 원합니다.

예배 속에 계신 하나님

이 말씀을 하시고 그들을 향하사 숨을 내쉬며 이르시되 성령을 받으라.
요 20:22

2차 세계 대전으로 전투가 한창일 때, 한 젊은 미군 장교가 예배당으로 조심스럽게 들어갔다. 그도 잠시 틈을 내어 쉬려던 순간이었다. 그는 풍금이 있음을 보고, '내 주는 강한 성이요' 라는 찬송을 쳤다.

생각해보니, 3년간이나 찬송을 쳐보지 못하고 지난 전쟁의 나날들이었다. 파괴된 예배당 안에 찬송의 곡조가 가득히 퍼지게 되었다.

그때, 나이가 많은 노인 부부가 예배당으로 들어왔다. 그는 그들에게 미소를 보내고 나서 이어서 다른 찬송을 쳐 나갔다. 노인 부부는 소리가 없는 읊조림으로 흐르는 음악에 따라 찬송을 불렀다.

잠시 후에는 젊은 부부가 손을 꼭 잡고 예배당 안으로 들어왔다. 이렇게 되어, 찬송이 계속되는 동안에 예배당 안에는 전쟁에 지친 주민들이 20여 명이나 모여와서 함께 앉아 있게 되었다.

본문의 묵상을 위한 주제어

1. 그들을 향하사: 하나님이 관심이 바로 나에게 있음에 감사한다.
2. 숨을 내쉬며: 생기를 불어 나를 살리신 주님의 은혜를 생각한다.
3. 성령을 받으라: 성령의 충만으로 새롭게 창조하시는 하나님이시다.

기도: 하나님의 이끄심으로 하나님의 또 다른 일을 보게 하시옵소서.

천당 지점

예수께서 성령의 충만함을 입어 요단 강에서 돌아오사 광야에서 사십
일 동안 성령에게 이끌리시며. 눅 4:1

성령님께 붙들린 사람 최권능 목사는 '예수 천당'을 외치면서 거
를 지났다. 어느 날, 일본 경찰이 길을 지나가는데, 그가 큰 소리로
"예수 천당"이라고 외쳤다가 경찰서로 잡혀가게 되었다. 그를 끌고
간 경찰은 그에게 약간의 호기심과 조롱이 섞인 어투로 물었다.

"당신은 예수 천당이라고만 외치는데, 진짜 천당이라는 것이 있기
는 하오? 만일 있다면 예수를 보여주던지 천당을 보여 주던지 하시
오?"

그때 최권능 목사는 자신에 찬 목소리로 대답하였다.

"지금 당장, 천당 본점은 보여 줄 수 없어도, 천당 지점은 언제든
지 보여줄 수 있소."

"보여 보시오?"

"자, 나를 똑바로 보시오. 바로 내 마음이 천당 지점이라오."

본문의 묵상을 위한 주제어

1. 성령의 충만함: 오늘, 하나님의 신에 충만하기를 기다리자.

2. 40일 동안: 잠시라도 혼자 고요히 지내는 침묵의 시간이 필요하다.

3. 이끌리시며: 무엇이 나를 이끌고 있는지를 돌아보기로 한다.

기도: 이 땅에서 사는 날 동안 성령님께 사로잡혀서 지내기 원합니다.

회개한 이후에야 비로소

믿음은 바라는 것들의 실상이요 보이지 않는 것들의 증거니. 히 11:1

돈을 많이 벌어 하나님께의 영광을 위해 쓰겠다고 사업을 시작해서 크게 성공한 한 교인이 있었다. 이제, 부자가 된 그가 하나님께 영광을 드릴 시간이 가까워왔다. 그런데 그는 얼마 후에 근육무력증이라는 병에 걸려 병상에 눕게 되었다. 그의 병은 금방 나아질 것이 아니었다.

그는 침상에 누워서 하나님을 원망하였다. "하나님! 하나님의 영광을 위해 그렇게 뛰었는데 제가 왜 이런 시련을 겪어야 합니까?"

그가 근육무력증의 고통으로 지내 5년째로 접어드는 어느 날, 자신의 위선적인 모습을 보게 되었다. 겉으로는 '하나님의 영광!'을 위한다고 했지만, 속으로는 개인적인 영광을 추구했던 것을 깨닫게 된 것이다.

그리하여 병상의 시트가 젖도록 눈물을 쏟으며 회개하기에 이르렀다. 그러자 그때부터 그의 근육에 힘이 생기면서 병상에서 일어날 수 있게 되었다.

본문의 묵상을 위한 주제어

1. 믿음은: 믿음이란 용어는 추상적이지 않고, 실체가 있는 사실이다.
2. 바라는 것들의 실상: 믿는 것에 확신을 더하는 근거라는 것이다.
3. 보이지 않는 것의 증거: 아직은 보여 지지 않지만 곧 보일 것이다.

기도: 인생의 소망이 여호와께 있음을 고백하게 하시옵소서.

V-8엔진을 가능케 한 생각

그는 자기를 경외하는 자들의 소원을 이루시며 또 그들의 부르짖음을 들으사 구원하시리로다. 시 145:19

헨리 포드Henry Ford는 자동차 회사를 경영하면서 V-8 엔진의 제작이 가능하다는 생각을 하였다. 그러나 자동차 회사의 엔지니어들은 그의 아이디어를 비웃었다.

그들은 사장이 요구하는 대로 일을 진행했지만, 결과는 마찬가지로 '불가능' 그 자체였다. 그래서 그들은 포드에게 그 일은 애초부터 사실상 불가능한 일이었다고 강조하였다.

그렇지만 그는 엔지니어의 말보다 자신의 내면에서 들리는 소리에 귀를 기울였다. 그래서 포드는 '우리가 만들어 낼 수 있다'고 확신시키며 무슨 일이 있어도 V-8만은 꼭 만들어 내야 한다고 요구하였다.

엔지니어들은 새로운 열정으로 온 힘을 다해 그 일에 착수하여 마침내 그토록 염원했던 V-8 엔진의 생산이 실현되었다.

본문의 묵상을 위한 주제어

1. 자기를 경외하는: 나의 행실에서 하나님을 경외함이 드러나는가?
2. 소원을 이루시며: 나를 향하신 하나님의 자비하심을 기다린다.
3. 부르짖음을 들으사: 위급함과 환난에서 구원해주시는 하나님이시다.

기도: 오늘, 하나님께서 성취하심을 믿음으로 바라게 하시옵소서.

지도 한 장 때문에

여호와는 자기를 경외하는 자들과 그의 인자하심을 바라는 자들을 기뻐하시는도다. 시 147:11

제2차 세계대전이 일어났을 때, 독일군들의 포위로 영국군의 한 부대가 후퇴하게 되었다. 후퇴하던 부대에서 병사 한 명이 낙오되었다. 네팔 출신의 영국군 한 병사가 실종된 것이다.

이 병사는 4개월 만에 부대를 찾아 돌아왔다. 그는 정글을 헤매고, 수백 번 죽을 고비를 넘기었다. 그를 환영하는 동료에게, 살아서 올 수 있었던 이야기를 하면서 그는 누더기가 된 지도 한 장을 내보였다.

그것이 자기의 힘이었으며, 살아 돌아올 수 있는 기적의 씨였다고 말했다.

그 지도는 런던 시내의 관광 안내도였다. 그는 이렇게 말했다. "반드시 이곳에 가보리라. 런던에 가보지 않고서는 죽을 수 없다."

그의 런던을 구경하고야 말겠다는 비전이 고통을 극복하게 하였다.

본문의 묵상을 위한 주제어

1. 경외하는 자: 하나님께서 받으셔야 할 영광을 드리는 하루가 되자.
2. 인자하심을: 때를 따라 먹을 양식을 공급해 주시는 하나님이시다.
3. 기뻐하시는: 오늘이 저물기 전에, 과연 하나님께 기쁨이 되었는가?

기도: 주님의 말씀에 순종함으로써 믿음을 보이게 하시옵소서.

교통신호를 위반한 수상

그가 그에게 이르되 내가 이 일에도 네 소원을 들었은즉 네가 말하는 그 성읍을 멸하지 아니하리니. 창 19:21

윈스턴 처칠Winston Churchill은 급한 용무가 생겨 기사에게 전속력으로 차를 몰게 했다. 어느 사거리에서 신호등이 바뀌는 바람에 기사는 차를 멈추었다. 처칠은 시간에 쫓기고 있어서 기사에게 신호를 무시하고 그냥 가라고 하였다.

그런데 차가 어느 정도 앞으로 나갔을 때, 어디서 나타났는지 교통경찰이 달려왔다. 교통경찰이 차의 정면을 막으니 나아갈 수가 없었다.

그는 자신의 신분을 밝혔다. "여보게, 나는 영국의 수상 처칠이야. 내가 바쁜 일이 있어서 신호를 지키지 못했는데 좀 봐줄 수 없겠는가?"

그러자 교통경찰은 이렇게 말했다. "당신은 가짜요? 우리 대영제국의 수상이라면 교통신호를 지키지 않을 리가 없소!"

처칠은 부끄러웠지만, 그의 말에 시인할 수밖에 없었다.

본문의 묵상을 위한 주제어

1. 내가 이 일에도: 하나님은 나의 모든 일들에 관심을 갖고 계신다!

2. 들었은즉: 나의 부르짖음을 귀 기울여 들으시는 하나님께 간구한다.

3. 멸하지 않음: 오늘, 나를 불쌍히 여기시는 하나님을 바라보자.

기도: 규례에 따라 사는 것을 즐거움으로 여기에 하시옵소서.

디즈니 월드

그들이 평온함으로 말미암아 기뻐하는 중에 여호와께서 그들이 바라는 항구로 인도하시는도다. 시 107:30

어느 한 남자가 자녀를 데리고 동네 놀이터에 갔는데, 놀이터의 시설이 다듬어지지 않았고 누추하기 짝이 없었다. 그는 놀고 있는 자신의 아이를 바라보면서 좀 더 근사한 놀이터가 왜 없을까 생각하고, 과학과 자연이 어우러지고, 새로운 꿈이 펼쳐질 수 있는 공원을 꿈꾸었다.

한참의 시간이 지나고 나서, 그러한 공원이 로스앤젤레스 교외에 만들어졌다. 그것이 디즈니랜드다. 월트 디즈니Walter Elias Disney는 어린이들이 미래에 대한 꿈을 즐기면서 오직 즐거워할 수 있는 놀이터를 꿈을 꾸었다.

월트는 여기에서 그치지 않고 또 다른 꿈을 꾸었다. 온 세계 어린이들이 함께 어울릴 수 있는 공원을 만들자는 꿈이었다. 그리고 그는 디즈니월드를 구상하였다.

본문의 묵상을 위한 주제어

1. 평온함으로: 예측하지 못한 어려움이 생겨도 하나님은 보호하신다.
2. 기뻐하는 중에: 하나님의 응답은 죽음의 위기에서 벗어나게 하신다.
3. 바라는 항구로: 풍랑과 파도를 인도하는 도구로 사용해주신다.

기도: 오늘, 성취될 하나님의 약속을 기다리게 하시옵소서.

마틴 루터 킹의 꿈

또 여호와를 기뻐하라 그가 네 마음의 소원을 네게 이루어 주시리로다.
시 37:3-4

마틴 루터 킹Martin Luther King은 흑인 평등의 꿈에 자신을 불태웠다. 그는 이렇게 연설하였다.

"나는 언젠가 조지아의 붉은 언덕에서, 그 옛날 노예의 후손과 노예를 부리던 사람들의 후손이 형제 우애를 나누며 한 식탁에서 자리를 함께할 수 있을 거라는 꿈을 갖고 있습니다.

나는 언젠가 불의와 억압의 열기로 가득한 미시시피 주 당국이 자유와 정의의 오아시스로 바뀔 것이라는 꿈을 갖고 있습니다.

나는 내 어린 네 명의 아이들이, 그들이 지닌 피부색으로 분별 되는 나라가 아니라, 그들이 품는 인격으로 판단되는 그런 나라에서 사는 날이 오리라는 꿈을 갖고 있습니다.

나에게는 꿈이 있습니다."

본문의 묵상을 위한 주제어

1. 신뢰하고: 오늘, 종일 내가 바랄 것은 하나님을 의지하는 것이다.:
2. 먹을거리로: 나를 한 번도 실망시키지 않으시는 하나님이시다!
3. 기뻐하라: 오늘, 결코 하나님보다 세상을 더 사랑하지 않도록 한다.

기도: 오늘을 보면서 장래의 일을 바라보게 하시옵소서.

네 살 때 들은 말

이에 예수께서 대답하여 이르시되 여자여 네 믿음이 크도다 네 소원대로 되리라 하시니 그 때로부터 그의 딸이 나으니라. 마 15:28

교회의 역사가 갖고 있는 위대한 전도자 중에는 '세상을 구원하는 군대'라는 의미의 구세군 창시자의 딸인 케이트 부스Kate Booth가 있다. 그녀의 아버지는 윌리엄 부스이다. 예수님 보혈의 은혜는 그녀로 하여금 이미 많은 군중 앞에서 복음을 전하도록 하였다.

그녀가 네 살이었을 때, 어머니는 그녀를 잠자리에 누이면서 말했다.

"케이트, 너는 너 자신을 위해 이 세상에 있는 게 아니란다. 하나님과 다른 이들을 위해서 있는 거야. 이 세상이 너를 기다리고 있단다."

어린 아이가 잠자리에서 들은 말치고는 상당히 거창한 말이 아니었을까? 그녀는 아주 어렸을 때부터 소명에 대한 확신을 잘 새기게 되었다. 그래서 그녀는 자라나면서 줄곧, 세계가 나를 기다리고 있다는 말을 되뇌었다.

본문의 묵상을 위한 주제어

1. 여자여: 오늘, 주님께서 나의 이름을 부르시는 소리를 사모하자.

2. 네 믿음이: 주님께서 주목하시는 것은 나의 믿음의 상태이다.

3. 소원대로: 은혜는 받는 사람의 믿음의 분량에 따라 주어진다.

기도: 매일, 매일의 삶이 착한 행실의 열매가 되게 하시옵소서.

토끼를 본 사냥개

우리가 간절히 원하는 것은 너희 각 사람이 동일한 부지런함을 나타내어 끝까지 소망의 풍성함에 이르러. 히 6:11

중세 때, 어느 수도원에서 수련하던 이들이 수도원을 떠나가자, 원장이 남아있는 수련자에게 말했다.

"사냥꾼이 수많은 사냥개를 풀어 토끼를 잡으러 갔다. 그 가운데서 맨 처음 토끼를 발견한 사냥개는 마구 짖어대며 그 토끼를 쫓아간다. 그러면 토끼를 보지 못한 사냥개들도 짖어대며 그 사냥개를 따라간다.

그러나 토끼를 직접 보지 못하고 따라가기만 했던 개들은 그렇지 못하다. 그 개들은 토끼를 추격하기에 힘이 들거나 어떤 장애물이 나타나면 포기하고 되돌아온다.

그렇지만, 토끼를 직접 본 개는 전혀 다른 모습이다. 그 개들은 자신의 목표물을 확인하였기 때문에 어떠한 어려움이나 힘든 일이 있어도 꿋꿋이 토끼만 보며 쫓아간다."

본문의 묵상을 위한 주제어

1. 원하는 것은: 나를 향한 하나님의 원하심에 대하여 주목해야 한다.

2. 부지런함을: 하나님의 일하심은 부지런하심이다.

3. 끝까지: 시간적으로 주님께서 다시 오시는 날까지 소망을 갖는다.

기도: 도중에 포기하지 않고, 끝까지 해 보는 은혜를 주시옵소서.

꿈을 바르게 보여 준 사람

소망 중에 즐거워하며 환난 중에 참으며 기도에 항상 힘쓰며. 롬 12:12

1960년대 미국에서는 흑백의 갈등으로 흑인들은 인권도 누리지 못하였다. 미국의 남부 지방에 살고 있던 많은 흑인 노예들에게는 행복하게 살기 위한 간절한 소원이 있었으나 그 실현을 위한 구체적인 생각을 갖지 못하고 있었다.

당시에, 노예 해방을 주도하던 마틴 루터 킹Martin Luther King은 그들을 우선 필요한 것은 자신이 누구냐는 것을 알게 하는 것임을 주지시켰다.

그는 그들을 깨우치기 위해서 자주 연설하였다.

"여러분의 꿈은 오직 뙤약볕이 내리쬐는 목화밭을 떠나 주인집의 안뜰과 주방에서 편안하게 종살이하는 것입니다. 그러나 여러분이 꿈꾸고 원해야 하는 것은 여러분이 주인과 똑같은 자유와 평등을 누리며, 여러분의 자녀와 주인의 자녀가 같은 교실에서 똑같은 교육의 기회를 누리는 것이어야 합니다."

본문의 묵상을 위한 주제어

1. 소망: 마지막 날에는 이기게 하실 것을 바라보면서 즐거워한다.
2. 환난: 예수님을 믿는 믿음 때문에 환난을 당할 때, 오직 견딘다.
3. 기도에: 오늘이라는 시간을 기도에 전심전력하는 것으로 채우자.

기도: 주님 앞에 설 때의 모습에 주목하게 하시옵소서.

추장의 후계자

복스러운 소망과 우리의 크신 하나님 구주 예수 그리스도의 영광이 나타나심을 기다리게 하셨으니. 딛 2:13

한 부족의 추장이 나이 많고, 늙어서 후계자를 선택하게 되었다. 세 명이 용감한 청년들이 추장의 후계자가 되려고 높은 산꼭대기를 달려오게 되었다. 얼마의 시간이 지나고 나서 한 청년이 달려왔다.

"추장님, 저는 산꼭대기의 고산식물을 증거로 가져 왔습니다."

한 청년은 산꼭대기의 돌을 증거로 가져왔다. 조금 후에 마지막 청년이 눈동자가 충혈이 되어 오더니 말을 하였다.

"추장님, 저는 아무것도 가지고 오지 않았습니다. 그러나 저 산 너머에 기름진 평야가 전개되어 있습니다. 우리가 여기에서 살 것이 아니라 저 산 너머로 이주해가야 합니다. 저는 우리 부족의 미래를 보고 왔습니다."

추장은 참으로 미래를 볼 줄 아는 이 청년을 후계자로 삼았다.

본문의 묵상을 위한 주제어

1. 복스러운 소망: 오늘, 영생의 소망을 갖고 세상을 이기도록 하자.

2. 영광이 나타나심을: 내가 사는 이유는 주님의 재림 때문이다.

3. 기다리게 하셨으니: 주님께서 다시 오시는 날, 그 영광을 기다리자.

기도: 임마누엘의 은총으로 비전을 품게 하시옵소서.

넝마주이 인생

여호와를 바라는 너희들아 강하고 담대하라. 시 31:24

어떤 사람이 자신은 일생 동안 하늘이나 푸름을 보지 못하였다고 하였다. 그에게는 평생을 사는 동안에 지상의 꽃과 새와 자연과 아름다움을 볼 기회가 없었던 것이다.

그가 이렇게 산 까닭은 길에서 주은 지폐 때문이었다.

그는 소년 시절에 어느 날, 5달러 짜리 지폐를 길에서 주웠다. 어릴 때 1달러짜리 화폐를 보기도 귀했는데, 5달러 짜리나 되는 지폐를 주웠으니, 그 얼마나 기분이 좋았을까?

그런데, 길에서 주운 즐거움에 그는 노예가 되고 말았다. 그래서 그는 거리에 나서면 길바닥을 들여다보고 다녔다.

일생 길에서 물건을 줍는 데에 전 생애를 소모하면서 그가 주운 것을 보자.

단추가 29,519 개, 머리핀이 54,172 개나 되었고 수천 개의 동전도 길에서 주웠을 뿐이었다.

본문의 묵상을 위한 주제어

1. 여호와를 바라는: 어려움이 있어도 하나님께 도움의 소망을 둔다.

2. 강하고: 여호와의 구원을 기다리는 행동이 역경을 승리로 바꾼다.

3. 담대하라: 하나님은 담대할 수 있는 새로운 힘이 되어주신다.

기도: 매일, 매일 저의 발걸음을 이끄시는 주님을 따르게 하시옵소서.

보이지 않는 인도자

너희 안에서 행하시는 이는 하나님이시니 자기의 기쁘신 뜻을 위하여
너희에게 소원을 두고 행하게 하시나니. 빌 2:13

존 플레처Jon Fletcher는 브라질의 어떤 동굴 속에, 금 항아리들이
간직되어 있다는 이야기를 들었다. 그는 그것을 발견해서 갑부가
되기 싶은 열망이 솟아났다. 그리하여 스페인의 어느 항구에 자신
의 배를 정박시켜 둔 선장과 함께 항해에 나서기로 작정하였다.

그런데 그만 하인의 실수로 그는 끓는 물에 심한 화상을 입고 말
았다. 며칠이 지나서 그들이 약속한 출항기일이 되었다. 그런데 선
장이 그에게 사람을 보냈을 때, 플레처는 발을 데어서 방에 갇혀 꼼
짝도 못하게 된 운명을 저주하면서 자기가 가지 못하게 된 것을 안
타까워했다.

플레처는 창밖을 내다보면서, 배들이 지평선 너머로 사라지는 것
을 지켜보았다. 그러나 그는 화상을 치료하면서 회심하게 되었고,
존 웨슬리에게 절친한 복음 동지가 되었다.

본문의 묵상을 위한 주제어

1. 행하시는 이는: 오늘, 하루가 하나님의 주권 안에 있음을 인정한다.

2. 기쁘신 뜻: 하나님의 뜻에 집중하여, 그 뜻이 이루어지기를 원한다.

3. 소원을 두고: 하나님의 사람으로 살아가는 비전을 품도록 한다.

기도: 여호와의 인도하심에 자신을 맡기게 하시옵소서.

거리의 아이들 감싸 안은 목사 부부

이 세상도, 그 정욕도 지나가되 오직 하나님의 뜻을 행하는 자는 영원히 거하느니라. 요1 2:17

김현수 목사 부부는 1994년에, 새벽기도를 하러 갔다가 교회에서 10대들이 웅크리고 자는 모습을 보고 이들을 거두게 되었다. 김 목사네 집을 찾는 아이들이 늘면서 청소년 4-5명을 자원봉사 교사 1명이 데리고 사는 그룹 홈이 본격화되었다. 들꽃 같은 아이들을 위한 곳이다. 현재, 이들 부부의 그룹 홈은 경기 안산에 10곳, 서울 관악구에 2곳이 있다.

그룹 홈의 울타리는 대안학교로 이어졌다. 일반 학교에서 숨 막혀 하던 아이들이 웃음을 되찾았다. 이 학교의 교장은 "몰입하기 힘들어하는 아이들에게는 마음을 들여다볼 기회가 필요하다"고 말했다.

게임 중독에 빠졌던 한 학생이 이곳에 와서 운동과 연극을 한다. 얼마 전부터는 이곳에선 부모를 따라 한국에 들어온 다문화가정의 청소년들도 함께 공부하게 되었다.

본문의 묵상을 위한 주제어

1. 지나가되: 세상은 한시적이며, 사람은 세상의 심판을 면하지 못한다.
2. 하나님의 뜻을: 세상에서 하나님의 뜻을 행하라고 부름 받았다.
3. 영원히: 하나님의 말씀에 순종한 성도들에게 영원히 거하게 하신다.

기도: 오늘, 살아가는 의미를 하나님의 뜻을 이룸에 두기 원합니다.

주일에 취임하기를 거부한 대통령

주께서는 못 하실 일이 없사오며 무슨 계획이든지 못 이루실 것이 없는
줄 아오니. 욥 42:2

미국의 제12대 대통령으로 선출된 자카리 테일러Zachary Taylor 장
군은 헌법에 따라 1849년 3월 4일 대통령에 취임하게 되었는데, 마
침 그날이 주일이었다.

신앙이 독실한 테일러 장군은 이 날에 취임하기를 거부하였다. 그
는 하나님의 법도가 인간의 인위적인 법률보다 위에 있음을 철저하
게 믿었기 때문에, 하나님께 구별되어야 하는 주일에의 취임을 거
부한 것이었다.

당시에, 미국의 헌법은 임기가 만료된 제 11대 대통령 제임스 폭
스 폴크가 대통령직에 하루 더 머물러 있는 것을 인정하지 않으므로
하루 동안 국가 원수의 자리에 공백이 생겼다.

그래서 테일러 장군이 취임을 거부한 그 주일 12시부터 월요일 12
까지 24시간 동안 자리를 메울 임시 대통령을 상원에서 선출했다.

본문의 묵상을 위한 주제어

1. 못 하실 일이 없음: 전능하심을 인정하고, 그분을 높여드린다.

2. 무슨 계획이든지: 나의 한 날에, 일을 준비하시는 하나님이시다.

3. 못 이루실 것이 없는: 자기의 뜻대로 성취하시는 하나님이시다.

기도: 오늘의 삶이 하나님께 제물로 드릴 만하게 하시옵소서.

하나님을 존귀히 여기는 사람

그 후로는 다시 사람의 정욕을 따르지 않고 하나님의 뜻을 따라 육체의 남은 때를 살게 하려 함이라. 벧전 4:2

엘릭 리들Eric Liddell은 파리의 올림픽 경기에서 금메달 후보가 되었다. 그에게 영광이고, 모국인 영국에도 국가적인 기회가 된 것이다. 그러나 100미터 경기가 주일에 열리게 되자 그는 거절하였다.

"저는 주일에는 안 뜁니다."

그의 그런 결정은 자신의 주일 성수를 위한 자기희생적 신앙의 표현이었다. 그의 출전 포기를 들은 영국 전체의 반응은 냉소적이었다. 그는 그 시간에, 교회에서 간증설교를 했다.

하나님은 그러나 엘릭 리들을 버리지 않으셨다. 엘릭 리들은 자신의 주종목이 아닌 200미터에서 동메달을 땄고, 400미터에서는 금메달을 목에 걸었다. 그는, "처음의 200미터는 내 힘으로 온 힘을 다했고 나머지 200미터는 하나님의 도우심으로 빨리 달릴 수 있었다."고 하였다.

본문의 묵상을 위한 주제어

1. 그 후로는: 의인이라 칭함 받은 후에는 죄인의 삶과 결별해야 한다.

2. 하나님의 뜻: 하나님이 거룩하시므로 우리도 거룩해야 한다.

3. 남은 때: 사람의 욕심을 따르지 않고, 하나님의 뜻을 좇아야 한다.

기도: 하나님께 존귀한 자로 드려짐에 민감하게 하시옵소서.

잃었던 건강을 도로 찾아준 기부

악을 도모하는 자는 잘못 가는 것이 아니냐 선을 도모하는 자에게는 인자와 진리가 있으리라. 잠 14:22

존 록펠러John D. Rockefeller는 52세 때 그의 몸이 근무력증, 탈모증, 불면증, 위궤양 등으로 말미암아 먹지도, 자지도 못하고 나무막대기처럼 말라갔다. 죽음의 문턱에 이르자 그처럼 악착같이 모았던 재산도 그에게 아무런 의미가 없었다.

그때, 그의 삶을 바꾼 것은 누가복음의 말씀이었다.

"주라 그리하면 너희에게 줄 것이니 곧 후히 되어 누르고 흔들어 넘치도록 하여 너희에게 안겨 주리라."

존 록펠러는 당장 자신의 부를 재물이 필요한 자들이나 사회에 나누기 시작하였다. 그런데 흥미롭게도 엄청난 기부를 했지만, 그의 소유는 줄지 않았고 놀랍게도 그는 건강을 회복했다. 그는 남에게 줌으로써 건강을 완전히 회복했으며 무려 98세까지 장수했다.

본문의 묵상을 위한 주제어

1. 악을 도모하는: 유혹으로 하나님께서 미워하시는 일을 하지 말자.

2. 선을 도모하는: 오늘, 착한 행실로 하나님께 영광이 되도록 한다.

3. 있으리라: 하나님의 공의에 성실하심에 소망을 두자.

기도: 오직 말씀을 지켜 순종하는 기쁨을 주시옵소서.

반드시 하나님의 복을

그들로 깨어 마귀의 올무에서 벗어나 하나님께 사로잡힌 바 되어 그 뜻을 따르게 하실까 함이라. 딤후 2:26

윌리엄 콜게이트William Colgate는 가난 때문에 가족에게 버림을 받고, 하염없이 길을 걸어야 했다. 그때, 길에서 그를 본 한 사람이 이런 말을 해 주었다.

"만약에 네가 내 말을 따른다면 반드시 너는 복의 사람이 될 것이다. 너는 하나님을 섬기며, 반드시 주일을 거룩하게 지켜라. 또한, 네 소득의 십 분의 일을 반드시 하나님께 바쳐라. 이렇게만 하면 반드시 하나님의 복을 받을 것이다."

도시로 간 그는 양초 공장에서 취직해서 열심히 일을 했고, 주일에는 반드시 십일조를 준비해 교회로 갔다.

사장의 신임을 가장 두텁게 받았던 그는 공장을 맡아 운영하게 되고, 사업을 확장해서 거대한 기업주가 되었다.

본문의 묵상을 위한 주제어

1. 깨어: 사단에게 종노릇하고 있다면 곧 깨달아 하나님께로 돌아가자.
2. 하나님께: 하나님의 소유가 되었음을 확인하는 삶을 살아가야 한다.
3. 그 뜻을: 오늘의 삶에서 하나님의 뜻을 이룸이 목표가 되어야 한다.

기도: 하나님의 사람이라는 신분을 잊지 않게 하시옵소서.

목숨을 걸고 출발하라

존귀한 자는 존귀한 일을 계획하나니 그는 항상 존귀한 일에 서리라.
사 32:8

코르테즈 장군은 1519년에 멕시코 정복의 꿈을 안고 11척의 배에 분승한 700명의 군사와 함께 멕시코의 베라크르즈에 상륙했다. 그의 병사들이 육지에 상륙해서 전열을 가다듬자 그는 병사들을 해안으로 집합시켰다

그는 부하들이 보는 앞에서 타고 온 11척의 배를 모조리 불살라 버렸다. 유일의 철수 수단인 배가 불타서 가라앉아 버린 것이었다. 700 명의 군사에게는 멕시코 정복만이 살길이었다.

코르테즈 장군은 말하였다. "우리는 돌아갈 길이 없다. 후퇴할 길이 없다. 실패하면 우리는 죽게 된다."

700 명의 군인들은 목숨을 내걸고, 생명을 돌보지 아니하고 전투에 임하였다. 그래서 멕시코 내륙 정복에 승리를 거두게 되었다.

본문의 묵상을 위한 주제어

1. 존귀한 자: 오늘, 누구를 만날지라도 예수님의 심장을 갖고 대하자.
2. 존귀한 일을 : 나의 행동이 하나님께 드릴만한 것인가를 돌아본다.
3. 서리라: 오늘, 한 날의 삶이 온전함을 이루어가는 과정이어야 한다.

기도: 복음에 합당한 삶에 소원을 품게 하시옵소서.

사랑도 결단을 해야

마음을 같이하여 같은 사랑을 가지고 뜻을 합하며 한마음을 품어.

빌 2:2

임마누엘 칸트Immanuel Kant는 친하게 지내던 여인에게서 청혼을 받았으나 쉽게 답변을 하지 않고 있었다. 답답했던 여인이 드디어 그에게 다가와서 결혼 여부를 분명히 말해달라고 다그쳤다.

칸트는 "생각해 보겠습니다."라고 말하고 나서 도서관에 가서 결혼에 관한 책들을 찾아 결혼에 대해 찬성하는 의견과 반대하는 의견을 모아 연구하며 결혼을 해야 좋을지, 안 해야 좋을지를 분석했다.

그리고 여인의 집에 찾아가 그녀의 아버지에게 "당신의 따님과 결혼하기로 결정했습니다."라고 말했다.

그러자 여인의 아버지가 대답하였다. "여보게, 너무 늦었네."

"무슨 말씀이신지요?"

"내 딸은 벌써 결혼해서 두 아이의 어머니가 되었다네."

본문의 묵상을 위한 주제어

1. 마음-뜻: 하나님의 뜻을 받들기 위하여 마음을 열어두어야 한다.

2. 같은 사랑: 같은 마음, 같은 뜻, 같은 말로 사랑하도록 준비하자.

3. 한 마음을: 하나가 되기 위하여 자기를 주장하지 말아야 한다.

기도: 거룩한 결단으로 새롭게 다가오는 오늘을 맞이하게 하시옵소서.

한 순간의 결단

사람이 마음으로 자기의 길을 계획할지라도 그의 걸음을 인도하시는 이는 여호와시니라. 잠 16:9

부유한 가정에서 태어난 한 여인이 있었다. 그녀는 빈자(貧者)의 아픔을 이해할 수 없었다. 가난하고 소외된 사람들의 삶은 그와는 무관한 다른 나라의 이야기일 뿐이었다. 그녀는 도시의 가장 부유층 자녀들이 다니는 사립학교 교사로 20년 동안 재직했다.

그런 어느 날, 길을 가던 그녀가 한 여인의 비명소리를 듣는다. 그녀는 위독한 환자를 안고 병원으로 달려간다. 첫째 병원- '돈 없는 환자의 치료는 불가능하다.' 둘째 병원- '신분이 낮은 사람은 치료해줄 수 없다.' 셋째 병원으로 옮기는 도중에 환자는 낯모르는 여인의 품에서 숨진다.

그녀는 여인의 주검을 안고 결심한다. '이제부터 내가 서 있을 곳은 가난하고 병든 사람들의 곁이다.' 이 여인이 바로 테레사 수녀이다. 한 순간의 결단이 그녀를 높은 데서 '헌신적인 낮은 곳'으로 옮겨놓았다.

본문의 묵상을 위한 주제어

1. 계획할지라도: 내가 준비하는 나의 하루를 하나님께서 결정하신다.

2. 그의 걸음을: 하나님께서 나의 삶을 결정하심에 '아멘'으로 응답하자.

3. 인도하시는 이: 오늘, 나의 삶은 하나님의 섭리에 따름을 인정하자.

기도: 저의 매일, 매일이 하나님께 집중함이 되기 원합니다.

라듐을 발견한 퀴리 부부

내가 하늘에서 내려온 것은 내 뜻을 행하려 함이 아니요 나를 보내신 이의 뜻을 행하려 함이니라. 요 6:38

프랑스의 물리학자 마리 퀴리Marie Curie는 남편과 필사의 연구 끝에 라듐을 발견했다. 전 세계는 그들의 놀라운 발견에 찬탄을 보냈다.

그 당시에, 퀴리 부부는 심각한 선택의 기로에서 갈등하고 있었다. 그들이 돈을 벌기 원한다면 단번에 벼락부자가 될 수 있는 기회가 찾아온 것이다. 그때, 천연 라듐의 값은 1g에 15만 달러나 되었는데 라듐을 생산하는 방법을 그들만 알고 있었기 때문이다.

'특허를 내서 억만장자가 될 것인가, 아니면 공개를 해서 세상에 유익을 줄 것인가?' 그들은 심각한 고민에 빠졌다. 며칠간의 고민 끝에 마침내 결정을 내렸다.

"라듐은 하나님의 것인데 우리가 먼저 발견한 것뿐이다. 하나님의 뜻은 이것을 모든 인류의 소유가 되게 하는 것이다."

본문의 묵상을 위한 주제어

1. 내려온 것은: 나를 향하신 하나님의 계획에 주의를 기울이자.
2. 내 뜻을: 오늘, 순간순간에 나를 거절해서 하나님의 기회를 만든다.
3. 나를 보내신 이의: 주님이 나보다 우선하신다는 사실을 기억하자.

기도: 저를 향한 하나님의 계획과 의도에 민첩하게 하시옵소서.

다섯 가지의 결심

여호와의 말씀이니라 보라 내가 이스라엘 집과 유다 집에 대하여 일러 준 선한 말을 성취할 날이 이르리라. 렘 33:14

회중교회 목사의 아들로 태어난 조나단 에드워드Jonathan Edwards 에 의해서 영적인 부흥운동이 일어났다. 그는 매일 다섯 가지 결심을 고백하며 자신을 새롭게 했다.

① 살아가는 동안은 나의 모든 힘을 다해 살아간다.

② 한순간의 시간이라도 결코 놓치지 않고, 내가 할 수 있는 한 가장 유익한 방법으로 그것을 선용한다.

③ 아무리 큰 이익이 된다고 하더라도, 타인들로부터 경멸의 대상이 되는 것이라면 결코 취하지 않는다.

④ 어떠한 일도 원한 때문에 하지 않는다.

⑤ 인생에 있어서 마지막이 될지 모르는 좋은 기회라고 하더라도 하나님 보시기에 안 좋은 일이라면 선택하지 않는다.

본문의 묵상을 위한 주제어

1. 이스라엘-유다 집: 하나님의 말씀이 나에게 이루질 것을 기대한다.

2. 일러준 선한 말: 말씀을 받들어 섬기는 하루가 되어야 한다.

3. 성취할 날: 말씀에는 복과 저주가 약속되어 있음을 기억한다.

기도: 거룩해지기 위해서 늘 자신에 대하여 결단하게 하시옵소서.

어리석은 부자

주는 나의 하나님이시니 나를 가르쳐 주의 뜻을 행하게 하소서 주의 영은 선하시니 나를 공평한 땅에 인도하소서. 시 143:10

어리석은 하인이 있었는데, 주인은 그에게 자신의 지팡이 하나를 건네주면서 자기보다 어리석은 사람이 있으면 지팡이를 주고 오라고 하였다. 하인은 두루 다녔으나 자기보다 어리석은 사람을 찾을 수 없었다.

그때, 그는 주인이 중병에 걸렸다는 소식을 듣게 되었다. 그가 주인을 염려하면서 병문안을 가니, 주인은 그에게 먼 여행을 떠난다고 하였다.

하인이 물었다. "긴 여행을 위해 무슨 준비를 하셨어요?"

주인이 대답했다. "준비라고? 여행길에 갈 거라는 생각을 못했었지. 아무 것도 못했네."

그랬더니 하인은 이렇게 말했다. "하룻길 여행을 해도 준비하는 법인데 긴 여행길에 아무 준비를 하지 않았다니 주인님이야말로 어리석은 분이시군요. 이 지팡이를 받으십시오."

본문의 묵상을 위한 주제어

1. 나의 하나님: 오늘, 모든 일에 하나님을 나의 하나님으로 고백하자.
2. 주의 뜻을 행하게: 내가 하는 행실에서 하나님의 뜻을 구별한다.
3. 주의 영은 선하시니: 하나님의 의로우심이 나에게 의지가 된다.

기도: 아무리 분주해도 하나님의 시간에 민첩하게 하시옵소서.

하나님의 예비하심

아무에게도 악을 악으로 갚지 말고 모든 사람 앞에서 선한 일을 도모하라. 롬 12:17

제임스 길모어James Gilmour는 선교사가 되어 홀로 중국에 갔다. 그는 북경에 있는 친구 미치의 집을 방문, 그의 처제인 에밀리가 마음에 들어 그녀에게 편지를 보내면서 청혼을 했다.

그는 자신의 부모에게도 편지했다.

"한 번도 본 적이 없는 처녀에게 청혼을 했으나 하나님께 맡깁니다."

그는 만일, 그녀와의 결혼이 가장 좋은 일이라면 결혼하게 해주시고, 그렇지 않다면 결혼하지 못하게 해달라고 간구했다. 하나님께서는 선하게 섭리하실 것을 믿었다.

그의 편지를 받은 에밀리는 즉시 그 문제를 놓고 기도했다. 일주일 후에 두 사람은 결혼했다. 하나님의 예비하심을 믿은 길모어는 아내와 동역자를 얻었다.

본문의 묵상을 위한 주제어

1. 아무에게도: 오늘, 사람을 대할 때, 자신의 선입견으로 대하려 말라!
2. 악을 악으로: 나에게 악하게 대했다 하여 그것을 무기로 삼지 말자.
3. 선한 일을: 나에게는 오직 하나님 앞에서 그분의 뜻을 따름이다.

기도: 저의 감정에 따른 반응을 거절하고 사람들을 대하기 원합니다.

나머지 문제는 모두 하나님께

주께서 너희 마음을 인도하여 하나님의 사랑과 그리스도의 인내에 들어가게 하시기를 원하노라. 살후 3:5

나폴레옹Napoleon Bonaparte의 군대가 펠드리히를 포위하였다. 시의회 의원들은 비상의회를 소집해서 미리 항복하자는 의견을 개진하였다. 그때, 한 사제가 일어나 말하였다.

"우리의 힘을 의지한다면 질 수밖에 없으나 하나님은 우리를 구해 주십니다. 부활절인 오늘은 예정대로 교회 종을 치고 예배를 드립시다. 그리고 나머지 문제는 모두 하나님께 맡겨버립시다."

사제의 말에 시의회 의원들은 모두 찬성하여 우렁찬 종소리가 울리고, 기쁨에 찬 찬송 소리가 퍼져 나가 펠드리히 시내를 덮고 있었다. 그리고 어느 덧, 시민들의 가슴에서 두려움을 몰아내 주었다.

이 찬송 소리를 들은 프랑스군 진영에서는 오스트리아의 구원병이 온 것이 틀림없다고 판단하여 군대를 돌려 다른 곳으로 퇴각하였다.

본문의 묵상을 위한 주제어

1. 너희 마음을: 성령님이 마음에 역사할 때, 가르침에 순종하게 된다.
2. 하나님의 사랑: 나를 향한 그의 사랑, 응답으로서 우리의 사랑이다.
3. 그리스도의 인내: 예수님을 향한 성도의 인내를 보여드려야 한다.

기도: 말씀을 즐거워하고, 그대로 사는 한 날이 되게 하시옵소서.

환상 중에 깨달은 은혜

내가 너희를 애굽 땅에서 이끌어 내어 사십 년 동안 광야에서 인도하고
아모리 사람의 땅을 너희가 차지하게 하였고. 암 2:10

중국에서 신학을 공부한 청년이 20대에 중한 병을 얻어 사형선고를 받기에 이르렀다. 그는 목회자로서 단 하루도 살아보지 못하였음에 간절한 마음으로 하나님께 기도하던 중에 환상을 보았다.

그가 환상 중에 배를 타고 양쯔강을 거슬러 올라가는데, 난데없이 큰 바위에 부딪혔다.

아무리 노를 저어도 배가 앞으로 나아갈 수 없던 중에, 주님의 음성이 들렸다. 주님께서는 "그 바위를 치워라, 아니면 물이 불어나서 물 위로 배가 지나가게 하라" 라고 하셨다.

그러자 그는 바위는 그대로 두고 물이 불어나, 그 위로 지나가게 해달라고 해서 그렇게 지나갔다.

이 환상을 본 다음에, 그는 특별한 은혜를 받아서 평생토록 귀한 일을 하는 주의 종이 되었다.

본문의 묵상을 위한 주제어

1. 내가 너희를: 오늘도 하나님의 관심과 사랑의 대상은 나 자신이다!

2. 광야-인도하고: 역경의 환경에서 인도해주시는 하나님을 바라보자.

3. 땅-차지하게: 가질 수 없는 것을 갖도록 하시는 하나님을 기다린다.

기도: 먼저 간구하고, 응답해주시는 하나님을 주목하게 하시옵소서.

환영행사를 피한 나이팅게일

너는 그들 때문에 두려워하지 말라 내가 너와 함께 하여 너를 구원하리라 나 여호와의 말이니라 하시고. 렘 1:8

나이팅게일은 1853년에 크리미아 전쟁터에서 피를 흘리는 부상병을 간호하고, 1만 3천 명의 호열자 환자를 치료해주었다. 그녀는 군인들로부터 싸움터의 천사, 백의의 천사라는 이름을 얻었다.

크리미아 전쟁이 끝나고, 나이팅게일은 영국으로 귀국하려 하였다. 그녀의 귀국소식에 대대적인 환영준비를 하였다. 그러자 그녀는 영국으로 귀국하려던 예정을 바꾸었다.

"영국으로 돌아가지 않아요. 프랑스행 비행기편을 준비해주세요."

그녀는 1956년 8월 15일에 아무도 모르게 프랑스로 가게 되었다. 그녀가 프랑스로 가게 된 이유를 알게 된 그녀를 존경하였다.

"역시, 아름다운 천사야!" 그녀의 겸손한 태도는 사람들의 가슴에 깊은 감동을 안겨주었다. 사람들로부터 존경을 받을 수 있는 것은 겸손한 마음과 생활 태도에 달려 있다.

본문의 묵상을 위한 주제어

1. 두려워하지 말라: 참으로 두려워해야 할 대상은 하나님이시다!
2. 너와 함께 하여: 오늘, 나의 시간에 함께 하실 하나님을 기대한다.
3. 구원하리라: 말씀을 붙잡고, 그 약속을 나의 힘으로 삼는다.

기도: 하나님의 품에 안겨 종일을 보내게 하시옵소서.

잘못으로 인도한 자유

거기서도 주의 손이 나를 인도하시며 주의 오른손이 나를 붙드시리이다. 시 139:10

한 젊은 의사가 몽블랑 정상을 정복하고자 하여 마침내 성공하였다. 그리하여 조그만 마을은 그를 축하하느라 밝게 빛났으며 산꼭대기에는 그의 승리를 알리는 깃발이 휘날리고 있었다.

그런데 아주 슬픈 일이 일어났다. 그가 산에서 내려오던 중에 안내자로부터 벗어나기를 원했기 때문이었다. 로프에서 자유로워지고 싶어 혼자 가기를 주장했다. 그렇게 하는 것은 위험하다고 안내인은 극구 만류했지만, 기어이 그는 로프에 대해 싫증을 느끼고 자유로워지기를 선언했다.

마침내 안내인은 포기하고 말았다. 얼마 가지 않아서 젊은 의사는 실족해서 얼음 절벽 아래로 떨어지는 자신을 막을 길이 없었다. 로프가 없었으므로 안내인이 그를 붙잡아서 다시 끌어당길 수도 없었다. 벼랑 밑의 얼음 위에는 그 젊은 의사의 시체가 놓여 있었다.

본문의 묵상을 위한 주제어

1. 거기서도: 하나님은 내가 가는 곳이라면 동서남북 어디에나 계신다.

2. 인도하시며: 오늘도 나와 함께 하시며, 인도해 주심을 기대한다.

3. 붙드시리이다.: 만일, 내가 하나님의 손을 거절하면 멸망하고 만다.

기도: 하나님의 인도에서 벗어나려는 만용을 부리지 않게 하시옵소서.

사람의 생각과 다른 것

어둠과 죽음의 그늘에 앉은 자에게 비치고 우리 발을 평강의 길로 인도
하시리로다 하니라. 눅 1:79

어느 때에 뜻하지 않는 방법으로 기도가 응답되기도 한다.

1942년도에 미국의 보스톤 팀은 모두 그리스도인들이며, 코치도
신실한 성도였다. 그들은 매우 약한 홀리 크로스 팀에 대하여 충분
히 이길 수 있다고 믿었고, 또 기도도 많이 했다. 그래서 시합 후에
는 멋진 파티를 하려고 유명한 호텔에 예약까지 하였다.

그런데 막상 시합이 시작되니, 보스톤 팀에서 실수가 잦고 서로
잘 맞지 않아 상대방 팀에 여지없이 패배하고 말았다. 그들에게는
너무나 큰 충격이었다. 그들은 경기장을 떠났고, 또 축하 파티도 취
소되었다.

보스톤 팀에서는 패배의 이유를 알 수가 없었다. 그런데 그 다음
날 조간신문에 이런 내용의 기사가 실려 있었다. 즉 전날 밤에 그 호
텔에 큰 화재가 나서 많은 투숙객들이 목숨을 잃었다는 것이다.

본문의 묵상을 위한 주제어

1. 어둠과 죽음의: 하나님이 없는 절망에 처한 상태를 가리킨다.

2. 비치고: 절망할 수밖에 없는 나를 소망으로 이끄시는 예수님이시다.

3. 인도하시리로다: 머리를 굴리지 말고, 하나님의 인도에 맡기자.

기도: 원하지 않던 상황이 올지라도 하나님의 인도를 보게 하시옵소서.

가시나무를 자라게 하시는

내 영혼을 옥에서 이끌어 내사 주의 이름을 감사하게 하소서 주께서 나에게 갚아 주시리니 의인들이 나를 두르리이다. 시 142:7

한 사람이 어린 딸과 함께 산지에 살면서 양을 치고 있었는데, 양 한 마리가 가시나무의 덤불에 걸려 여러 곳에 긁히고 상처가 나 있었다. 어린 딸은 아버지에게 이렇게 말했다.

"아빠, 저 나무가 미워요. 저 나무를 잘라버려요."

다음날, 아버지와 딸이 도끼를 가지고 갔을 때, 작은 새 한 마리가 그 가시나무 위에 앉더니 작은 부리로 양이 가시에 긁히면서 남겨놓은 털들을 쪼아 모았다.

소녀는 아버지에게 말했다.

"아빠, 하나님께서 왜 이곳에 가시나무를 자라게 하시는지 이유를 알 것 같아요. 나무의 가시들은 작은 새가 집을 지을 수 있는 부드러운 털을 모으는 일을 하는가 봐요."

본문의 묵상을 위한 주제어

1. 옥에서: 고난을 당할 때, 하나님은 나를 바라보시고, 구해주신다!

2. 주께서 나에게: 의인이 까닭 없이 당하는 고난을 위로해주신다.

3. 나를 두르리이다: 함께 한 이들이 서로 즐거워하기를 기도한다.

기도: 말과 행동에서 여호와의 자비하심을 드러내게 하시옵소서.

우연히 이곳에 온 것이 아니야

내가 너와 함께 있으매 어떤 사람도 너를 대적하여 해롭게 할 자가 없을 것이니 이는 이 성중에 내 백성이 많음이라 하시더라. 행 18:10

패터슨Paterson 목사는 휘튼 대학의 학창시절에 재정적인 압박과 공부의 중압감으로 실망에 젖은 때가 있었다. 어느 날, 수업을 마치고 나오는데 한 교수가 그에게 이렇게 말했다.

"너를 쭉 지켜봐 왔는데 정말 풀죽어 뵈는구나. 무슨 일인지 궁금하구나. 그런데 한 가지 사실만은 잊지 마라. 너는 우연히 이곳에 온 것이 아니라는 것, 다시 말해서 하나님이 너를 이곳으로 인도하셨고, 또 너를 계속 보살피실 것이라는 사실을 말이다."

그 후에, 패터슨 목사가 말했다.

"그 말은 내가 가장 필요로 할 때, 내가 들었습니다."

주위에 있는 사람의 친절한 말 한마디는 진흙 구덩이에 빠진 사람에게 아주 훌륭한 밧줄이 될 수 있다.

본문의 묵상을 위한 주제어

1. 너와 함께: 세상 끝 날까지 함께 하신다는 주님의 약속을 기억하자.
2. 해롭게 할 자: 환난에 처하고, 고난도 겪지만 거꾸러뜨리지 못한다.
3. 내 백성이 많음: 지금은 하나님의 계획을 이루어 드리는 시간이다.

기도: 사람의 생각을 내려놓고, 주님의 인도하심을 보게 하시옵소서.

하나님을 의지함이 지혜 -〉60쪽과 내용 중복

낮에는 구름 기둥으로 인도하시고 밤에는 불 기둥으로 그들이 행할 길을 그들에게 비추셨사오며. 느 9:12

프랑스의 나폴레옹 1세는 유럽을 정복한 후에, 그 기세를 몰아 러시아로까지 진격해 들어가려고 하였다. 그는 유럽을 재패하려는 야욕을 불태웠던 것이다. 그리하여 자기 부하들에게 러시아로 진격할 것을 준비시키도록 하였다.

러시아와의 전투를 시작하기 전날, 한 귀족의 부인에게 승전의 확신을 갖고 자신의 계획을 자세히 설명하였다. 그의 말을 듣고 있던 부인은 "인간이 계획하나 이루시는 분은 하나님이십니다."라고 대꾸하였다.

그러자 황제는 껄껄 웃으며, 거만하게 말했다.

"부인, 모든 것은 제가 계획하고 제가 이룰 것입니다."

그러나 몇 달 후에, 나폴레옹은 전쟁에서 대패하고 1814년 퇴위, 엘바섬으로 유배되고 말았다. 하나님을 의지하는 것은 지혜이다.

본문의 묵상을 위한 주제어

1. 낮 구름 기둥: 외적인 환경에서 나를 보호해주심의 증거가 있는가?

2. 밤 불 기둥: 대적하는 세력에서 나를 보호해주심의 증거가 있는가?

3. 행할 길을: 순적하도록 도와주시는 하나님께 오늘의 삶을 맡기자.

기도: 하나님을 인정하지 않을까 두려워하게 하시옵소서.

한 걸음씩 인도하시는 하나님

그러므로 하나님이 그대를 환난에서 이끌어 내사 좁지 않고 넉넉한 곳
으로 옮기려 하셨은즉 무릇 그대의 상에는 기름진 것이 놓이리라.
욥 36:16

빌리 그래함 전도대의 일행이 되어 찬양하고, 간증하는 사역을 담
당하고 있는 한국계 미국인 맹인 처녀 킴 윅스Kim Weeks의 간증이
다.

"사람들이 앞을 보지 못하는 나를 인도해 갈 때, '바로 앞에 물이
있으니까 한 걸음 옆으로 떼십시오.' 라고 말한다. 나는 그 말을 믿
고, 한 걸음 인도함을 받아 목표했던 지점에까지 간다.

하나님께서 나의 삶을 인도하신 것도 그런 방법이셨다. 시각장애
자가 되었을 때, 어떻게 살 것인지 암담했지만 하나님께서 다음 발
한 걸음을 떼어놓을 자리를 일러 주셨다. 그렇게 인도함을 받아 보
니까 내 삶 전부가 하나님의 인도 가운데 있게 되고, 하나님이 의도
하시는 그 목표 지점으로 나의 생이 달려가게 되었다."

본문의 묵상을 위한 주제어

1. 환난에서 이끌어: 고난당할 때, 외면하지 않으시고 구해주심을 보자.
2. 넉넉한 곳으로: 어려움을 잠시 받는 고난이라 여기고 기다리자.
3. 상에는 기름진 것이: 풍성한 식탁을 예비해 두신 하나님이시다!

기도: 하나님을 신뢰하고, 그분의 인도하심을 놓치지 않기 원합니다.

사람을 통해 인도하시는 하나님

여호와께서 너를 지켜 모든 환난을 면하게 하시며 또 네 영혼을 지키시리로다. 시 121:7

하나님께서는 그리스도인들에게 필요할 때마다 중요한 타인과의 만남을 통하여 우리의 삶을 인도하신다. 성경적 인격치료의 창시자인 스위스의 폴 투니어Paul Tournier가 "질병을 치료하지 말고 인격을 치료하라"는 말을 우리에게 남겨줬다.

그는 어린 시절에 일찍 부모를 잃고, 고아가 되어 자폐증 환자로 살았다. 그런데 그가 어떻게 성경적 인격치료의 창시자가 될 수 있었을까? 그의 고백에 따르면 인생을 살아가면서 중요한 타인들을 만나게 됨으로써 변화되었던 것이다.

우리는 인생길을 가면서 타인과의 만남을 중요하게 생각해야 한다. 하나님 안에서의 만남에 우연이란 없다. 다시 말해 하나님께서는 우리를 중요한 타인과의 만남을 통해서 우리의 삶을 인도해 가시기 때문이다.

본문의 묵상을 위한 주제어

1. 너를 지켜: 하나님은 자녀를 사랑하는 아버지처럼 나를 지켜주신다.

2. 모든 환난을: 혹시라도 만나는 환난과 위험을 두려워하지 않는다.

3. 네 영혼을 지키심: 하나님을 속여 나의 영혼이 버림받지 않게 한다.

기도: 하나님의 보호해주심을 눈으로, 감각으로 경험하기 원합니다.

안내자

또 그에게 이르시되 나는 이 땅을 네게 주어 소유를 삼게 하려고 너를
갈대아인의 우르에서 이끌어 낸 여호와니라. 창 15:7

고대 노르웨이의 뱃사람들은 컬럼버스보다 몇 세기 앞서서 미국으로 가는 항로를 개척하려고 하였다. 그들은 놀라운 해양활동을 하였지만 어떤 과학적인 항해 도구를 사용한 것은 아니었다.

그들은 바다에서 항해할 때마다 커다란 새장에 여러 마리의 갈가마귀를 넣어 갖고 다녔다. 그들은 바다 한가운데서 방향을 잃거나 항로를 이탈했을 때는 갈가마귀 한 마리를 날려 보낸다.

갈가마귀가 공중으로 높이 올라가 방향을 잡아 날아가는 쪽으로 배를 몰아간다. 그들은 갈가마귀가 예리한 눈을 가지고 있어서 자신들을 육지로 안내해 준다는 것을 알고 있었다.

우리가 어디에 있는지, 또 어느 쪽으로 가야할지 몰라 쩔쩔매고 있을 때면 성령님께서 우리의 나갈 방향을 지시해 주신다.

본문의 묵상을 위한 주제어

1. 네게 주어: 나의 인생에 계획을 갖고 계신 하나님을 찬양하자.

2. 소유를 삼게: 나를 부요하게 하시려는 하나님의 은혜에 감사하자.

3. 이끌어 낸 여호와: 하나님께서 나를 죄악의 도성에서 건져내셨다!

기도: 성령님께서 인도하심에 집중하고, 민감하게 하시옵소서.

오래 참으시는 하나님

오직 큰 능력과 편 팔로 너희를 애굽에서 인도하여 내신 여호와만 경외
하여 그를 예배하며 그에게 제사를 드릴 것이며. 왕하 17:36

　가출했던 청년이 부흥회에서 죄를 깨달은 다음에 부모에게로 돌
아가려고 집을 찾았을 때는 이미 밤중이었다.

　그런데 늦은 밤인데도 대문이 활짝 열려 있고, 등불이 환하게 켜
져 있었다. 집안에 들어서는 아들의 소리에 늙은 어머니가 뛰어나
와 아들을 반갑게 맞아주었다.

　"네가 집을 나간 후로 한 번도 대문을 잠근 적이 없었단다. 등불도
매일 켜놓았단다."

　아들이 언제 돌아와도 들어올 수 있게 어머니는 대문을 열어 놓고
기다리신 것이다. 그는 어머니의 사랑과 함께 죄인을 기다리고 용
서해 주시는 하나님의 은혜를 깨달았다. 이 청년이 나중에 유명한
부흥사가 된 윌리엄 시몬스William Symons이다.

본문의 묵상을 위한 주제어

1. 큰 능력과 편 팔: 나를 자녀로 삼아주신 하나님의 사랑에 감사하자.

2. 여호와만 경외하여: 오늘도 하나님께 대한 나의 삶을 결단하자.

3. 예배하며-제사를; 구원의 은총에 대한 응답의 행위를 보여드리자.

기도: 은혜를 베푸심이 누르고, 흔들어, 차고, 넘치게 하시옵소서.

02

오직 말씀과 기도로

내가 너와 함께 함이니라

오직 주의 말씀은 세세토록 있도다 하였으니 너희에게 전한 복음이 곧 이 말씀이니라. 벧전 1:25

골프 선수 신지애는 2009년 한 해, 각국의 주요 골프대회에서 무려 아홉 개의 트로피를 독식했다. 그 중에, 세 개가 미국 LPGA 투어였다. 한국여자프로골프 대상, 최저타수상, 다승왕, 상금왕 등 주요 타이틀을 3년 연속 싹쓸이한 것도 이례적인 기록이다.

필드에 서는 것과 동시에 무서울 정도의 투지를 발휘하는 그녀지만, 그녀에게도 떨리는 순간들이 있다. 그때, 그녀를 격려해주는 것은 '두려워 말라. 내가 너와 함께 함이니라……' 라는 이사야 41:10의 말씀이다. 이 말씀은 그녀의 골프백에 스카치테이프로 단단히 붙어 있다.

2008년에 열렸던 브리티시 오픈 때는 이 말씀을 종이에 적어 호주머니에 넣어두고 순간순간 꺼내어 읽으며 시합에 임하였다. 이 말씀으로 힘을 얻은 그녀는 우승컵을 손에 쥐었다.

본문의 묵상을 위한 주제어

1. 주의 말씀은: 하나님의 말씀만 쇠하거나 없어지지 않고 영원하다.
2. 세세토록: 구원의 새 생명도 쇠하거나 없어지지 않고 영원하다.
3. 너희에게 전한: 복음의 말씀은 하나님의 영원한 말씀이다.

기도: 오늘, 어떤 경우에서도 하나님의 말씀에 집중하기를 원합니다.

예수님을 만난 도스토예프스키

이스라엘 집이여 여호와께서 너희에게 이르시는 말씀을 들을지어다.
렘 10:1

도스토예프스키Dostoevskii, Fyodor Mikhailovich는 자신의 아버지가 농노(農奴)들로부터 살해되는 것을 보고 사회주의 운동에 뛰어 들었다가 체포되어 사형을 선고받았다. 사형수들을 싣고 가는 열차가 간이역에 멈추었을 때, 그는 어느 부인으로부터 성경을 선사받았다.

사형을 기다리며 그가 감옥에서 할 수 있었던 것은 성경을 읽는 일이었다. 그는 성경을 읽다가 그리스도를 만났다.

도스토예프스키의 신앙고백은 다음과 같다. "누군가가 내게 '그리스도는 진리가 아니다' 라고 증명한다 하더라도, 나는 그리스도와 같이 있고 싶다. 나는 진리보다는 차라리 예수와 함께 있고 싶다."

그는 기적적으로 사면되어 고향으로 돌아와 세계 최대의 문학가가 되었다. 한 권의 성경이 도스토예프스키라는 인간을 변화시켰다.

본문의 묵상을 위한 주제어

1. 이스라엘 집: 오늘, 나의 신분을 하나님의 자녀로 살아가려 하는가?

2. 이르시는 말씀: 하나님은 내게 말씀하시고, 나는 주목해야 한다.

3. 들을지어다: 하나님의 말씀이 나의 행동을 통해서 역사되어야 한다.

기도: 군주 앞에서의 신하와 같이 하나님의 말씀을 기다리기 원합니다.

주지사가 된 이민 소년

성경에 이르되 누구든지 그를 믿는 자는 부끄러움을 당하지 아니하리라 하니. 롬 10:11

휴 애런슨Aronson은 18세의 젊은 나이에 고향 스웨덴을 떠나서, 혼자 미국에 이민을 왔으나 일자리를 얻지 못하였다. 그는 하루, 하루를 살아가고 있는 것 자체가 힘들어져 강물을 바라보고 있었다.

그때, 불현듯 성경 구절이 떠올랐다. 언제인지는 기억도 가물가물하지만 한 때, 외워두었던 말씀이었다.

"내가 선한 싸움을 싸우고 나의 달려갈 길을 마치고 믿음을 지켰으니…"

그는 이 말씀을 묵상하면서 스스로 질문을 던졌다. '나는 지금까지 나의 인생길에서 얼마나 힘 있게 뛰어보았는가?'

그는 그 자리에서 두 주먹을 쥐고 일어나서, 힘 있게 뛰어보기로 했다. 30년 후에, 휴 애런슨은 몬테나 주의 영광스러운 주지사로 선출되었다.

본문의 묵상을 위한 주제어

1. 성경에: 죄의 용서와 구원에 대한 약속은 성경에 언급되었다.

2. 누구든지: 하나님께서 구원하시기로 선택하신 사람들을 강조한다.

3. 부끄러움을: 예수님의 보혈이 속죄의 은혜에서 떨어지지 않게 한다.

기도: 자신을 보지 않고, 하나님의 인도해주심에 주목하기 원합니다.

성경이 만든 사람

너는 귀를 기울여 지혜 있는 자의 말씀을 들으며 내 지식에 마음을 둘지어다. 잠 22:17

부흥사 찰스 피니Charles G. Finney는 무신론자로서 훌륭한 판사였다. 미국의 재판관들은 모세 오경을 연구하면서 재판의 공의에 대하여 배웠다. 그때, 피니에게는 개인적으로 성경을 연구하며 읽고자 하는 마음이 불같이 일어났다.

그는 성경을 열심히 읽던 중에 크게 감명을 받았다. 그래서 신앙생활을 하기로 결심하였다. 그런데 그때, 그의 마음에 커다란 고민이 생겼다.

"이 성경이 정말 하나님의 말씀이라면 어째서 말씀대로 살아가는 그리스도인들이 그렇게 못사는가?"

깊은 번민 속에서 성경을 더욱 자세히 읽는 중에 그는 성경에서 하나님의 32,500가지의 약속을 발견했다. 또한 순종의 삶을 사는 사람들에게 이 약속은 반드시 이루어진다는 것을 알게 되었다.

본문의 묵상을 위한 주제어

1. 귀를 기울여: 오늘, 하루를 지내면서 하나님께 귀를 기울인다.
2. 말씀을 들으며: 자기의 뜻을 나타내시고, 말씀하시는 음성을 듣는다.
3. 마음을 두다: 눈에 보이는 것들의 뒤에 계신 하나님을 생각한다.

기도: 내려 주실 복을 기대하며, 일을 행하게 하시옵소서.

태워도 없어지지 않는 '말씀'

너희가 성경에서 영생을 얻는 줄 생각하고 성경을 연구하거니와 이 성경이 곧 내게 대하여 증언하는 것이니라. 요 5:39

알코올에 중독되어 비참하게 하루하루를 지내는 사람이 성경을 읽는 그의 아내에게서 성경을 빼앗았다. 그는 아내의 손에서 성경을 빼앗아 난로 속에 던지면서 소리를 질렀다.

"보자, 네 성경이 뭐가 될지?"

다음날 아침에, 남편은 남은 재를 치우다가 타다 남은 성경 몇 쪽을 보게 되었다. 그중에, 마태복음 24:35에 있는 예수님의 말씀이 눈에 들어왔다.

"천지는 없어지려니와 나의 말은 없어지지 아니하리라."

그 구절을 읽는 순간에, 그의 마음이 불길에 휩싸이는 듯하였다. 그리고 자신이 성경을 난로에 던졌던 것이 끔찍한 기억으로 다가와 죄책감을 강하게 느끼게 되었다.

본문의 묵상을 위한 주제어

1. 성경에서: 구약은 영생의 보증이 되시는 예수님을 증거한다.

2. 연구하거니와: 성경은 읽고 그치는 것이 아니라 묵상해야 한다,

3. 증언하는: 오늘, 성경을 읽으면서 예수님을 만나려 해야 한다.

기도: 여호와께 성실한 자로 하루를 살게 하시옵소서.

달콤하고 복된 일

나 곧 내 영혼은 여호와를 기다리며 나는 주의 말씀을 바라는도다.
시 130:5

조나단 에드워즈Jonathan Edwards는 두 차례에 걸친 영적 부흥과 대각성을 그의 목회지에서 경험하게 되고, 부흥과 대각성운동의 변호자가 된다. 그는 성경을 읽다가 복음의 영광을 발견하였다.

스스로 이렇게 말하였다. "이것이 내가 택한 빛이요 교리다." 그리고 예수님께 대해서는 이렇게 말했다. "이분이 내가 택한 예언자이시다."

에드워즈는 주님을 따르면서 그분에게 배우고, 깨우침을 받고, 지도를 받으며, 그분을 닮아가고 그분과 함께 살아가는 것을 달콤하고 복된 일이라고 여겨졌다. 그러자 갑자기 큰 울음소리가 터져 나왔다. 그리고 큰소리로 이렇게 외치지 않을 수 없었다.

"하나님 앞에서 옳다 인정하심을 받은 사람들은 복이 있도다! 참으로 그들이 복이 있도다. 참으로 그들이 행복하도다!"

본문의 묵상을 위한 주제어

1. 여호와를 기다리며: 절망하지 않고, 하나님의 자비하심을 기다리자.

2. 주의 말씀을: 오늘, 하나님의 말씀이 나의 하루에 지혜와 힘이 된다.

3. 바라는도다: 하나님께서 응답해주심을 구하고 기다림이 내 삶이다.

기도: 영혼이 잘 되고, 범사가 잘 되게 하시옵소서.

실패에서도 희망을 갖게 한 성경

너희는 내가 호렙에서 온 이스라엘을 위하여 내 종 모세에게 명령한 법 곧 율례와 법도를 기억하라. 말 4:4

어릴 때 어머니를 잃은 에이브러햄 링컨은 성경을 가슴에 품고 다니면서, 마치 어머니의 음성처럼 성경을 읽었다. 그는 가난한 삶 속에서 매우 어려운 일들을 많이 겪었다. 그런 어려움에서도 그를 버티게 하는 힘은 하나님의 말씀이었다.

충분한 배움이 없이 사회생활을 한다는 것은 그에게 실패의 연속이었다. 그는 측량기사 시험, 변호사 시험, 시의원, 국회의원에서 떨어지는 경험을 하였다. 수많은 실패와 낙방을 할 때마다 하나님의 말씀은 링컨에게 용기와 희망을 주었다.

그는 다시 힘을 얻어 도전한 끝에, 전에 실패했던 시험에 합격하고, 시의원, 국회의원, 상원의원에까지 당선되었다. 나중에는 미국의 16대 대통령으로 당선되었다.

본문의 묵상을 위한 주제어

1. 이스라엘을 위하여: 하나님께서 나를 위하여 일하심을 기대하자.

2. 명령한 법: 오늘 한날에도, 하나님의 말씀을 사랑하여 순종하자.

3. 기억하라: 세상을 살아가는 지혜는 오직 하나님의 말씀에 있다.

기도: 오늘, 삶이 그대로 여호와께 성결이 되게 하시옵소서.

사랑의 희생

이런 것이 너희에게 있어 흡족한즉 너희로 우리 주 예수 그리스도를 알기에 게으르지 않고 열매 없는 자가 되지 않게 하려니와. 벧후 1:8

13세기, 당시에 라몬 럴은 스페인의 귀족이었으며, 명문 대학의 교수였다. 그는 자기의 자리를 지키고 있으면 스페인에서 자신의 입지를 세울 수 있었다. 그런데 하나님께서 그를 놓아두지 않으셨다. 그는 자신의 장래를 포기하고, 모슬렘교도를 복음화하기 위해 그들에게로 갔다.

그는 자기의 목사 안수식 때, "오, 주 하나님 당신께 나 자신, 나의 아내, 나의 자녀 그리고 나의 모든 소유를 드립니다." 라고 하였다. 그가 노인이 되어 성벽으로 끌려가 돌에 맞아 죽어 갈 때, 그의 마지막 말은, '오직 예수' 였다.

죽기 직전에 그는, "사랑하지 않는 사람은 살아 있지 않은 것이고, 그리스도로 말미암아 사는 사람은 결코 죽지 않는다."라고 하였다. 그는 죽는 날까지 그리스도만을 향한 독점적인 사랑을 취소하지 않았다.

본문의 묵상을 위한 주제어

1. 우리 주 예수 그리스도: 오늘, 나에게 예수님이 주님이신지를 묻자.

2. 게으르지 않고: 예수님을 배우고, 그분을 따르는 삶이어야 한다.

3. 열매 없는: 내 안에 예수님을 주님으로 모시고 살아 열매를 맺자.

기도: 가난하여 도움을 요청하는 손을 거절하지 않게 하시옵소서.

사형수가 남긴 성경책

또 내 영을 너희 속에 두어 너희로 내 율례를 행하게 하리니 너희가 내 규례를 지켜 행할지라. 겔 36:27

사형이 집행되기 며칠 전, 정기 예배를 위해 구치소에 들른 김영석 목사에게 사형수가 작은 보따리 하나를 들고 왔다. 풀어보니 돈 72만원과 성경책이 들어 있었다. "목사님, 이 성경책을 제가 죽으면 친 형님께 꼭 좀 전해주세요. 이게 없었다면 전 아무 것도 모르고 죽었을 거예요. 제 가족들도 이걸 읽을 수 있었으면 좋겠어요."

김 목사는 그가 죽은 다음, 그의 부탁을 실행에 옮겼다. 장례비와 화장비로 쓰고 남은 돈 34만원으로 다른 재소자들을 위한 성경책들을 사 나눠주었다. 낡아서 너덜해진 사형수의 성경책은 가족들에게로 돌아갔다.

그가 남긴 돈은 이미 다 썼지만, 김 목사는 성경책을 나눠주는 일을 계속하고 있다. 구치소에는 계속해서 사형수들이 들어오고 있기 때문이다. 사형수가 남기고 간 그 책들이 다시금 새로운 사랑을 낳고 있다.

본문의 묵상을 위한 주제어

1. 내 영을 너희 속에: 오늘, 하나님의 영이 자신을 지배하게 하자.
2. 내 율례를 행하게: 하나님의 말씀을 지킴으로써 하나님을 사랑하자.
3. 규례를 지켜: 나에 대한 하나님의 뜻은 그분의 말씀을 따름이다.

기도: 하나님의 말씀을 목숨처럼 여기며 지키기 원합니다.

하나님의 말씀이 위대한 희망

청하건대 너는 하나님의 입에서 교훈을 받고 하나님의 말씀을 네 마음에 두라. 욥 22:22

세계 제2차 대전 중에 해롤드 럿셀Harold Russell이라는 청년이 공수부대 요원으로 참전하였다가 불행하게도 포탄에 맞아 두 팔을 잃은 불구자가 되었다. 그는 이제, '나는 쓸모없는 고기 덩이가 되었구나' 라고 절망하던 중에 전도를 받고 교회에 나가게 되었다.

어느 날, '여호와를 앙망하는 자는 새 힘을 얻는다' 는 설교를 듣고 그의 마음에 새로운 힘이 솟아났다. 그 후에, 그는 무엇인가를 하여야 하겠다는 계획을 하던 중에 그를 돕고자 하는 의사에게서 의수를 받았다. 그는 그 손으로 글씨도 쓰고, 나중에는 타자까지 칠 수 있었다.

럿셀은 『우리 생애 최고』라는 영화에 출연하여 영화계 최고상인 '아카데미' 주연상까지 받았다. 하나님의 말씀의 힘이 쓸모없는 인생에게 희망을 주어 쓸모 있는 삶을 살게 하셨다.

본문의 묵상을 위한 주제어

1. 청하건대 너는: 오늘, 나에게 주목하시는 하나님의 요구에 민감하자.

2. 교훈을 받고: 오늘을 살아가는 지혜를 하나님께로부터 얻자.

3. 네 마음에 두라: 잠시 있다가 사라질 것들에 마음을 빼앗기지 말자.

기도: 하나님께서 다시 일으켜주시는 은총을 경험하기 원합니다.

마음을 치료하는 약

나를 붙드소서 그리하시면 내가 구원을 얻고 주의 율례들에 항상 주의
하리이다. 시 119:117

데이빗 리빙스턴David Livingstone이 아프리카에서 처음 전도할 때,
한 청년이 헐레벌떡 뛰어 들어왔다. "목사님, 제 마음에는 남을 시
기하고 미워하는 더러운 마음들이 가득 차 있어요. 이것들 때문에
저는 마음 편히 살 수가 없어요. 이 악한 마음을 고치는 약 좀 주세
요."

아주 진지하게 사정하는 것이었다. 그 말을 들은 리빙스턴은 빙그
레 웃으면서 옆에 있는 성경을 주었다. "이것을 기도하면서 잘 먹으
면 마음을 깨끗하고 올바르게 고칠 수 있다."

눈이 휘둥그레진 청년이 물었다. "그것을 도대체 어떻게 먹습니
까?"

"그것은 입이 아니라 눈으로 먹는 것이니 이 책을 잘 읽고 그대로
하게나. 그러면 당신 마음속에 있는 모든 나쁜 것들은 저절로 없어
질 것이고, 평안도 얻게 될 것이네."

본문의 묵상을 위한 주제어

1. 나를 붙드소서: 하나님의 은혜가 없이는 살아가지 못함을 빌자.
2. 구원을 얻고: 풍랑과 같은 역경에서 구해주시는 하나님을 보자.
3. 주의 율례들에: 하나님의 말씀에서 벗어나지 않도록 한다.

기도: 하나님의 언약으로 생각과 마음이 치유되기 원합니다.

두려워 말라-365 개의 구절

그런즉 네 하나님 여호와의 말씀을 청종하여 내가 오늘 네게 명령하는
그 명령과 규례를 행할지니라. 신 27:10

리차드 범브란트Richard Wurmbrand는 1948년부터 14년 동안 루마니아의 공산정권에 의해 감옥에 갇혀 생활을 해야만 하였다. 그중에서 3년간은 전혀 빛이라곤 볼 수 없는 독방에서 지냈다.

그러나 범브란트는 공산정권의 박해에도 결코 자신의 신앙을 굽히지 않았다. 그는 마침내 노르웨이 정부의 노력으로 석방되어 미국에서 공산권 선교를 위해 크게 사역하고 있다. 그는 자신에게 공산권 선교를 하도록 하나님께서 그렇게 단련을 시키셨다고 확신하였다.

그런데 그가 감옥에 있는 동안에 성경을 읽다가 발견한 사실이 있는데, '두려워 말라.' 라는 구절이 모두 365개라는 것이다.

범브란트 목사는 하나님께서 우리에게 1년 365일 언제나 두려워 말라고 말씀하시며 힘을 주신다고 깨달았던 것이다.

본문의 묵상을 위한 주제어

1. 여호와의 말씀을: 오늘, 하나님께서 나에게 말씀하심에 주목하자.

2. 청종하여; 종일을 지내며 말씀하시는 하나님을 사모하여 기다리자.

3. 네게 명령하는: 내게 들려주신 말씀에 순종하여 하나님께 응답하자.

기도: 두려움으로 몰아가는 사탄의 대적을 물리쳐 주시옵소서.

호두과자 할머니의 기도

주의 눈은 의인을 향하시고 그의 귀는 의인의 간구에 기울이시되 주의 얼굴은 악행하는 자들을 대하시느니라 하였느니라. 벧전 3:12

호두과자를 개발한 사람은 천안 성심교회의 심복순 권사이다. 그녀는 천안에 호두가 많아 이것으로 과자를 만들었고, 이것이 유명해졌다. 심 권사는 이 사업을 하나님이 번창케 해주셨다고 믿고 있다.

돈이 조금씩 들어오자, 그녀는 하나님께 이런 서원기도를 드렸다. "하나님, 저는 결코 혼자가 아닙니다. 하나님과 함께 동업을 하는 것입니다. 지금부터 제가 버는 돈의 절반은 하나님의 것으로 믿고 하나님을 위해 사용하겠습니다."

그녀가 만드는 호두과자 봉지에는 '주 예수를 믿으라' 라는 성경 말씀이 인쇄되어 있다. 그녀는 지금까지 혼자서 예배당을 일곱 개나 지었다. 이것은 그녀가 어렵게 살 때, "평생 혼자 힘으로 예배당 일곱 개만 짓게 해주세요."라고 드린 기도가 응답받은 것이다.

본문의 묵상을 위한 주제어

1. 주의 눈은: 하나님의 사랑의 관심과 돌보심을 나타낸다.
2. 그의 귀는: 우리의 기도와 간구를 잘 들어주신다.
3. 주의 얼굴은: 악인의 악한 행위들을 보시고 진노하사 심판하신다.

기도: 자신을 살펴서 의인으로 살아드리는 한 날이기를 원합니다.

링컨 대통령의 아들

여호와께서는 자기에게 간구하는 모든 자 곧 진실하게 간구하는 모든 자에게 가까이 하시는도다. 시 145:18

미국의 남북 전쟁으로 형과 아버지를 전쟁 중에 잃은 북군의 한 병사는 어머니와 누이동생을 돕기 위해 군 복무를 면제받으려고 하였다. 그는 백악관에 가서 대통령을 만나기를 요청했지만 문 앞에서 거절당했다.

그가 낙심해서 공원의 벤치에 앉아 있을 때, 한 어린 소년이 다가와서 말을 걸었고, 그의 말을 듣자, 소년은 병사의 손을 잡고 대통령의 집무실로 들어갔다.

소년은 대통령에게 이렇게 말했다.

"아빠, 이 군인 아저씨가 아빠께 드릴 말씀이 있대요."

그는 자신의 사정을 대통령에게 간곡한 말로 요청하였다. 그리고, 군 복무 면제를 받고 고향의 농장으로 돌아갈 수 있었다.

본문의 묵상을 위한 주제어

1. 간구하는: 주님께서 나의 편이 되어주시기를 원한다면 부르짖어라!
2. 진실하게: 하나님께서 나의 기도를 달아보시는 기준은 진실함이다.
3. 가까이 하시는: 자녀들에게 가까이 하시는 하나님을 사랑하자.

기도: 저의 간구보다 하나님께서 원하시는 간구에 주목하기 원합니다.

거저 얻은 포도송이

그러므로 너희 죄를 서로 고백하며 병이 낫기를 위하여 서로 기도하라 의인의 간구는 역사하는 힘이 큼이니라. 약 5:16.

찢어지게 가난한 한 여인이 병든 아들을 살리기 위해서 포도를 찾아 헤매다가 왕의 정원에 매달려 있는 탐스런 포도송이를 발견했다.

여인은 포도 한 송이를 사려 했으나 정원사는 매정하게 거절했다. 포도 한 송이를 사려 했던 여인은 마음이 상해졌다. 그녀는 정원 입구의 한구석에 주저앉아 소리를 죽이며 울었다.

이때, 공주가 그녀를 발견하고서 왜 그리도 서럽게 울고 있는지를 물어보았다. 여인의 사연을 다 들은 공주는 조용히 말했다.

"부인은 우리 포도원에 대하여 잘못 알고 있었군요. 내 아버지는 왕이십니다. 왕은 돈을 받고 파는 그런 사람이 아니십니다. 자기 백성에게 원한다면 거저 주는 사람이지요."

공주는 여인에게 마음껏 포도송이를 따도록 하였다.

본문의 묵상을 위한 주제어

1. 서로 고백하며: 주님의 한 몸인 교회에서 고백의 은혜를 누리자.

2. 서로 기도하라: 나와 한 몸을 이룬 지체를 위하여 기도해야 한다.

3. 의인의 간구: 의롭다 하심에 나타나는 하나님의 은혜를 기다리자.

기도: 일마다, 때마다에서 하나님의 은총을 기다리게 하시옵소서.

기도 4

주께서 행하신 대로

여호와께서 이르시되 그 날에 내가 응답하리라 나는 하늘에 응답하고 하늘은 땅에 응답하고. 호 2:21

존 윔버John Wimber는 목회자가 되어 복음을 전파하고, 성경 말씀을 가르치면서 치유의 은혜는 사도시대에만 있었던 것으로 여겼다.

그런데, 그에게 생각을 바꾸게 하는 계기가 있게 되었다. 그의 세 살 된 아들이 벌떼의 공격을 받아 몸이 부어오르자, 다급해져서 기도를 하였는데 몇 시간 후에 기적적으로 치유되었다.

그러나 그는 혹시 아이가 면역성이 있어서 그런지 모른다고 생각하고 잊어버렸다. 그 후에 류머티즘으로 고통을 겪던 그의 아내가 기도로 치료되는 기적을 목격하게 되면서 이에 대해 연구하기 시작했다.

이 연구를 통해서 신유의 역사가 계속 일어났던 것을 확인한 윔버는 하나님의 치유는 지금도 계속된다고 믿게 되었다. 그리고 그 자신이 전적으로 치유사역에 헌신하기 시작하였다.

본문의 묵상을 위한 주제어

1. 응답하리라: 피조물들의 기도를 듣고, 복을 내리시는 하나님이시다.

2. 하늘에 응답하고: 풍성함을 기대할 수 있는 환경으로 응답해주신다.

3. 땅에 응답하고: 오늘, 내가 행하는 모든 것에 풍성함을 얻게 하신다.

기도: 호위하시는 여호와의 손을 찬양하게 하시옵소서.

돕는 분을 믿기 때문에

아무 것도 염려하지 말고 다만 모든 일에 기도와 간구로, 너희 구할 것
을 감사함으로 하나님께 아뢰라. 빌 4:6

남편을 잃은 한 부인이 열두 명의 아이들을 입양했다. 그러자 한
여기자가 부인에게 인터뷰하러 왔다.

기자는 부인에게 물었다. "어떻게 그런 고귀한 일을 할 수 있으셨
나요?"

부인은 대답했다. "매우 간단한 일이지요. 저를 돕는 분이 계시니
까요."

기자는 의외라는 얼굴을 보이며 물었다. "돕는 분이라니요? 어떤
도움을 받습니까?"

부인은 밝은 웃음을 얼굴에 가득 띠고 대답하였다.

"오래 전의 일입니다. 나는 주님께 이렇게 말씀드렸지요. '주여!
나는 그 일을 할 것입니다. 주님께서 염려해 주십시오.' 그 이후로
한 번도 걱정하지 않아요."

본문의 묵상을 위한 주제어

1. 염려하지 말고: 당면한 문제 때문에, 두렵거나 불안해하지 말라!

2. 모든 일에: 부딪쳐 오는 모든 상황에서 하나님의 손길을 보자.

3. 아뢰라: 염려하게 하는 상황은 기도하여 구하라는 하나님의 뜻이다.

기도: 여호와께서 하신 일들에 즐거워하게 하시옵소서.

하늘에 보낸 응급 신호

내가 여호와께 간구하매 내게 응답하시고 내 모든 두려움에서 나를 건
지셨도다. 시 34:4

어떤 용접공이 송수관을 묻는 공사장에서 일하고 있었다. 그런데 그의 일이 작업의 종료시간에 끝내지지 않았다. 함께 일하던 사람들이 다 가고 혼자가 되었는데, 갑자기 흙이 무너져 그는 땅속에 묻혀 버리고 말았다.

사방에서 압력이 가해지니 코에서는 피가 나오고, 숨이 막히고, 심장이 답답해졌다. 그는, "하나님, 살려 주십시오. 누구를 좀 보내 주십시오."라고 한 마디의 기도를 하고는 의식을 잃었다.

때마침 트럭 운전사였던 그의 친구가 일을 다 끝내고 돌아오다가, 용접공이 생각나서 그가 일하던 곳으로 오게 되었다.

그의 눈에 흙으로 덮인 곳에 손이 나와 있는 것이 보였다. 친구는 급히 땅을 팠고, 흙속에 갇힌 용접공을 구해내었다.

본문의 묵상을 위한 주제어

1. 여호와께 간구하매: 오늘, 기도하게 하시는 하나님께 간구하자.

2. 내게 응답하시고: 오직 하나님의 응답으로 살아가도록 한다.

3. 두려움에서: 죽음의 위기 속에서 여호와를 찾으면 만나주신다.

기도: 하나님의 구원하심에 소망을 두고 지내게 하시옵소서.

기도에 힘쓴 농부의 아들

너는 내게 부르짖으라 내가 네게 응답하겠고 네가 알지 못하는 크고 은밀한 일을 네게 보이리라. 렘 33:3

유태영은 가난한 농부의 아들로 태어났다. 그는 어린시절에 여러 번 굶어 보았으며 남의 쓰레기통을 뒤져서 먹을 것을 구하기도 했다.

추운 겨울에는 냉방에서 지냈는데, 너무 추워 잠을 못 자고 방안을 돌아다니다가 새벽에는 교회에 가서 기도하고 햇볕이 나면 예배당 담 밑에서 몸을 녹이기도 했다. 그런 상황에서도 그는 언제나 하나님을 믿고 감사를 드렸다.

이처럼 그가 하나님의 말씀을 지키고 의지하자 비록 과정은 힘들었지만, 하나님께 복을 받아서 미국, 이스라엘, 덴마크로 유학을 가서 박사학위를 받을 수 있었다.

그는 하나님을 경외하고, 꿈을 가지고 기도에 힘쓴 것이 형통의 비결이었다고 말했다.

본문의 묵상을 위한 주제어

1. 부르짖으라: 오늘을 시작하기 전에 어떻게 살아야 하는지를 빌자.

2. 네게 응답하겠고: 오늘, 나의 행적은 하나님의 응답이 되어야 한다.

3. 네게 보이리라: 미처 깨닫지 못하는 것을 보여주시는 하나님이시다!

기도: 하나님의 부요를 누리는 한 날이 되게 하시옵소서.

헌법을 제정하게 한 기도

유다 사람이 여호와께 도우심을 구하려 하여 유다 모든 성읍에서 모여와서 여호와께 간구하더라. 대하 20:4

미국에서 새 나라의 헌법을 제정하기 위한 회의가 필라델피아에서 소집되었다. 의원들은 오랜 시간을 토의했으나, 그들은 한 가지도 의견의 일치를 못 보고 결국 퇴장하려 하였다.

이에, 벤자민 프랭클린Benjamin Franklin이 말했다.

"여러분, 잠깐만 기다리십시오. 이 나라는 하나님을 믿는 신앙 가운데 탄생한 국가입니다. 그러므로 우리는 모두 기도의 응답을 믿습니다. 우리 다 같이 무릎을 꿇어 전능하신 하나님께 기도드리고, 하나님께서 우리들의 이 어려운 궁지와 문제에 해답을 주시기를 기다립시다."

지금까지 자신의 주장으로 논쟁을 벌였던 의원들은 그의 말에 귀를 기울였다. 그들은 무릎을 꿇고 기도를 드렸고, 드디어 불후의 문서인 미합중국 헌법을 제정하게 되었다.

본문의 묵상을 위한 주제어

1. 여호와께 도우심을: 인간의 지혜와 힘을 거절하고 하나님을 바란다.

2. 모든 성읍에서 모여와: 은혜를 구할 시간에 사모하는 열심을 내자.

3. 여호와께 간구: 한 날을 여호와의 지혜와 능력에 맡기도록 하자.

기도: 마땅히 구해야 할 것을 아뢰는 은혜를 경험하기 원합니다.

기도 때문에 살아나다

그들이 부르기 전에 내가 응답하겠고 그들이 말을 마치기 전에 내가 들을 것이며. 사 65:24

한국전쟁 때, 한 젊은이가 군대에 소집되었다. 그는 짧은 기간 동안 군사훈련을 받고 전방으로 차출되었다. 신앙심이 깊은 그의 부모는 아들을 최전선으로 보내며 당부하였다.

"네가 어느 곳에 있든지 새벽 5시가 되면 우리가 너를 위해 기도하고 있다는 사실을 잊지 마라."

밤에도 쉴 새 없이 총소리가 들리고 가까이에서도 포탄이 떨어지는데, 부모님이 나를 위해 기도하신다는 사실을 상기할 때마다, 그 기도 소리가 귀에 들리는 것만 같았다.

그러던 어느 날, 그가 보초를 서고 있을 때, 새벽 다섯 시가 되었다. 그는 부모님께서 기도하실 것으로 생각하자, 자기도 모르게 땅바닥에 무릎을 꿇었다. 바로 그때, 머리 위로 총알이 날아갔다. 무릎을 꿇었기에 망정이지 그대로 서 있었다면 그는 영락없이 죽었을 것이다.

본문의 묵상을 위한 주제어

1. 부르다-말하다: 오늘, 제일 먼저 할 일은 하나님의 이름을 부름이다.
2. ~전에 ~전에: 나를 아시는 하나님이시라 간구하기 전에 들으신다.
3. 응답-들음: 오늘, 하루의 삶이 하나님과의 친밀함이기를 기도한다.

기도: 간구에 응답하시는 하나님을 기다리게 하시옵소서.

기도를 이루어 주시는 하나님

주는 하늘에서 그들의 기도와 간구를 들으시고 그들의 일을 돌보시옵
소서. 대하 6:35

대학의 시절이 끝나갈 때가 가까워졌다. 니키 검블Nicky Gumbel의 친구 중에 하나가 크리스천이 아닌 아가씨와 친해지기 시작하였다. 그는 그녀와 결혼하고 싶어서 봄 학기를 마치기 전에 그녀가 크리스천이 되게 해주시기를 기도하였다.

드디어 봄 학기의 마지막 날에 그녀가 그에게 드라이브를 하자고 했다. 그리고 그저 재미로, 세 번은 좌회전, 세 번은 우회전, 그리고 3 마일을 직진하고 멈추자고 했다. 두 사람은 장난스럽게 그렇게 하였다.

그렇게 드라이브를 즐기다가 그들이 도착한 곳은 미국식 공동묘지였다. 공동묘지의 중앙에는 커다란 십자가가 수백 개의 작은 십자가에 둘러싸여 있었다. 그녀는 십자가가 상징하는 의미에 충격을 받더니 울음을 터트렸다. 그리고 그곳에서 그리스도를 영접하였다.

본문의 묵상을 위한 주제어

1. 주는 하늘에서: 내가 바라보아야 할 곳은 이 땅이 아니라 하늘이다!

2. 기도와 간구를: 종일의 시간이 기도와 간구로 이어지게 해야 한다.

3. 돌보시옵소서: 오늘, 하나님께서 성취하셔야 하는 것에 주목한다.

기도: 지금까지의 은혜로 남은 날들을 인도해주시옵소서.

기도 11
'기도의 날'을 선포하여

여호와여 내가 전심으로 부르짖었사오니 내게 응답하소서 내가 주의
교훈들을 지키리이다. 시 119:145

세계 2차 대전이 한창 발발하여 전투가 치열하게 벌어질 때였다.
세계는 독일-일본-이탈리아 대 연합국의 두 편으로 대치되어 전쟁
터가 되었다. 당시에, 연합국의 영국 군대는 독일 나치 군대에 패하
여 후퇴, 도버해협을 건너야만 하였다.

히틀러는 후퇴하는 영국 군대를 전멸시키라고 명령하였다. 영국
의 조지 6세 왕은 이 전쟁이 하나님께 속해있다는 믿음을 갖고, '기
도의 날'을 선포하였다. 전 국민이 그날 기도하였다. 이에, 기적이
일어났다.

그날, 독일군의 편에서는 큰 폭풍우가 일어서 비행기 한 대도 뜰
수가 없었다. 너무 비가 많이 와서 탱크 한 대도 움직일 수가 없었
다. 그러나 영국군이 있는 도버해협은 어찌나 잔잔하고 고요한지
거울같이 맑아서 29만 명의 군대를 무사히 배로 영국까지 옮겼다.

본문의 묵상을 위한 주제어

1. 내가 전심으로: 하나님을 향해서는 순전함으로 마음을 다해야 한다!

2. 내게 응답하소서: 오늘을 살아가는 양식은 하나님의 응답에 있다.

3. 주의 교훈들을: 하나님의 뜻에 순종하는 삶으로 구원을 완성하자.

기도: 오늘도 살게 하시는 하늘의 응답에 감사하게 하시옵소서.

기도하는 어머니가 있는 아들은

원하건대 주는 눈을 들어 종의 간구함과 주의 백성 이스라엘의 간구함을 보시고 주께 부르짖는 대로 들으시옵소서. 왕상 8:52

모니카St. Monic에게는 마니교에 빠진 방탕한 아들이 있었다. 그녀는 아들이 교회로 돌아오기를, 10년이 넘게 하나님께 애원했다. 그녀는 너무 속이 상하고 안타까워서 암브로스 감독을 찾아가 흐느껴 울었다.

애타는 심정으로 호소하는 모니카를 지켜보던 감독이 그녀를 위로하였다. "모니카, 너무 염려하지 마십시오. 절대로 낙심하지 마세요. 하나님께서 자매의 기도를 들으셨습니다. 눈물로 간절하게 기도하는 어머니가 있는 아들은 절대로 망하지 않을 것입니다. 계속 기도하세요."

감독의 격려하는 말에 힘을 얻은 모니카는 하나님의 응답을 볼 때까지 기도할 것을 다짐하였다. 설령, 아들이 낙심하게 할지라도 기도를 놓지 않기로 작정하였다. 그 결과, 어거스틴은 회개하고 하나님께 돌아오게 되었고, 기독교 역사상에 빛나는 인물이 되었다.

본문의 묵상을 위한 주제어

1. 주는 눈을 들어: 오늘, 종일토록 나를 살피시는 하나님께 집중하자.
2. 간구함을: 기도의 영에 충만하여 간구하는 시간이 되게 하자.
3. 주께 부르짖는 대로: 하나님의 응답은 때로, 부르짖는 만큼이다!

기도: 주님의 손을 보기까지 뒤로 물러서지 않게 하시옵소서.

31 명의 국군 포로

보좌에서 음성이 나서 이르시되 하나님의 종들 곧 그를 경외하는 너희
들아 작은 자나 큰 자나 다 우리 하나님께 찬송하라 하더라. 계 19:5

한국 전쟁이 일어났을 때. 31명의 기독교 신자들로 구성된 군인들
이 북한군의 포로가 되었다. 북한군들은 31 명의 군인들을 끌고 다
닐 수 없어 총살에 처하기로 하였다.

그들은 사형을 당하는 자리에서 마지막 소원으로 '내주를 가까
이' 라는 찬송을 불렀다.

그때, 한 북한군이 일어나 자기가 처형하겠다고 하면서 31명을 뒤
로 묶은 다음에 산속으로 들어갔다. 그 북한군은 국군들의 눈을 가
리고 "거총" 하나, 둘, 세는 동시에 자기 부하들을 쏘아 죽였다.

그는 국군 포로들을 풀어주면서 말하였다. "나도 기독교 신자입니
다. 여러분과 함께 월남하겠습니다."

찬송이 31명의 군인들을 살려내고, 한 북한군 병사까지 자유를 찾
게 해주었다.

본문의 묵상을 위한 주제어

1. 하나님의 종들: 예수 그리스도의 피로 구속받은 성도들이다.
2. 경외하는 너희들아: 찬송의 은혜는 하나님을 경외하는 자의 것이다.
3. 하나님께 찬송하라: 하나님은 영원히 찬송을 받으실 대상이시다.

기도: 찬송으로 즐거운 식탁을 베풀어 주시옵소서.

아내를 핍박하던 찬송

여호와께 노래하라 너희는 여호와를 찬양하라 가난한 자의 생명을 행악자의 손에서 구원하셨음이니라. 렘 20:13

한 인민군 장교의 부인이 전도를 받아 신앙을 갖게 되었다. 하지만 인민군 장교는 기독교가 몹시 못마땅해 아내를 핍박하였다.

그러던 중에, 6.25 동란이 터졌다. 인민군 장교는 포로가 되었다. 그가 포로수용소에 있을 때, 미군 군목이 와서 한 명씩 찬송가를 부르도록 시켰다. 신자는 살려 준다는 것이었다.

인민군 장교는 살려준다는 말에, 아내가 늘 부르던 찬송을 기억하게 되었다. 그는 아내를 핍박하던 찬송을 불렀다.

그 순간, 성령님께서 그의 마음을 감동시키셨다. 이 찬송을 부르다가 감동을 받아 주님을 영접하였다.

미군 장교는 그를 포로수용소에서 해방시켜 주었다. 그리하여 인민군 장교는 무사히 포로수용소를 나와 자유의 몸이 되었다.

본문의 묵상을 위한 주제어

1. 여호와께 노래하라: 여기까지 함께 해주신 주님의 은혜를 찬송하자.

2. 가난한 자의 생명을: 겸손한 자의 편이 되어 주시는 하나님이시다.

3. 행악자의 손에서: 혹시, 나를 해롭게 하는 자를 만나도 두려워말자.

기도: 오늘, 마음으로, 입술로 여호와께 찬양을 드리게 하시옵소서.

전쟁터에서 불려 진 캐럴

시와 찬송과 신령한 노래들로 서로 화답하며 너희의 마음으로 주께 노래하며 찬송하며. 엡 5:19

1차 세계 대전으로 프랑스, 영국, 독일군이 대치하던 서부 전선의 춥고 축축한 참호에도 크리스마스가 찾아왔다. 독일군의 진영에서 병사들이 주님의 탄생을 축하하며 양초에 불을 켜고, 크리스마스 트리를 만들어 즐거워했다.

한 병사가 성가를 불렀다.

"고요한 밤 거룩한 밤"

조심스럽게 독일군 참호 속에서 울러 퍼진 성스러운 캐럴은 연합군의 참호에도 들려져 왔다. 프랑스군과 영국군이 박수로 환호하였다. 독일군 병사의 독창은 삼국 군대 병사 모두의 합창으로 번졌고, 병사들은 참호 밖으로 나와 크리스마스 인사를 했다.

"메리 크리스마스, 주아유 노엘, 프뢸리히 베인아크텐."

그들은 총을 내려놓은 손으로 악수하고 행복한 크리스마스 인사를 나누었다.

본문의 묵상을 위한 주제어

1. 시, 찬송, 신령한 노래: 성령님의 인도에 찬송하는 생활을 해야 한다.
2. 서로 화답하며: 임한 은혜를 찬송하면서 이웃을 만날 준비를 한다.
3. 주께: 날마다 하나님의 은혜와 성령님의 인도하심을 찬양해야 한다.

기도: 나의 왕으로 오신 아기 예수님을 경배하게 하시옵소서.

타이타닉호에서 울려 퍼진 찬송

할렐루야 그의 성소에서 하나님을 찬양하며 그의 권능의 궁창에서 그를 찬양할지어다. 시 150:1

타이타닉호가 대서양 한복판에 들어섰을 때, 북쪽에서 떠내려 오는 빙산을 만나 침몰할 위기에 처하게 되었다. 즉시 구원선 2척이 달려왔지만 700 명밖에 태울 수 없었다. 이에, 배 안의 승객들은 구원선에 아이들과 여자들을 먼저 태우기로 했다.

침몰하는 배에서는 1,517 명이나 되는 사람들이 운명의 시간을 기다리게 되었다. 이때, 누가 먼저 시작하였는지 모르나 '내 주를 가까이하려 함은' 이란 찬송이 들려졌다. 이에, 한 사람, 두 사람이 입을 열어 이 찬송을 따라 불렀다. 배 안에 있던 전원이 합창을 하였다.

그들이 '주께 더 나가기 원합니다.' 라는 찬송을 끝맺을 때, 타이타닉호는 물속으로 가라앉았다. 죽음의 위험 앞에서도 찬송할 수 있는 믿음을 가졌을 때, 그들은 아름다운 모습으로 최후를 맞아들였다.

본문의 묵상을 위한 주제어

1. 할렐루야: 오늘, 내 입술의 첫 마디가 하나님을 찬양하는 소리인가?
2. 성소에서: 예배와 종교적인 일에서 먼저, 찬양이 드려져야 한다.
3. 권능의 궁창에서: 하나님을 찬양함으로써 그분의 영광을 선포한다.

기도: 어떤 상황에서도 하나님께 소망을 두고 두려워않기 원합니다.

감옥에서 찬송을 부른 사람

찬송하리로다 하나님 곧 우리 주 예수 그리스도의 아버지께서 그리스
도 안에서 하늘에 속한 모든 신령한 복을 우리에게 주시되. 엡 1:3

중국 본토의 사람 조지 첸은 하나님의 자녀로 살기를 소원하였다.
그는 전도를 하다가 중국 공산당에게 잡혀 14년 동안 감옥에 있게
되었다. 그는 자신의 몸이 감옥에 갇혔지만, 감옥에서도 믿음을 나
누기 시작했다.

공산주의자들은 그를 격리 수용했고, 그 수용소에서 가장 더러운
일을 그에게 맡겼다. 그들은 조지 첸에게 모든 사람이 가기를 싫어
하는 곳인 변소에 가서 쓰레기를 다 치우라고 명령을 했다. 변소는
악취가 너무나 지독해서 간수들 중에서는 아무도 거기 와서 그를 괴
롭히지 않았다.

그곳에서 그는 "주가 나와 동행을 하면서 나를 친구 삼으셨네. 우
리 서로 받은 그 기쁨은 알 사람이 없도다."라는 찬송을 부르면서
더러운 오물을 치웠다. 그리고 중국 땅에 복음의 계절이 오기를 기
도하였다.

본문의 묵상을 위한 주제어

1. 찬송하리로다: 하나님은 나의 찬양을 받으시기에 합당한 분이시다.
2. 그리스도 안에서: 예수님에 의해서 나타나는 하나님의 일하심이다.
3. 신령한 복을: 성령의 사역에 자신을 드려 하나님의 은혜를 받자.

기도: 오늘, 악인이 가까이 오는 것을 막아 주시옵소서.

영혼에 들어오는 천국의 빛

할렐루야 우리 하나님을 찬양하는 일이 선함이여 찬송하는 일이 아름
답고 마땅하도다. 시 147:1

맹인학교에서 교수였던 파니 크로스비Fanny Crosby는 우연히 뉴욕
에 있는 존 스트리트 감리교회에서 개최하게 된 부흥회에 참석하였
다.

그녀는 성도들과 함께 찬송을 부르던 중에, '주님, 내 몸을 바칩니
다.' 라는 대목에서 자신의 영혼에 천국의 빛이 들어오는 것을 느꼈다.

그후에, 파니는 찬송가 작가인 윌리엄 브래드 베리를 만났는데,
그의 곡에 가사를 붙여서 찬송을 만들게 되었다.

"나는 천성을 향해 가겠네

그곳은 들판이 아름다움으로 옷 입은 곳

햇빛이 절대 스러지지 않는 곳"

그로부터 50년 후에 하늘나라로 갈 무렵까지 그녀가 지은 찬송 가
사는 무려 8,000여 곡이 넘었다. 그녀는 많은 찬송을 교회에 선물해
주었다.

본문의 묵상을 위한 주제어

1. 선함이여: 나의 순간순간이 하나님께 착한 행실이 되도록 한다.

2. 아름답고: 세상에 대하여 하나님의 자녀로 하루를 살아간다.

3. 마땅하도다: 하늘에 속한지라 하나님이 원하시는 자세로 응답한다.

기도: 저의 오늘이 하나님께 드림이 되게 하시옵소서.

영혼을 울리는 찬양

또 모든 열방들아 주를 찬양하며 모든 백성들아 그를 찬송하라 하였으며. 롬 15:11

스웨덴 출신의 가수 요한나 마리아 린드Johanna Maria Lind는 스웨덴의 꾀꼬리라는 애칭으로 불렸다. 그녀의 어린 시절은 매우 불행하였다. 어머니는 직장에 나갈 때, 그녀를 혼자 남겨두고 방문을 걸었다.

어린 소녀는 온 종일 창문을 바라보며 슬픈 노래를 불렀다. 어느 날, 한 음악교사가 길을 걷다가 영혼을 두드리는 강렬한 노랫소리를 들었다. 교사는 린드의 어머니를 찾아가 마리아 린드에게 음악 수업을 권유했고, 후에, 그녀는 가수로 성공하게 되었다.

어린 시절의 우울하고 슬픈 기억을 승화시킨 그녀의 노래는 사람들의 영혼을 흔들었다.

그녀는 이렇게 고백하였다. "어린 시절의 슬픈 기억들을 하나님을 찬양하는 재료로 사용하게 해 주신 그분을 찬양한다."

본문의 묵상을 위한 주제어

1. 열방-백성: 이방인들과 유대인들 모두에게 하나님은 하나님이시다1
2. 주를-그를: 구속받은 자의 관심은 오직 하나님이셔야 한다.
3. 찬양-찬송: 언약을 성취하신 하나님을 찬양하는 오늘로 살자.

기도: 오늘, 하나님을 찬양할 일들을 많이 보게 하시옵소서.

믿음의 증거

하나님이여 내 마음을 정하였사오니 내가 노래하며 나의 마음을 다하여 찬양하리로다. 시 108:1

영국의 여객선 스텔라호가 암초에 부딪쳐 난파되었다. 거친 파도는 승객들이 탄 구명보트를 삼켜버렸다. 그런데 12명의 여성이 탄 구명보트는 노가 없이도 계속 균형을 유지했다. 그 보트에는 유명한 가수인 마가렛 윌리엄스Margaret Williams가 타고 있었다.

그녀는 승객들에게 외쳤다. "여러분, 하나님께 의지합시다. 믿음의 징표로 함께 찬송을 부릅시다." 12명의 여성은 찬송을 부르며 공포의 밤을 보냈다. 사나운 폭풍과 칠흑의 어둠에서도 희망을 잃지 않았다.

이튿날 아침, 순양함이 생존자들을 찾아 나섰지만 짙은 안개 때문에 한치 앞도 볼 수 없었다. 그때 여인들의 찬송소리가 울려 퍼졌다. 구조대원들이 소리를 따라 찾아가니 여인들이 구명보트에서 찬송을 부르고 있었다. 한 사람의 크리스천이 12명의 여인들을 구출한 것이다.

본문의 묵상을 위한 주제어

1. 정하였사오니: 오늘, 하나님께서 받으실 만한 결단을 하고 고백하자.

2. 내가 노래하며: 주님을 영화롭게 해드릴 행동을 한 가지라도 한다.

3. 마음을 다하여: 생활은 부업, 오늘, 전심으로 하나님을 구하자.

기도: 어떤 상황에서든지 그때, 믿음의 사람임을 드러내기 원합니다.

찬송의 한 시간

한밤중에 바울과 실라가 기도하고 하나님을 찬송하매 죄수들이 듣더라. 행 16:25

제자들과 함께 공동생활을 하던 프란체스코Francesco가 세상을 떠나게 되었다. 스승의 죽음을 눈앞에 두고 있는 것 때문에 제자들은 하염없이 슬퍼하였다. 이제, 누가 자신들을 이끌어 줄 것인가를 생각하였다.

그런 제자들의 모습을 지켜보던 프란체스코가 물었다.

"너는 내가 얼마나 더 살았으면 좋겠냐?"

"한 시간만 더 사시면 소원이 없겠습니다."

프란체스코가 다시 물었다. "그 한 시간에 무엇을 하려고 하느냐?"

제자가 대답했다. "그 시간이 허락된다면 선생님과 함께 찬송하면서 하나님께 한 번 더 경건하게 예배를 드리고 싶습니다."

프란체스코는 제자의 손을 잡아주었다. 그리고는 함께 찬송을 부르자고 하여 제자들과 같이 찬송하였다.

본문의 묵상을 위한 주제어

1. 한밤중: 언제라도 고통의 한계상황에서 나는 무엇을 선택할 것인가?

2. 기도하고: 오늘, 기도함으로써 절망의 상황에서 소망을 경험하자.

3. 찬송하매: '한밤중의' 상황에서 찬송하는 은혜를 나의 것으로 삼자.

기도: 시들지 않고, 마르지 않는 나무의 삶이 되게 하시옵소서.

벙어리 찬송

우리 하나님이여 이제 우리가 주께 감사하오며 주의 영화로운 이름을
찬양하나이다. 대상 29:13

영국의 한 목사가 폭풍우가 심하게 치던 주일날 밤 교회에 갔으나
교인이 4명 밖에 없었다. 크게 낙심한 목사는 원망 반, 애원 반이 섞
인 목소리로 교인이 가득 차게 해 달라고 기도했다.

그 날 밤에, 그는 꿈을 꾸었다. 그가 꿈에서 교회를 가니 교회 안
에 교인이 가득 찼다. 그 때, 마침 찬양대가 피아노 반주에 맞추어
찬송을 하고 있었다.

그런데 찬송소리는 들리지 않고 단지 열 두세 살 남짓한 소녀 아
이의 찬송소리만 들렸다. 그는 이상하게 생각하며 꿈에서 깨어났
다.

꿈에서 깨어난 그는 '교회 안에 사람이 많으면 무엇하나? 벙어리
찬송, 형식적 예배는 필요 없다.' 라는 것을 깨달았다. 그 후에, 그는
울면서 기도하고, 부지런히 전도하여 큰 부흥의 역사를 이루었다.

본문의 묵상을 위한 주제어

1. 이제 우리가: 하루를 시작하면서 하나님께 무엇을 결단할 것인가?
2. 주께 감사하오며: 하나님의 이름이 감사의 주제가 되어야 한다.
3. 찬양하나이다: 하나님을 찬양하는 생활로 한 날을 지내야 한다.

기도: 하나님의 사람이 되어 오늘도 지내도록 이끌어 주시옵소서.

높으신 이름

찬송하리로다 주 이스라엘의 하나님이여 그 백성을 돌보사 속량하시
며. 눅 1:68

스코트Scott 선교사는 인도에서 선교지를 향하여 가다가 적의를 품
은 한 무리의 사람들에게 붙잡히게 되었다. 그들은 긴 창으로 그의
심장을 겨누었다. '이젠 꼼짝없이 죽게 되는구나' 하는 생각이 들었
지만, 바이올린을 켜면서 원주민들의 언어로 찬송을 부르기 시작했
다.

"주 예수 이름 높이어 다 찬양하여라. 그 앞에 무릎 꿇고서
면류관 드리세. 금면류관을 드려서 만유의 주 찬양"

스코트는 곧 다가 올 죽음을 기다리며 눈을 감고 찬양을 계속했
다. 그러나 3절이 다 끝나도록 조용해서 눈을 떠보니 그를 겨누고
있던 사람들의 손에서 창이 떨어져 있었으며, 눈에는 눈물이 가득
고여 있었다. 그들은 찬양을 받으실 그 높으신 이름이 누구인지 말
해 달라고 했다. 그리하여 그는 그들과 함께 집으로 가서 그들을 주
님께로 인도했다.

본문의 묵상을 위한 주제어

1. 찬송하리로다: 오늘, 그의 선하심을 베푸신 하나님을 찬양하자.

2. 그 백성을 돌보사: 도와주시려고 자녀를 돌아보시는 하나님이시다!

3. 속량하시며: 주님께서는 인생의 죄 값을 저주로 대신 치르셨다.

기도: 하나님, 예수님 그리고 성령님의 이름을 높여드리기 원합니다.

하나님을 향한 찬양의 통로가 된 로렌스 형제

이러므로 여호와여 내가 모든 민족 중에서 주께 감사하며 주의 이름을 찬양하리이다. 삼하 22:50

로렌스 형제Brother Lawrence는 파리에서 얼마 떨어지지 않은 한 수도원의 주방에서 일하던 요리사였는데, 『하나님의 임재연습』이라는 책을 썼다. 그는 수도원의 주방에서 감당해야 하는 산더미 같은 일들—접시 닦기, 대형 프라이팬에 달걀 부치기, 바닥 훔치는 일—을 하면서도 하나님을 끊임없이 찬양하는 법을 터득하였다.

그는 정신적으로 일시 그의 삶이 하나님을 향한 찬양의 통로가 되었기에 그로 인해 그의 인격 전체가 영향을 받았다. 그는 하나님의 임재를 체험할 수 있는 비결을 터득하기 위해 그의 주방을 떠난 적도 없고 오히려 일생동안 거기에 머물러 살았다.

그는 그저 하나님께 온전히 주목하는 비결을 터득함으로 하나님을 찬양하기 시작하였다. 이것이 바로 그의 기도가 상달되는 비결이었다.

본문의 묵상을 위한 주제어

1. 이러므로: 하나님께서 나에게 행하신 것들을 이유로 들어야 한다!
2. 민족 중에서: 나를 둘러있는 사람들의 무리에서 하나님을 높인다.
3. 주의 이름을: 하나님의 이름이 나에게 감사와 찬양의 주제인가?

기도: 하나님께서 베풀어주신 은총을 표현하면서 지내게 하시옵소서.

겸손하게 만드시는 하나님

사랑하는 자들아 너희는 너희의 지극히 거룩한 믿음 위에 자신을 세우며 성령으로 기도하며. 유 1:20

루즈벨트Franklin D. Roosevelt는 젊은 시절에 소아마비에 걸리게 되었다. 그는 다리를 쇠붙이에 대고 고정한 채 휠체어를 타고 다녀야 했다. 깊은 절망감에 빠진 그는 자신의 방에만 갇혀 지냈다.

그때, 그의 부인 엘레나가 다정하게 말했다.

"비가 오거나 흐린 날 뒤에는 꼭 이렇게 맑은 날이 오지요. 당신도 마찬가지에요. 당신은 뜻하지 않은 사고로 다리가 불편해졌지만 그렇다고 당신 자신이 달라진 건 아무것도 없어요.

지금의 이 시련은 더 겸손하게 맡은 일을 열심히 하라는 하나님의 뜻일 거예요. 여보, 우리 조금만 더 힘을 내요."

이 말은 열등의식과 패배감에 사로잡혀 있던 루즈벨트에게 새로운 용기를 주었다.

본문의 묵상을 위한 주제어

1. 거룩한 믿음: 복음으로 얻은 생명의 진리를 가리킨다.
2. 자신을 세우며: 복음을 잘 상고하여 주님 안에서 성숙해져야 한다.
3. 성령으로: 성령님의 인도에 자기를 맡겨 순종해야 한다.

기도: 하나님께서 찾으시는 믿음을 보이는 한 날이 되게 하시옵소서.

자신을 지키려는 결심

너희는 시온에서 나팔을 불어 거룩한 금식일을 정하고 성회를 소집하라. 욜 2:15

한 성도가 예배시간 동안에 마음도 집중되지 않고, 기도에도 무감각하게 길들여져 버린 것을 깨닫고는 결심을 새롭게 하였다.

첫째, 고대하는 마음으로 교회에 가서 하나님께서 나를 기다리고 계신다는 사실이 얼마나 설레는 일인가를 생각해 보기로 한다. 둘째, 일찍 도착함으로써 편안한 마음으로 예배를 준비한다. 개인적인 감사를 드리고 고백과 간구하기에도 좋은 시간이다. 셋째, 항상 회중 중에 함께하는 새신자, 가족, 성가대, 목사님을 위해서 기도하는 것을 잊어서는 안 된다. 넷째, 예기치 않은 장소에 임재하시는 하나님을 찾아야 한다. 하나님께서는 성경과 설교와 찬송과 기도, 교회 건물 자체에도 계신다. 다섯째, 주일에 예배드리는 것만으로는 영적 성장에 충분하지 못하다. 성경공부, 기도모임, 규칙적인 경건의 시간 등이 신앙심을 자라게 한다.

본문의 묵상을 위한 주제어

1. 나팔을 불어: 오늘, 내가 꼭 성취해야 할 일을 놓치지 않아야 한다.
2. 금식일을 정하고: 하나님의 긍휼을 바라며 죄를 철저히 회개하자.
3. 성회를 소집하라: 가족적으로 회개할 것에 대한 부담을 갖는다.

기도: 오늘, 한 날의 삶이 하나님께 예배이기를 원합니다.

하나님의 시간

기록되었으되 내가 거룩하니 너희도 거룩할지어다 하셨느니라.

벧전 1:16

미국의 20대 대통령 가필드James Abram Garfield가 한 고등학교의 교장으로 재직할 때, 학교 재단이사의 아들이 그 학교에 다녔다. 그는 학교에서 공부의 과목이 많고, 매일 기도를 해야 하는 것에 불평하였다.

이에, 재단 이사장이 가필드를 찾아와서 건의했다. "내 아이가 이 학교에 다니고 있는데 학교에서 공부를 너무 심하게 시키는 것 같습니다. 교과과정을 좀 줄이고 노는 시간을 늘리면 어떻습니까?"

그의 말을 듣고 있던 가필드가 대답하였다. "하나님께서 한 그루의 느티나무를 좋은 재목으로 만들어 쓰시려 하시면 100년을 키우십니다. 그러나 호박 하나를 키워내는 데는 불과 한 달 밖에 걸리지 않습니다."

재단이사장은 말문을 닫은 채 돌아가고 말았다. 후에 가필드의 이 대답은 유명한 말이 되었다.

본문의 묵상을 위한 주제어

1. 기록되었으되: 성경은 하나님과 하나님의 뜻을 전달해준다.

2. 내가 거룩하니: 하나님은 세상의 죄악과 구별되신 분이시다.

3. 너희도: 우리의 생각과 말, 행위가 다 거룩해야 한다.

기도: 손목의 시계를 자주 보듯이 하나님의 시계도 보게 하시옵소서.

손님을 퇴짜 놓은 매니저

여호와께서 열방의 목전에서 그의 거룩한 팔을 나타내셨으므로 땅 끝까지도 모두 우리 하나님의 구원을 보았도다. 사 52:10

벌티모아에서 큰 호텔의 매니저가 한 손님의 투숙을 거절하였다. 차림새가 남루해보여 자기 호텔의 품위를 떨어뜨릴까 해서였다. 그 손님은 아무 말 없이 호텔을 나가서 다른 호텔에 방을 얻었다.

그런데 큰 일이 났다. 그 손님을 퇴짜 놓아 보낸 매니저가 나중에 알고 보니, 그가 누구인가 하면 그 당시에, 미국의 부통령으로서 전체 국민의 존경을 받는 애국자 제퍼슨Thomas Jefferson이었기 때문이었다. 매니저는 서둘러 제퍼슨 부통령에게 사람을 보내어 다시 자기들의 호텔로 모시겠다고 부탁을 했다. 그러자 제퍼슨은 그에게 말을 했다.

"당신의 매니저에게 내가 방을 얻었다고 전해주시면 좋겠습니다. 그리고 먼지 묻은 차림의 한 사람에게 방을 줄 수 없는 호텔이라면 미국의 부통령도 유숙시킬 수 없는 호텔일 것이라는 말도 전해주시오."

본문의 묵상을 위한 주제어

1. 열방의 목전: 오늘, 모든 사람들에게 하나님의 자녀로서 다가간다.
2. 팔을 나타내심: 어떤 위협에서도 보호해주시는 하나님을 기억한다.
3. 구원을 보았도다: 하나님께서 나에게 행하신 구원을 만방에 보이자.

기도: 천국 백성이라는 사실을 갖고, 이웃에게로 다가가게 하시옵소서.

아들이 보내준 사진 한 장

그들은 잠시 자기의 뜻대로 우리를 징계하였거니와 오직 하나님은 우리의 유익을 위하여 그의 거룩하심에 참여하게 하시느니라. 히 12:10

어느 신학대학에 60세가 넘은 노인 학생이 있었다. 이 사람이 최규백 장로이다. 그는 교회의 일을 많이 돕다가 늦게 신학교에 들어갔다. 최 장로는 열심히 공부했다. 젊은 학생들에게 뒤떨어지지 않으려고 무척 노력했다. 최 장로의 아들 중 한 사람은 미국에서 공부를 하고 있었다.

어느 날, 미국의 아들에게서 편지가 왔다 그 편지에는 사진 한 장이 같이 들어 있었다. 그 사진은 어느 도서관에서 책을 읽는 노인의 사진이었다. 그 사진 뒤에 설명이 붙어 있었다. "도서관에서 책을 읽고 있는 이 노인은 금년에 81세이며, 대학 1학년학생입니다."

아들은 아버지의 공부하시는 일에 용기를 드리기 위해서 이런 사진을 보내주었다. 미국에서도 할아버지들이 열심히 공부하고 있다는 것을 알려드린 것이다.

본문의 묵상을 위한 주제어

1. 자기의: 육신의 아버지가 자녀를 키우는 기준은 자신에게 있다.
2. 우리의 유익을: 하나님께서는 우리를 위하여 징계하신다.
3. 그의 거룩하심에: 하나님의 징계로 신의 성품에 참여함을 감사하자.

기도: 자신을 세워가는 데는 바로 지금이라는 것을 기억하기 원합니다.

경건의 능력을 잃은 여 권사

믿음의 선한 싸움을 싸우라 영생을 취하라 이를 위하여 네가 부르심을
받았고 많은 증인 앞에서 선한 증언을 하였도다. 딤전 6:12

어느 교회의 여선교회 회장인 권사가 있었다. 그 권사는 한국에서
부동산 투기가 한참 기승을 부리던 1990년대에 부동산 투기로 일주
일 내내 열심히 아파트와 땅을 보러 발이 닳도록 돌아다녔다.

그 권사는 자신의 부동산 투기를 통해서 돈을 벌고, 헌금도 많이
하는 것을 자부심으로 여겼다. 그녀는 자신의 부동산 투기를 하나
님의 은혜와 연결을 짓는 어리석은 신앙생활을 하였다.

어느 주일에 그녀는 여선교회 헌신예배의 사회를 맡게 되었는데,
그 주일의 오후에도 이곳, 저곳 아파트와 땅을 보러 다녔다.

예배 시간이 다 되어서야 급히 교회에 오게 되었고 사회를 보러
강대상 앞으로 나갔다. 그녀는 사회를 보면서 "우리 모두 찬송가
109동을 부르겠습니다." 라고 하였다.

본문의 묵상을 위한 주제어

1. 선한 싸움을: 믿음으로 살기 위하여 오늘도 싸울 준비를 하자.

2. 영생을 취하라: 오늘, 하나님의 사람으로서 자기를 지켜야 한다.

3. 부르심을 받았고: 경건의 능력을 나타내는 삶을 살도록 예정되었다.

기도: 경건으로 내면의 삶을 채우게 하시옵소서.

신을 고치는 노인의 하루

이 뜻을 따라 예수 그리스도의 몸을 단번에 드리심으로 말미암아 우리가 거룩함을 얻었노라. 히 10:10

안토니오Antonio는 자기의 가산을 가난한 사람들에게 나누어주고 굴속에서 은둔하였다. 하루는 하늘로부터, "안토니오야, 네가 아무리 경건하게 살고자 하지만, 알렉산드리아에서 헌 신을 고치는 노인만 못하다." 하는 말이 들렸다.

그래서 안토니오는 곧 신을 고치는 노인을 찾아갔다. 노인은 성자가 자기를 방문해 주었다는 사실에, 그를 반가이 환영하였다.

안토니오는 노인에게 물었다. "노인께서는 어떤 방식으로 살아가십니까?" 노인이 대답하였다 "우리는 생활이 가난하므로 매일 신을 고치는 것으로 생활비를 삼고, 저녁에는 가정예배를 보고 아이들에게 하나님 공경하는 법을 가르쳐 주는 것으로 삽니다."

노인의 대답은 안토니오의 평생에 잊지 못할 금언이 되었다.

본문의 묵상을 위한 주제어

1. 이 뜻을 따라: 나를 향하신 하나님의 뜻을 이루어 드리려 한다.
2. 단번에 드리심으로: 주님을 따라 자신을 하나님께 드리고 있는가?
3. 거룩함을: 오늘, 하나님의 나라가 이루어지도록 '드림'을 결단하자.

기도: 종일을 거룩하도록 주님의 뜻을 좇아 살게 하시옵소서.

믿음으로 살리라

그의 거룩한 이름을 자랑하라 여호와를 구하는 자들은 마음이 즐거울
지로다. 시 105:3

아우슈비츠 수용에서 유대인들은 '나는 믿는다. 나의 메시아가 나
를 돕기 위하여 반드시 나를 찾아오리라는 사실을 믿는다.' 라는 노
래를 불렀다. 그리고 동료가 가스실로 불려 가면 '그런데 때때로 메
시아는 너무 늦게 오신다.' 는 구절을 덧붙였다.

그러나 한 외과 의사는 메시아에 대한 믿음을 가지고 있었기 때문
에 절대로 그 마지막 가사를 부르지 않았다. 그는 늘 단정히 행하고,
끝까지 견디어 믿음으로 견디었다.

마침내 그는 죽지 아니하고 수용소를 나오게 되었다. 그는 자유의
몸이 되어 수용소를 나오면서 유대인들의 노래 마지막 절을 고쳐 불
렀다. '그런데 사람들은 너무 서두른다. 너무 서둘러서 믿음을 포기
할 때가 많다.'

본문의 묵상을 위한 주제어

1. 거룩한 이름을: 만나는 이들에게 나의 하나님을 전하게 하소서!
2. 여호와를 구함: 내가 구할 것은 일용할 양식이 아니고 하나님이다.
3. 마음이 즐거움: 여기에서 천국을 누리는 신령한 즐거움을 사모하자.

기도: 오늘, 하나님의 약속을 붙잡는 믿음을 주시옵소서.

죽음 앞에서 평안한 가슴

하나님이 우리를 부르심은 부정하게 하심이 아니요 거룩하게 하심이
니. 살전 4:7

스위스의 한 순교자가 장작더미 위에 맨발로 올라섰다. 이제 막
불을 질러 화형을 집행하려는 순간, 그는 자기의 화형 집행 형리를
감독하는 치안판사를 가까이 오라고 했다.

"죄송하지만 판사님의 손을 저의 가슴에 얹어 보시렵니까? 저는
곧 화형을 당할 몸입니다. 만약, 저의 심장이 평상시보다 조금이라
도 빠르게 뛴다면, 제가 믿고 있는 종교를 믿지 마시고, 하나님을 부
인하셔도 좋습니다."

유언처럼 들리는 순교자의 말을 들은 판사는 그 말을 거절할 수가
없어서 그에게로 다가갔다. 그리고 떨리는 손으로 그의 가슴을 만
지는데 놀라지 않을 수 없었다.

그 순교자의 가슴은 화형을 기다리는 사람이 아니라 침대에 잠자
러 가는 사람의 것처럼 고요하기만 하였던 것이다.

본문의 묵상을 위한 주제어

1. 부르심은: 나의 삶의 동기가 하나님의 부르심에 기초하고 있는가?

2. 부정하게 하심: 나의 몸을 육체의 쾌락에 맡기지 않아야 한다.

3. 거룩하게 하심: 오늘이 '거룩함 안에 거하는' 시간이기를 기도한다.

기도: 하늘의 것으로 소망을 삼는 은혜를 주시옵소서.

진리를 발견한 나무꾼

그가 경건하여 온 집안과 더불어 하나님을 경외하며 백성을 많이 구제하고 하나님께 항상 기도하더니. 행 10:2

호주의 작가 패트릭 화이트Patrick White는 노벨 문학상을 받은 사람이다. 그는 처음에 영국에서 열심히 저술활동을 하였으나 빛을 보지 못했다. 실의와 좌절에 빠진 그는, 호주로 돌아와 벌목하는 나무꾼이 되었다. 얼마나 고생을 하였던지 자살까지 생각할 정도였다. 그런데 울창한 삼림 속에서 일하다가, 자연의 신비함 속에서 하나님의 손길을 발견했다. 계곡에서 나무를 자르는 일은 고통스러운 일이지만 인간은 자신이 겪은 고통의 분량만큼 진보한다는 것을 깨달았다.

그는 노트를 펼쳐서 한 문장의 글을 썼다. "인간은 겸손해질 때 하나님을 발견하고, 자신이 하나님이 아님을 깨달을 때 가장 하나님과 가까워진다." 그의 글은 겸손을 구하는 이들에게 이정표가 되었다. 그리고 하나님을 사랑하려는 이들에게는 마음에 담는 소망이 되었다.

본문의 묵상을 위한 주제어

1. 그가 경건하여: 스스로 평가하여 자신을 거룩하게 살도록 한다.
2. 구제하고: 하나님께 대한 경건이 사람에 의해 드러나게 해야 한다.
3. 기도하더니: 경건한 삶을 살도록 하는 시작은 기도이다!

기도: 경건하다는 증거가 있는 삶을 살아가도록 이끌어 주시옵소서.

독수리의 발톱이 양의 털에 엉켜서

그러므로 너희는 하나님이 택하사 거룩하고 사랑 받는 자처럼 긍휼과
자비와 겸손과 온유와 오래 참음을 옷 입고. 골 3:12

어떤 사람이 나이아가라 폭포의 상류에서 죽은 양 한 마리가 둥둥 떠내려가는 것을 보았다. 그 순간에, 먹이를 찾는 독수리가 쏜살같이 내려와서 그 양의 사체에 앉는 것을 보게 되었다. 참으로 눈 깜짝할 만한 수간이었다.

독수리는 양의 사체를 꼭 부둥켜안고 그 고기를 뜯어먹기 시작하였다. 그러는 동안에 양의 사체는 급류의 물결에 말려들어가고 있었다. 그리하여 독수리는 급류 가까이에 이르는 것을 모르는지, 아니면 고기를 먹는 것에 마음을 빼앗겼는지, 계속 고기를 뜯어먹기만 하였다.

그러는 사이에 양의 사체는 점점 흘러 급류에 말려 떨어지게 되었다. 그때야 독수리가 날려고 날개를 쳤으나 이미 독수리의 발톱이 양의 털에 엉켜서 풀리지 않아 양의 사체와 함께 결국 급류 속으로 떨어지고 말았다.

본문의 묵상을 위한 주제어

1. 하나님이 택하사: 천국 백성이 됨을 감사하고, 그분의 뜻을 따른다.
2. 긍휼-자비: 하나님의 성품으로 이웃을 불쌍히 여겨 사랑을 베풀자.
3. 겸손-오래 참음: 오늘, 주님께서 보여주신 겸손과 인내로 살아간다.

기도: 썩을 양식에 마음을 빼앗겨 영생의 삶을 잃지 않게 하시옵소서.

웨일즈의 부흥

여호와께서 자기를 위하여 경건한 자를 택하신 줄 너희가 알지어다 내가 그를 부를 때에 여호와께서 들으시리로다. 시 4:3

어느 날, 웨일즈에 있는 작은 교회에서 한 부인이 주기도문으로 기도하다가 끝낼 수가 없었다. "우리가 우리에게 죄지은 자를 사하여 준 것 같이"라는 대목에서, 그가 미워하는 한 형제의 얼굴을 떠올렸기 때문에서였다.

그는 예배당을 나와서 오랫동안 찾아보지 않았던 형제를 만나 자신의 잘못을 회개하였다. 두 사람의 갈등의 이유를 자신의 책임이라고 자백하였다.

"그리스도 안에서 하나님 사랑으로 형제를 사랑하지 못했던 내 죄를 회개합니다."

그때, 형제는 눈물을 흘리며 자신의 죄가 컸다고 부인에게 회개하였다. 하나님은 이 두 사람을 붉으셨고, 그 교회에는 부흥이 일어났다.

본문의 묵상을 위한 주제어

1. 자기를 위하여: 나의 삶을 하나님을 위함으로 출발하고 있는가?
2. 경건한 자: 하나님이 함께 하시는 사람은 그분에게 경건한 자이다.
3. 그를 부를 때에: 오늘도 기도를 수지 않고, 하나님을 찾아야 한다.

기도: 상한 심령으로 하나님께 나아가는 은혜를 주시옵소서.

섬기며 충성하는 이에게

그의 영광의 풍성함을 따라 그의 성령으로 말미암아 너희 속사람을 능력으로 강건하게 하시오며. 엡 3:16

황해도 재령에 정찬욱이라는 장로가 있었다. 자기 집을 지으려고 기도하던 중, 장로가 하나님의 성전을 짓고 난 후에 내 집을 지어야 되지 않겠느냐는 생각을 하게 되었다.

당시에, 500석을 추수하는 부농이었던 정 장로는 1년 수확 모두를 바쳐서 성전을 지어놓고 자기 집을 지었다. 그는 자기보다 먼저 하나님을 생각하는 사람이었다. 그뿐 아니라 자기 교회 목사님의 생활비와 식미와 목화 100근씩 26년간을 드렸다고 한다.

그는 하나님 제일주의로 살았기 때문에 먼저 하나님의 성전을 생각했고, 하나님께서 보내신 사자 목사를 존경하며 뒷바라지를 할 수 있었던 것이다. 정 장로는 더욱 풍성한 축복을 받아 큰 부자가 되었다.

하나님께서는 섬기며 충성하는 이에게 복을 주신다.

본문의 묵상을 위한 주제어

1. 영광의 풍성함을: 하나님의 능력은 하늘의 영광에 따라 이루어진다.
2. 속사람을 강건하게: 겉사람의 반대말로 영에 속한 삶을 강조한다.
3. 능력으로 강건하게: 속사람은 성령의 능력으로 강건해진다.

기도: 오늘, 겉으로 나타나는 것보다 속사람에 집중하기를 원합니다.

하나님께서 주신대로

또 사역은 여러 가지나 모든 것을 모든 사람 가운데서 이루시는 하나님
은 같으니 각 사람에게 성령을 나타내심은 유익하게 하려 하심이라.
고전 12:6-7

현대 선교의 문을 연 윌리엄 캐리William Carey는 이렇다 할 학력이
없는 사람이었다. 그는 어느 날 성경을 읽다가 말씀에 은혜를 받아
그대로 순종하기로 결심하였다. "너희는 가서 모든 족속으로 제자
를 삼아 아버지와 아들과 성령의 이름으로 세례를 주고 내가 너희에
게 분부한 모든 것을 가르쳐 지키게 하라."

하나님께서는 우리 각자에게 능력을 주시고, 역사적인 사건 속에
우리를 보내주셔서 살게 하신다. 그는 적은 능력을 가졌지만 뒤돌
아보지 아니하고 즉시 순종하였다.

윌리엄 캐리는 세계 선교의 문을 연 인물로 찬란하게 그의 생애가
쓰임을 받았다. 그는 자기를 주장하시는 성령님께 순종하였다.

본문의 묵상을 위한 주제어

1. 은사는 여러 가지: 하나님께서 나에게 주신 선물을 귀하게 받으라
2. 사역은 여러 가지: 내게 주신 직분의 사역을 감당해야 한다.
3. 유익하게 하려: 주님과 교회에 유익하게 하기 위해서 기도하자.

기도: 성령님께서 주신 은혜에 따라 오늘, 최선을 다하기 원합니다.

예수님의 자리

이를 위하여 죽은 자들에게도 복음이 전파되었으니 이는 육체로는 사람으로 심판을 받으나 영으로는 하나님을 따라 살게 하려 함이라.

벧전 4:6

어느 목사가 미국에서 한 가정의 초청을 받아 가서 의미 있는 것을 목격하였다. 식탁에 의자들이 놓여져 있는데 그 중 하나는 꼭 비워놓았다. 손님으로 방문했던 목사가 그 의자에 앉으려고 하였다.

그러자 그 집의 꼬마가 말하기를, 그 의자는 예수님의 의자이므로 앉으면 안 된다고 말렸다. 그리고 그 가정의 어린이들은 그 의자를 향해 앉아서 두 손을 모으고 기도를 하였다. 목사의 눈에 참 아름다운 모습으로 보여 졌다. 그들의 부모가 그렇게 훈련을 시키고 있었다.

이 집의 어린 형제 둘이서 싸우다가 갑자기 형이 동생을 툭 치면서 "야! 조용히 하자. 예수님이 들으신다."라고 말한다. 이들의 부모는 그 아이들이 하나님 앞에서 사는 삶의 훈련을 잘 시켰던 것이다.

본문의 묵상을 위한 주제어

1. 이를 위하여: 예수님은 산 자와 죽은 자의 심판주가 되신다.

2. 육체로는: 죽은 자는 육체로는 세상에서 이미 심판(죽음)을 받았다.

3. 영으로는: 복음으로 하나님과 더불어 영으로는 영원히 살게 되었다.

기도: 주님께서 동행하고 계심에 주목하여 한 날을 살게 하시옵소서.

첩자가 있을지 몰라서

하나님의 사랑 안에서 자신을 지키며 영생에 이르도록 우리 주 예수 그리스도의 긍휼을 기다리라. 유 1:21

공산주의가 한창 위세를 떨치던 소련에서 기독교인들이 은밀한 창고에 모여 예배하는데, 군인 두 명이 기관단총을 들이대고 뛰어들었다.

"너희들은 이제 끝장이다. 그러나 살기를 원한다면 여기에서 나가라. 나가는 자는 스스로 기독교인임을 거부한 줄로 알고 살려 주겠다." 군인들의 이 서슬 푸른 기세에 더러는 일어서서 슬금슬금 빠져나갔다. 그 후에, 군인들이 문을 안으로 걸어 잠그고 말하였다. "용서하십시오. 여러분들이야말로 참 기독교인입니다. 같이 예배를 드리려고 찾아왔는데, 행여 이 안에 첩자가 있을지 몰라서 그들을 내보내려고 한 짓입니다. 이제 가짜들은 다 나갔으니 안심하며 예배를 드리십시다."

그들은 낮은 자세로 무릎을 꿇었다. 순교를 각오하고 그 자리에 남았던 참된 신앙의 사람들은, 감격의 눈물을 흘리며 예배를 드렸다.

본문의 묵상을 위한 주제어

1. 성령으로 기도하며: 성령님께서 감동해 주시는 바에 따라 기도하자.

2. 자신을 지키며: 오늘, 세상으로부터 자신을 구별하여 거룩하게 하자.

3. 긍휼을: 오직 하나님의 불쌍히 여기시는 은혜에 소망이 있다.

기도: 어떤 경우에서도 경솔화지 않고, 하나님을 기다리기 원합니다.

고문을 극복한 아들

그러므로 우리가 낙심하지 아니하노니 우리의 겉사람은 낡아지나 우리의 속사람은 날로 새로워지도다. 고후 4:16

루마니아 공산당들이 목사 한 사람을 잡아와서 예수를 부인하고 공산당을 지지하라고 심한 고문을 가했다. 악독해진 공산당들은 그 목사의 14살 된 아들에게 말로 표현할 수 없는 고통을 주면서 아버지가 항복할 때까지 계속하였다.

아들의 참혹한 광경을 본 목사는 견딜 수 없어서 "내 아이에게 더 이상 고통을 주지 마시오. 내가 항복하겠소."라고 했다.

이 말을 들은 아들은 고개를 쳐들고 사력을 다하며 부르짖었다. "아버지, 아버지가 예수를 부인하여 내가 산다고 하더라도 예수를 부인한 목사 아들이란 말을 듣기는 싫어요. 아버지, 예수를 부인하지 마세요."

이 부르짖음을 들은 아버지는 아들의 믿음에 용기를 얻어서 다시 공산당을 욕하고 주님을 따르기로 결심했다.

본문의 묵상을 위한 주제어

1. 낙심하지: 부활하신 주님의 승리에 동참하는 소망이 나에게 있는가!

2. 겉사람: 죽어 흙으로 돌아갈 수밖에 없는 제한된 육체를 가리킨다.

3. 속사람: 복음으로 예수님을 구주로 영접하여 중생한 몸을 가리킨다.

기도: 오늘, 자신을 견디어내는 은혜를 경험하게 하시옵소서.

믿고 행하라

그러면 어떻게 할까 내가 영으로 기도하고 또 마음으로 기도하며 내가
영으로 찬송하고 또 마음으로 찬송하리라. 고전 14:15

집안에 불이 나자 아버지와 아들은 각각 집 밖으로 피하게 되었는
데, 한 소년이 불길을 피해 2층 지붕 위로 올라갔다.

이때, 밖으로 급히 피신한 아버지는 아들을 향해서 소리쳤다.

"애야, 내려. 아빠가 받을게." 그러나 연기가 위로 치솟았기 때문
에 소년은 아버지를 볼 수가 없었다.

"아빠. 보이지가 않아요. 아빠가 보이지 않아요."

겁을 먹은 소년은 울먹이기 시작했다.

그러자 소년의 아버지는 "애야, 용기를 내어 뛰어 내리렴. 난 너를
볼 수 있단다. 아빠를 믿으렴"하고 소리쳤다. 소년은 아버지를 믿고
연기 속으로 뛰어 내렸고 살아났다.

믿음은 현실을 보지 않고 전능자에게 의탁하는 것이다.

본문의 묵상을 위한 주제어

1. 어떻게 할까: 내게 허락하신 신령한 은혜를 따라 살기를 생각한다.

2. 영으로: 오늘, 한 날 하나님과 나 사이에서만의 은혜를 유지한다.

3. 마음으로: 내게 임한 하늘의 은혜를 지체들과도 나누어 누린다.

기도: 하나님의 영으로 살아드리는 한 날로 삼기 원합니다.

사흘만 기다린다면

너희에게 인내가 필요함은 너희가 하나님의 뜻을 행한 후에 약속하신 것을 받기 위함이라. 히 10:36

얼굴에 주름이 많고 옷차림도 허름한 할머니가 건물 한 코너에서 꽃을 팔고 있었다. 그러나 밝은 표정으로 주위 사람들을 즐겁게 해 주었다.

그래서 건물 주인이 할머니에게 물었다. "무슨 좋은 일이 있으시나 보지요? 표정이 항상 밝아 보여요?"

그러자 할머니가 대답하였다. "제 걱정을 트럭에 담으면 아마 100대 분량도 더 될 것입니다."

부자가 다시 물었다. "그런데도 어떻게 그런 밝은 표정을 지을 수 있습니까?"

할머니는 부자에게 행복한 삶의 비결을 들려주었다. "내게 특별한 비결이 하나 있어요. 저는 고통이 닥치면 예수님께서 무덤에 머무르셨던 사흘을 생각하면서 사흘 동안 기다리지요. 그러면 고통이 해결되어요."

본문의 묵상을 위한 주제어

1. 인내가 필요함은: 하나님께서 바라시는 연단의 시간을 감사하자.
2. 하나님의 뜻을: 내가 성취해야 하는 하나님의 일에 주목하자.
3. 약속하신 것을: 구원의 완성을 위해서 하나님의 형상을 만들어가자.

기도: 오늘, 어떤 일에서나 끝까지 견디는 은혜를 주시옵소서.

하나님과의 관계

주께서 나를 모든 악한 일에서 건져내시고 또 그의 천국에 들어가도록
구원하시리니 그에게 영광이 세세무궁토록 있을지어다 아멘.

딤후 4:18

유명한 러시아의 작가 레프 톨스토이Lev Nikolayevich Tolstoy는 원래
귀족 출신으로 온갖 부귀와 영화를 누리며 살았으나, 죄에 대한 공
포와 불안한 마음으로 늘 괴로움을 겪었다.

그러던 어느 날, 한적한 시골길을 걸어가던 중 한 농부를 만났는
데, 그 얼굴에는 유난히도 평화가 깃들어 있었다. 그는 그 농부에게
가서 평화스런 삶의 비결이 무엇이냐고 물었다.

그러자 그는 "하나님을 의지하고 살기 때문에 언제나 내 마음은
기쁠 뿐이다"라고 했다. 그 말은 들은 톨스토이는 그 날부터 진지하
게 하나님을 찾기 시작하였다. 그 후에, 그는 하나님을 만나게 되었
고, 과거의 불안과 공포는 사라지게 되었다.

그래서 그후에, "하나님을 아는 것이 바로 사는 길이다"라고 까지
고백하게 되었다.

본문의 묵상을 위한 주제어

1. 주께서 나를: 하나님의 관심은 나를 의인으로 삼아주시는 것이셨다!
2. 구원하시리니: 천국을 약속받았으니, 천국 백성으로 살아가야 한다.
3. 그에게 영광이: 오늘, 내가 해야 할 일은 하나님을 찬양함이다.

기도: 오늘도 하나님의 구원하심을 바라보고 한날을 지내기 원합니다.

빅토리아 여왕의 질문

그의 영광의 풍성함을 따라 그의 성령으로 말미암아 너희 속사람을 능력으로 강건하게 하시오며. 엡 3:162

영국의 빅토리아 여왕Queen Victoria은 한 과부의 집을 찾아갔는데 그녀도 믿음이 좋은 사람이라서 같이 기도하고 신앙이야기를 나누게 되었다. 대화 중에 여인의 믿음에 감동을 받은 여왕이 물었다.

"아주머니를 찾아준 손님 중에 가장 고귀한 손님은 누구입니까?"

여왕은 그녀가, '당연히 예수님입니다.' 라고 대답할 것을 기대하고 물은 것이었다. 그런데 전혀 뜻밖의 대답이 나왔다.

"저에게 가장 귀한 손님은 두말 할 것도 없이 여왕폐하입니다. 제 생애의 최고의 손님이십니다."

그녀의 대답에 실망한 여왕이 물었다.

"예수님이 아주머니를 찾아 주신 최고의 손님이 아니실까요?"

그 말에 과부는 빙그레 웃으면서 대답했다.

"폐하, 예수님은 결코 손님이 아닙니다. 제 주인입니다. 예수님은 제 집에 처음부터 계신 분입니다. 저는 그분을 위해 존재합니다."

본문의 묵상을 위한 주제어

1. 영광의 풍성함을 따라:

2. 그의 성령으로 말미암아:

3. 속사람을 능력으로:

기도: ??????????????

받아들이기만 하면

내 아버지의 뜻은 아들을 보고 믿는 자마다 영생을 얻는 이것이니 마지막 날에 내가 이를 다시 살리리라 하시니라. 요 6:40

어느 전도 집회에서 집회가 끝내는 시간에, 한 젊은이가 급히 달려와서 이렇게 물었다. "목사님 내가 구원받으려면 무엇을 해야 할까요?" 이에, 그 전도자는 대답하기를, "젊은 친구, 너무 늦었어. 이미 늦었어, 이미 늦었다니까"라고 했다. 그 젊은이가 또 물었다. "이 전도 집회가 끝난 뒤에 왔기 때문에 늦었다는 말씀인가요?"

그 전도자는 이렇게 대답했다.

"젊은이, 자네는 구원받고 싶으면 무언가 해야 된다고 생각하고 있지만 이미 수천 년 전에 구원의 역사는 십자가 위에서 완성되었다네. 지금 자네가 구원받기 위해 할 일이라곤 아무 것도 없고 다만 무릎 꿇고, 예수님께서 자신을 위하여 이미 행하신 일을 받아들이기만 하면 되네."

그러자 그는 무릎을 꿇고 기도를 드렸다. 그때 구원을 받게 되었다.

본문의 묵상을 위한 주제어

1. 내 아버지의 뜻은: 나에게서 이루시려는 하나님의 뜻에 주목하자.
2. 영생을 얻는: 주님의 피 공로로 영생을 가졌다는 확신이 있는가?
3. 다시 살리리라: 다시 산다고 하는 부활 신앙을 갖고 살아야 한다.

기도: 이미 이루저진 것을 저를 위함인 것으로 받아들이게 하시옵소서.

생명과 능력이 된 말씀

저희가 믿음으로 나라들을 이기기도 하며 의를 행하기도 하며 약속을 받기도 하며 사자들의 입을 막기도 하며. 히 11:33

하루는 어떤 청년이 드와잇 무디Dwight L. Moody에게 찾아와서는 물었다. "선생님, 선생님은 성경 말씀을 사랑하고, 그 말씀으로 평생을 살아오신 분인데, 선생님의 성경책을 한번 보고 싶습니다."

무디는 자기를 찾아온 청년에게 자신의 성경을 보여주었다. 그의 성경 도처에는 'T. P.'라는 글자가 씌어져 있었다. 그 청년은 무디에게 이렇게 물었다. "선생님, 이 알파벳은 모르겠는데요, 무슨 뜻입니까?"

그때 무디가 빙그레 웃으면서 대답하였다. "이것은 「실험해 보았더니 입증되었다」라는 뜻입니다."

그는 창세기에서부터 계시록까지 읽으면서 자신이 실험을 통해서 체험을 하였다. 어느 말씀, 어느 구절 하나라도 생활 속에 적용될 수 없는 말씀이 없으며, 이 말씀은 곧 그대로 그에게 생명과 능력이 되었다.

본문의 묵상을 위한 주제어

1. 이기기도 하며: 약속해 주신 땅을 정복하게 하시는 하나님이시다!
2. 의를 행하기도 하며: 하나님의 뜻이 이루어지는 행동을 선택한다.
3. 사자들의 입을: 해롭게 하는 자를 막으시는 하나님을 기대하자.

기도: 성령님께서 강권하사 하나님의 말씀을 삶에 적용하기 원합니다.

닻을 올려라

무릇 하나님의 영으로 인도함을 받는 사람은 곧 하나님의 아들이라.
롬 8:14

허드슨 테일러James Hudson Taylor가 범선을 타고 중국으로 갈 때, 선장이 자기가 있는 선실의 문을 급하게 두드렸다. "테일러, 바람이 전혀 불지를 않습니다. 그래서 우리는 지금 이교도들이 사는 어떤 섬 쪽으로 표류하고 있어요. 당신은 하나님을 믿는 분임을 제가 압니다. 그러니 바람이 불도록 기도해 주십시오."

"좋습니다. 선장, 하지만 당신은 닻을 올려야 하오."

"그건 참으로 어리석은 일입니다. 미풍조차 없는데 모든 사공들이 나를 미쳤다고 생각할 겁니다." 그러나 결국 테일러의 주장 때문에 선장은 동의했다. 그로부터 45분 뒤에 선장이 다시 돌아와 보니, 테일러는 여전히 무릎을 꿇고 기도하고 있었다. 선장이 테일러에게 말하였다.

"그만 일어나십시오. 기대 이상의 바람이 불어 왔어요."

본문의 묵상을 위한 주제어

1. 하나님의 영: 하나님의 자녀는 하나님의 영에 집중해야 한다.

2. 인도함을: 오늘, 순간순간에 성령의 지배 안으로 들어가기를 바라자.

3. 하나님의 아들: 하나님께 인정을 받는 한 날이 되도록 한다.

기도: 저의 삶에서 하나님의 자녀라는 증거를 지니게 하시옵소서.

03

자기를 세움

잊어서는 안 될 것

또 무엇을 하든지 말에나 일에나 다 주 예수의 이름으로 하고 그를 힘입어 하나님 아버지께 감사하라. 골 3:17

카네기Andrew Carnegie의 가족은 사업이 어려워져, 미국으로 이민을 떠나려 했으나 여비조차 없었다. 그런데 어머니의 친구인 핸더슨 부인이 낯선 땅으로 이민하는 사람들을 믿고 빌려주었다.

"고맙습니다, 빌려간 돈은 다음에 꼭 갚겠습니다."

카네기는 핸더슨 부인에게 꼭 갚겠다는 약속을 하였다. 미국에 도착한 카네기의 가족은 열심히 일을 하였다. 카네기는 그야말로 닥치는 대로 일을 하였고, 단 하루도 빚에 대하여 잊지 않았다. 그와 그이 가족은 핸더슨 부인의 돈을 갚기 위하여 저축했다.

마침내 그들은 핸더슨 부인에게 빚을 갚으면서 기뻐하였다. 이 자리에서 카네기는 말했다.

"빚은 갚을 수 있습니다. 그러나 은혜는 영원히 갚지 못합니다. 평생 고마움을 간직하고 삽시다."

본문의 묵상을 위한 주제어

1. 무엇을 하든지: 우리의 삶은 하나님의 섭리이다.
2. 주 예수의 이름으로: 예수님은 하나님께 우리를 중보하신다.
3. 감사하라: 나를 불쌍히 여기시는 하나님이시다.

기도: 주 예수의 이름으로 살아드리는 한 해가 되게 하시옵소서.

아버지와 아들의 대화

여호와께 감사하고 그의 이름을 불러 아뢰며 그가 하는 일을 만민 중에 알게 할지어다. 시 105:1

어느 가정의 아버지와 아들이 서로 반대 방향에서 말을 타고 숲 속의 길을 가다가 마침내 만나 반가워하며 좋아하였다. 두 사람은 아침에 집에서 나왔는데도 꽤나 오랜만에 만난 것처럼 반가워하였다.

아들이 아버지에게 말했다.

"참, 우리 하나님의 은혜에 정말 감사하지 않을 수가 없어요. 제가 지금 오는 도중에 나무뿌리에 걸려 말이 세 번이나 쓰러졌어요. 그런데 저는 한 군데도 다친 데가 없어요. 얼마나 감사한지 몰라요."

그 말을 들은 아버지도 말하였다.

"그래, 참 감사할 일이구나. 그런데 나도 하나 감사하자. 내가 너를 찾아오는 도중에 내 말은 한 번도 나무뿌리에 걸려서 쓰러진 적이 없으니 얼마나 감사하냐? 참 우리 하나님, 감사하구나."

본문의 묵상을 위한 주제어

1. 여호와께 감사하고: 주님께 찬송을 드리는 것으로 하루를 시작하라!

2. 그의 이름을 불러: 주님과의 교제에서 오늘을 사는 힘을 받는다.

3. 그가 하는 일을: 주님께서 나에게 행하신 일들을 선포하여 알린다.

기도: 되어 가는 일들 속에서 여호와를 찬양하게 하시옵소서.

사람으로 태어났으니

항상 우리를 그리스도 안에서 이기게 하시고 우리로 말미암아 각처에서 그리스도를 아는 냄새를 나타내시는 하나님께 감사하노라.
고후 2:14

어떤 날 공자는 길에서 싱글싱글 웃고, 춤을 추며 기뻐하는 노인을 보았다. 공자는 노인이 즐거워하는 비결에 대하여 물으니 그가 대답하였다.

"첫째로 하나님께서 나를 세상에 내실 때 짐승이나 곤충으로도 내실 수 있는데, 사람으로 내신 것을 생각할 때 그저 감사하고,

둘째는 내가 90세인데 이렇게 건강하게 지내니 이 얼마나 감사한 일이 아닌가.

셋째는 이렇게 나이 많아도 즐겁게 일할 수 있으니, 감사해서 일하다가 쉴 때는 춤도 추는 것일세."

이에, 공자는 참으로 좋은 것을 배웠다고 하였다.

본문의 묵상을 위한 주제어

1. 그리스도 안에서: 세상에 있는 동안에 우리의 보장은 예수님이시다.

2. 이기게 하시고: 부활하신 예수님의 영광에 우리를 참여시켜 주신다.

3. 냄새를: 성도는 불신자들에게 예수님에 대하여 나타내 보이게 된다.

기도 : 한 날의 삶이 순간, 순간의 감사로 채워지게 하시옵소서.

저에게도 문둥병을 내려 주셔서

나는 감사하는 목소리로 주께 제사를 드리며 나의 서원을 주께 갚겠나
이다 구원은 여호와께 속하였나이다 하니라. 욘 2:9

다미엔Damien은 문둥병자들에게 복음을 전함에 헌신하기로 작정
하였다. 그는 문둥병자에게 복음을 전할 준비를 마치고, 그들의 거
주지로 갔다. 그가 복음을 갖고 들어갔으나 그들은 복음을 받아들
이지 않았다.

그래서 그는 기도했다. "하나님, 저에게도 문둥병을 내려 주셔서
그 고통을 함께 누리면서 복음을 전하게 하소서."

어느 날, 실수로 뜨거운 물이 자신의 발등에 떨어지게 되는 데 전
혀 감각을 느끼지 못하였다. 바로 그에게도 문둥병이 다가온 것이
었다. 순간, 그는 그 자리에 꿇어 엎드려 기도하였다.

"하나님, 감사합니다. 이제 나도 저 문둥병자들에게 설교할 때에
여러분… 이라고 하지 아니하고 우리는… 이라고 말할 수 있게 되
었습니다. 이 기쁨의 문둥병을 주시오니 정말 감사합니다."

본문의 묵상을 위한 주제어

1. 주께 제사를: 오늘, 하나님의 은혜로 새날을 맞이함에 감사드린다.

2. 나의 서원을: 하나님께 약속했던 것을 지켜드리는 한 날이 되자.

3. 구원은 여호와께: 나의 행실이 구원의 성취가 되도록 유의한다.

기도: 오늘의 시간이 여호와로 말미암음에 감사하게 하시옵소서.

일생에 귀한 선물

그 날에 너희가 또 말하기를 여호와께 감사하라 그의 이름을 부르며 그의 행하심을 만국 중에 선포하며 그의 이름이 높다 하라. 사 12:4

스미스Smith 목사가 에버딘에서 부흥집회를 마치고 돌아가는데, 옷차림이 몹시 남루한 한 작은 스코틀랜드 소녀가 그에게로 다가왔다. 소녀는 조금 쑥스러워 하면서 종이에 싼 사탕을 그에게 내밀었다.

"선생님, 저는 새 아빠를 갖게 되었어요. 아빠는 지난 토요일, 선생님의 집회에 참석하셔서 큰 은혜를 받았다고 하셨어요. 이제는 술도 마시지 않고 올바르게 사시겠대요."

그 말을 들은 스미스 목사는 너무도 반가웠다. 어른에게 사탕이 그리 귀한 선물이 될 수 없지만 스미스 목사는 보석처럼 여기게 되었다. 그는 용기백배하였다. 그리하여 당시의 감격을 회상하며 말하였다.

"내 일생에 그처럼 귀한 선물을 받아본 적이 없다. 주님을 위한 봉사의 대가로서의 그 작은 사탕은 주님이 주시는 상급을 알게 해주었다."

본문의 묵상을 위한 주제어

1. 감사하라: 감사함으로 하나님의 이름을 부르는 하루로 만들자.

2. 그의 이름을: 과연, 나에게 하나님의 이름은 무엇인지를 묵상한다.

3. 그의 행하심을: 나를 인도하시고, 도우시는 하나님을 증언하라!

기도: 베풀어 주신 은혜를 묵상하며 감사하게 하시옵소서.

감사를 고백한 세 번의 기도

우리 하나님이여 이제 우리가 주께 감사하오며 주의 영화로운 이름을 찬양하나이다. 대상 29:13

요한 크리소스톰John Chrysostom은 예수님을 전하다가 감옥으로 끌려갔다. 그는 주님의 영광에 참여했다는 기쁨을 안고, 이렇게 기도하였다. "주님, 감옥에 갇힌 죄수들을 복음화 하라고 저를 파송해 주셨군요. 감사합니다."

사형을 당하게 된 날, 그의 기도도 감사에 대한 고백이었다.

"주님, 감사합니다. 성도의 가장 아름다운 죽음이 순교라고 했는데, 저 같은 사람을 순교의 반열에 동참케 하시니 정말 감사합니다."

교수형이 집행되려 할 때, 사형중지 명령이 내렸다. 그때도 그는 눈물로 감사의 기도를 드렸다.

"하나님, 감사합니다. 아직도 종에게 할 일이 남아 있다는 것입니까? 죽도록 충성하도록 도와주시옵소서."

본문의 묵상을 위한 주제어

1. 하나님이여: 오늘, 하나님을 나의 하나님으로 받아들이고 있는가?
2. 주께 감사하오며: 하나님을 생각할 때마다 그분의 은혜에 감사하자.
3. 영화로운 이름을: 오늘, 종일 동안 하나님의 이름에 영광이 되자.

기도: 한 날의 삶에서 감사할 것을 감사하는 은혜를 주시옵소서.

감사함으로 다시 시작

이는 모든 것이 너희를 위함이니 많은 사람의 감사로 말미암아 은혜가
더하여 넘쳐서 하나님께 영광을 돌리게 하려 함이라. 고후 4:15

윌리엄 케리William Carrey는 인도로 가라는 부름을 받고, 인도에서
그 땅의 복음화를 위하여 인도어로 성경을 번역하고, 인쇄를 준비
하였다. 그러나 그가 지방 순회전도를 나간 사이에 선교본부에 불
이 났다.

불은 인쇄기와 인도어 성경의 출판을 위해서 쓴 원고를 모두 태워
버리고 말았다. 그러나 케리는 낙망하지 않았다.

그는 원고가 불에 태워진 것에 대하여 하나님의 뜻이 들어 있음을
생각하였다. 그러자 기도하려는 마음이 생겨, 잿더미 위에서 무릎
을 꿇고 감사기도를 드렸다.

그는 다시 시작할 수 있는 믿음과 인내와 용기를 구했다. 드디어
1801년 벵골어 성경을 시작으로 24종의 인도 방언으로 된 성경이
번역, 출판되었다.

본문의 묵상을 위한 주제어

1. 너희를 위함이니: 교회 안에서 지체들이 피차에 유익을 도모한다.

2. 감사로: 나로 인해서 지체들에게 감사의 고백이 넘치게 하자.

3. 하나님께 영광을: 오늘 나의 하루는 하나님의 영광을 위해서이다.

기도: 어떤 상황에서도 굽히지 않고, 도전하게 하시옵소서.

가난하게 산 노인

여호와는 나의 목자시니 내게 부족함이 없으리로다. 시 23:1

가난하게 사는 한 노인이 있었다. 여러 해 전에 하나 밖에 없는 아들이 혼자 미국으로 갔는데 아직 돌아오지 않았기 때문이었다.

어느 날, 그를 아는 이웃이 노인의 집을 방문하였다. 혼자서 지내는 노인이 안타까웠다. 그는 조심스럽게 노인의 아들에 대해서 물었다.

"할머니, 아들이 할머니께 돈을 좀 보내 주시나요?"

노인은 주저하면서 대답을 했다.

"아니오. 한 달에 한 번씩 긴 편지를 써서 보내주기는 하는데 편지와 함께 예쁜 그림을 하나씩 늘 보내주었어요. 보시겠어요?"

노인은 아들이 보내주었다는 그림을 그에게 내보였다. 그는 자신의 놀라움과 함께 가슴이 먹먹해졌다. 아들이 노인에게 보내준 것은 은행에서 발행된 수표들이었다. 그는 참으로 안타까웠다. 그 여러 해 동안에, 할머니는 수표인 줄 모르고 가난한 삶을 살고 있었다.

본문의 묵상을 위한 주제어

1. 여호와는: 오늘, 나를 인도해주시는 목자가 되어주심을 기대한다.

2. 나의 목자: 사소한 일들에까지 배후에 계신 하나님께 주목한다.

3. 부족함이 없음: 하나님으로 만족하려고 욕심의 유혹을 거절한다.

기도: 감사해야 할 것들을 찾아 즐거움으로 고백하게 하시옵소서.

감사의 기도를 한 목사

하나님께서 지으신 모든 것이 선하매 감사함으로 받으면 버릴 것이 없
나니. 딤전 4:4

장사를 하는 한 여 성도가 목사를 찾아와서 가계가 안 된다고 하
소연을 했다. 그리고 주위의 사람들이 그녀에게, 왜 하나님이 살아
계시다면 장사가 안 되도록 하는가 하며 비웃는 것을 견디기 어렵다
했다. 목사는 그녀를 앞에 두고 이렇게 기도했다.

"하나님, 장사가 안 되고 사람들이 비웃으니 감사합니다." 여 성
도는 의아한 듯 목사를 보더니 혹시 기도를 잘못한 것 아닌가로 물
었다. 그러자 목사는 하나님께서 범사에 감사하라고 하셨으니 돌아
가서 감사기도를 하라고 했다.

집으로 돌아갔던 그녀가 며칠 후에 얼음판에서 미끄러졌다며 팔
에 붕대를 칭칭 감고 나타났다. 그때도 목사는 "주님, 팔이 부러졌
으니 감사합니다."라고 하였다. 얼마 있다가 지난번 보다 훨씬 나빠
진 얼굴로 와서는 가게를 팔았다고 했다. 이번에도 목사는 감사기
도를 했다.

본문의 묵상을 위한 주제어

1. 지으신: 세상에 있는 것들에서 하나님의 창조주권을 인정한다.
2. 감사함으로 받으면: 세상에 있는 것들은 하나님의 영광을 드러낸다.
3. 버릴 것이 없나니: 오늘, 대하게 되는 모든 것들을 감사로 받자.

기도: 언재나 어떤 것에든지 감사함으로 대하게 하시옵소서.

핍박 중에도 감사

너희는 여호와께 감사하며 그의 이름을 불러 아뢰며 그가 행하신 일을
만민 중에 알릴지어다. 대상 16:8

공산치하에서 신앙생활을 하던 어떤 목사가 공산당원들에게 끌려
갔다. 공산당원들이 고문을 하면 할수록 이 목사는 '감사합니다' 만
연발하였다.

이에 화가 난 두목이 무엇이 감사하냐고 묻자 "예수 이름으로 매
를 맞고 핍박을 받으면 하늘에 상이 기다리고 있어 감사하다."라고
하였다.

이에, 그를 감옥에 가두도록 했다. 목사는 하나님께 기도하기를,
조용한 골방에 앉아 하나님께 기도할 수 있게 되니 더 감사할 뿐이
라 했다. 그러면서 찬송을 불렀다.

공산당의 두목은 목사를 죽이라고 명령하였다. 이 말을 들은 목사
는 말하기를, 예수를 믿다가 순교한 것은 더욱 큰 영광이요 큰 상을
받게 될 것이니 더욱 감사하다고 했다. 그러자 공산당원은 그를 때
리지도, 옥에 가두지도, 죽이지도 못하고 집으로 돌려보냈다.

본문의 묵상을 위한 주제어

1. 여호와께 감사하며: 오늘, 나에게 행하실 하나님의 손길을 기대하자.

2. 불러 아뢰며: 삶에서 하나님의 나의 아버지 되심을 고백한다.

3. 그가 행하신 일을: 하나님께서 내게 하신 일을 이웃에게 알리자.

기도: 저에게 주어지는 모든 것에 하나님의 개입을 알게 하시옵소서.

감사 11
폭우에 휩쓸려 떠내려간 방앗간

아무 것도 염려하지 말고 다만 모든 일에 기도와 간구로, 너희 구할 것을 감사함으로 하나님께 아뢰라. 빌 4:6

캘리포니아에 큰 홍수가 났을 때, 한 사람의 방앗간이 폭우에 휩쓸려 떠내려갔다. 그 방앗간은 그의 전 재산이었다. 이 홍수로 재산이 파산하고 이 사람은 낙심하고 주저앉았다.

그는 기독교인이었지만 이런 일이 자기에게 왜 닥쳤는지 이해할 수가 없었다. 이런 재난이 자기에게 유익이 되고 선을 이룬다는 것은 도저히 믿어지지가 않았다.

그러나 얼마가지 않아서 떠내려갔던 방앗간의 자리에서 황금빛의 띠가 보였다. 엄청난 황금의 광맥을 발견하게 되었다. 이로 말미암아 그는 벼락부자가 되었다.

결국, 폭우로 말미암아 파산에 처하게 하였던 재난이 오히려 큰 부자가 되게끔 하였다. 그때 비로소 그는 매사에 감사해야 한다는 진리를 깨달았다.

본문의 묵상을 위한 주제어

1. 염려하지 말고: 습관처럼 닥쳐오는 염려를 중단하는 은혜를 누리자.
2. 기도와 간구로: 염려하지 않게 하는 적극적인 방법으로 기도하자.
3. 구할 것을: 오늘, 염려의 실체를 하나님께 맡기고 응답을 기다린다.

기도: 감사할 수 없는 조건에 부딪쳐도 하나님을 바라기 원합니다.

구두를 잃고, 감사를 얻은 은혜

내가 여호와께 그의 의를 따라 감사함이여 지존하신 여호와의 이름을 찬양하리로다. 시 7:17

독일의 정치인 마티 바덴(Marty baden)이 지방을 여행하며 싸구려 여관에서 하룻밤을 지냈는데 아침에 보니 구두가 없어졌다. 그는 화가 나서 욕을 하면서 자신의 신발을 훔쳐가도록 하신 하나님을 원망하였다.

주일 아침이라, 그는 교회에 가게 되었는데, 예배드리는 사람들 중에서 두 다리가 없는 사람을 보았다. 그 사람은 눈물을 흘리며 찬송을 하고 있었다. 그리고 감사의 기도를 드렸다.

그 모습에 마티 바덴은 심한 부끄러움을 느끼게 되었다. "저 사람은 신발을 잃어버린 정도가 아니고 두 다리를 전부 잃어버렸으니 신발이 있어도 신을 수가 없구나. 나는 신발만 잃어버렸으니 신발이야 또 사서 신으면 되지만 이렇게 남을 저주하고 하나님을 원망했으니."

마틴 바덴은 그날 이후, 그의 생각과 마음이 감사로 가득 찼다.

본문의 묵상을 위한 주제어

1. 그의 의를 따라: 오늘, 나의 생각과 행동을 하나님 앞에서 구별하자.
2. 감사함이여: 하나님의 어떠하심이 나에게 감사의 제목이 되는가?
3. 찬양하리로다: 하나님의 이름이 나에게 찬송이 되기를 기도하자.

기도: 불리해진 상황에서도 하나님께의 감사를 기억하기 원합니다.

조만식 장로의 기도

주 앞에서 낮추라 그리하면 주께서 너희를 높이시리라.

약 4:10

주일에 찾아온 손님 때문에, 조 장로는 그만 예배 시간에 늦고 말았다. 그때, 주기철 목사가 그 교회를 담임하고 있었는데, 설교하던 주 목사는 늦게 들어오는 그에게 의자에 앉지 말고, 서서 예배를 드리라고 했다. 그리하여 조 장로는 서서 예배를 드렸다.

설교를 마친 후에, 주 목사는 그에게 기도하라고 했다. 조 장로는 젊은 목사의 말에 순종하여 기도를 했다.

"하나님 아버지, 이 죄인을 용서하여 주옵소서. 사람을 만나다가 하나님 만나는 예배 시간에 늦었습니다. 목사님이 얼마나 마음 아프시면 설교하시다 말고 이토록 책망하셨겠습니까? 하나님의 종을 마음 아프게 한 죄를 사하여 주옵소서. 설교를 듣던 성도들이 은혜를 받는 것을 방해한 죄를 용서하여 주옵소서."

그의 기도는 어느 사이에 눈물로 젖어들었다.

본문의 묵상을 위한 주제어

1. 주 앞에서: 늘 하나님 앞에서 살아가는 것을 잊지 말아야 한다.
2. 낮추라: 하나님을 의식한다면 어떤 경우에라도 뻣뻣해질 수 없다.
3. 높이시리라: 사람의 귀함이나 천함은 하나님께서 결정하신다.

기도: 하나님의 이름을 높여드리기 위해 자신을 낮추게 하시옵소서.

참된 기쁨

누구든지 자기를 높이는 자는 낮아지고 누구든지 자기를 낮추는 자는 높아지리라. 마 23:12

네오와 프란시스코Francesco가 성당으로 갈 때, 네오가 물었다.

"선생님, 참된 행복은 어디에서 얻을 수 있나요?"

프란시스코가 대답하였다.

"우리가 성당에 도착해서 문을 두드릴 때 문을 열어 주지 않는다 해도 대항하여 싸우지 않고, 그 언사에 불평하지 않으며 겸손한 마음으로 '문지기의 말이 옳아, 그렇게 말하도록 하나님이 허락하셨을 거야' 라고 믿는 것이 참된 기쁨이오.

만약, 우리가 문을 열어 주기를 간청하는데도 문지기가 더 화를 내며, 욕설을 퍼붓고 뺨을 때리며 몽둥이를 휘두를 때도 죄 없이 고난을 받으신 예수님을 생각하고 오히려 즐거워할 수 있다면 그것이 참된 기쁨이라오."

본문의 묵상을 위한 주제어

1. 높이는 자: 종말의 심판에서는 스스로 높아지려는 자를 낮추신다.

2. 낮추는 자: 주님과 이웃을 향해서 겸손과 봉사의 자세를 가리킨다.

3. 높아지리라: 예수님은 십자가에서 낮아지셨으나 부활로 높아지셨다.

기도: 오늘, 제가 선택할 기회가 있다면 낮은 데로 가게 하시옵소서.

슈바이처의 겸손

그러므로 하나님의 능하신 손 아래에서 겸손하라 때가 되면 너희를 높이시리라. 벧전 5:6

1913년, 아프리카의 람바네에 이른 '아프리카 흑인의 친구' 인 슈바이처Albert Schweitzer는 함석과 판자로 상자집 같은 병원을 세우고, 원시림을 개간하여 누구나 따먹을 수 있도록 과목을 심었다. 이것은 이 땅위에서 다시 보는 에덴이었다.

그는 세계를 지도하는 정신력을 가졌다. 그러나 그는 높은 의자에서 명령만 하는 사람은 아니었다. 그는 파이프 올겐 위에서 은어와 같이 뛰노는 손을 소유한 예술가였다.

그러나 그는 자기의 내적 가치를 자부하여 뽐내지 않았다. 그는 광산의 광부같이 팽이를 들었고, 농장의 농부같이 밭을 갈았으며, 건축가과 같이 집을 지었다.

원시림을 개척하는 슈바이처는 간단한 노동복을 입었고, 그의 이마에는 구슬 같은 땀이 흘렀으나, 그의 입에는 유머가 섞여 있는 쾌활한 사람이었다. 그는 어느 사람을 대하든지 겸손하였다.

본문의 묵상을 위한 주제어

1. 능하신 손: 하나님은 자기 백성을 구원하시고, 악인은 심판하신다.
2. 겸손하라: 고난을 당할 때, 겸손히 능하신 손을 기다리도록 한다.
3. 높이시리라: 거룩한 자리에 참여하는 영광으로 바뀔 것을 바라보자.

기도: 사람들에게 나아갈 때, 주님의 마음을 주시옵소서.

겸손한 선지자 깔뱅

겸손한 자에게 여호와로 말미암아 기쁨이 더하겠고 사람 중 가난한 자
가 이스라엘의 거룩하신 이로 말미암아 즐거워하리니. 사 29:19

페넬은 깔뱅John Calvin에게 제네바에서 종교개혁 운동을 하자고
자꾸만 권하였다. 깔뱅은 학자가 되려고 하였으나 친구의 끈질긴
권유가 하나님의 뜻인지도 모른다고 여겨 종교개혁에 가담하게 되
었다.

그러나 그는 그 자신의 엄격함 때문에 많은 사람의 반발을 사게
되어, 결국 3년 후에 제네바 시의회에서 추방을 당하였다. 그때, 그
는 아무 원망도, 불평도 하지 않았다.

3년이 지나자 제네바 시의회는 깔뱅이 있어야 이 일이 바로 되겠
다고 여겨 다시 초청하였다. 이때도 역시 깔뱅은 그것을 하나님의
뜻인지도 모른다고 생각하여 다시 돌아왔다.

깔뱅은 하나님께서 시키시는 대로 따를 것을 그의 행동에 늘 전제
로 하였다. 그는 가라고 할 때 갔으며, 오라고 할 때 왔다.

본문의 묵상을 위한 주제어

1. 겸손한 자에게: 오늘, 하나님 앞에서 예수님의 낮아지심을 배운다.

2. 가난한 자가: 하나님의 은혜를 구하기 위하여 나의 심령을 비우자

3. 즐거워하리니: 참 기쁨은 하늘에서 임하는 것임을 늘 기억하자.

기도: 주님의 마음으로 사람을 품는 온유함을 주시옵소서.

대통령의 겸손

사람의 모양으로 나타나사 자기를 낮추시고 죽기까지 복종하셨으니 곧
십자가에 죽으심이라. 빌 2:8

쏠버 대학을 졸업한 레몽 푸앵카레Raymond Poincare는 프랑스의 대
통령이 되었다. 그가 대통령으로 지낼 당시, 쏠버 대학에서 라비스
박사 교육 50주년 기념식이 성대하게 진행되고 있었다.

답사를 하기 위하여 단상에 오른 라비스는 깜짝 놀랐다. 내빈석도
아닌 재학생 석의 맨 뒷자리에 레몽 푸앵카레 대통령이 앉아 있었기
때문이었다. 그가 황급히 단상에서 내려가 대통령을 단상으로 모시
려고 했다.

그러나 대통령은 끝내 사양하면서 이렇게 말했다.

"선생님, 저는 제자입니다. 오늘의 주인공은 오직 선생님뿐입니
다."

장내에는 뜨거운 박수갈채가 터져 나왔고, 포항가리 대통령은 더
욱 명성이 높은 대통령이 되었다.

본문의 묵상을 위한 주제어

1. 사람의 모양으로: 하나님께서 사람이 되심에서 주님의 겸손을 보자.
2. 죽기까지: 주님의 겸손은 죽으시기까지 하나님께 복종하심이었다.
3. 십자가에; 주님의 십자가를 지셨음에서 겸손의 모델을 따라야 한다.

기도: 갈보리의 십자가를 지기까지 자신을 낮추게 하시옵소서.

일등의 자리

겸손한 자와 함께 하여 마음을 낮추는 것이 교만한 자와 함께 하여 탈취물을 나누는 것보다 나으니라. 잠 16:19

기쿠치菊池는 영국으로 유학을 가서 옥스퍼드 대학에 다녔다. 그는 공부를 하는 중에 언제나 1등을 하였다. 그러던 어느 해 기쿠치가 독감을 앓게 되어, 학교를 며칠 결석하게 되었다.

이 사실이 학교에 퍼지자 늘 2등이었던 브라운이 1등 할 기회가 왔다며 몹시 흥분해 했다. 그러나 기말시험이 끝나고, 기쿠치가 1등으로 발표되었다. 이때, 그가 학생들에게 말했다.

"내가 병석에 있으면서도 수석을 할 수 있었던 것은 모두 브라운 덕분입니다. 브라운은 매일매일 내 방에 찾아와 교수님께서 하신 강의내용을 내게 강의를 해주었습니다."

모두 숙연해졌다. 브라운은 기쿠치가 아픈 기회를 살려 일등을 하기보다는 2등의 자리에 있기를 원하였다.

본문의 묵상을 위한 주제어

1. 겸손한 자: 가난하고, 천대받는 자가 바로 나의 이웃임을 생각하자.

2. 마음을 낮추는: 오늘, 스스로 억제하고, 거절하여 자신을 낮춘다.

3. 교만한 자: 어떤 유익을 본다 해도 교만한 자리에 동석하지 않는다.

기도: 하나님의 영광 아래로 자신을 낮추게 하시옵소서.

자기를 낮추는 자

그러나 더욱 큰 은혜를 주시나니 그러므로 일렀으되 하나님이 교만한
자를 물리치시고 겸손한 자에게 은혜를 주신다 하였느니라. 약 4:6

어거스틴St. Augustine은 일이 있어서 제자를 불렀다.

"여보게, 레이나."

레이나는 스승이 부르는데도 대답이 없었다. 어거스틴은 슬며시
부아가 나서 옆 방의 문을 신경질적으로 열어젖혔다.

순간, 그는 '아차' 하고 뉘우쳤다. 그 시간에 레이나가 무릎을 꿇
고 앉아, 하나님께 간절한 기도를 드리고 있었던 것이다.

그는 어린 제자에게 간청했다.

"너의 발로 내 목을 밟고 서서 '교만한 어거스틴아, 교만한 어거
스틴아, 교만한 어거스틴아' 이렇게 세 번 소리쳐다오."

그는 이렇게 사과를 했다. 그는 겸손한 사람이었지만 그의 내부에
이렇듯 무심결에 고개를 쳐드는 교만이 있었음을 깨닫고 자신의 가
슴을 쳤던 것이다.

본문의 묵상을 위한 주제어

1. 더욱 큰 은혜를: 측량 못할 은혜로 나를 위로하시는 하나님이시다!

2. 물리치시고: 하나님께서 거절하시는 인생이 되지 않도록 주의하자.

3. 겸손한 자: 자신의 부족을 인식하고, 하나님을 의지해야 한다.

기도: 여호와 앞에서 자신을 낮추는 은혜를 주시옵소서.

페인트를 칠하는 학장

여호와를 경외하는 것은 지혜의 훈계라 겸손은 존귀의 길잡이니라.

잠 15:33

큰 부자가 신학교를 찾아와서 학장을 만나려 하였다. 그런데 학장실이 어디 인줄 몰라 마침, 학교의 벽에 페인트칠을 하는 백발의 한 남자에로 갔다.

부자는 그에게 학장실이 어디냐고 물었다. 그는 학교 안의 한 건물을 가리키면서 정오쯤 되어서야 거기에 학장이 있을 거라고 말했다.

방문객이 그 시간에 맞춰 학장실을 방문했더니, 조금 전에 운동장에서 자신과 말을 나눈 바로 그 페인트칠을 하던 사람이었다.

방문객은 학장의 겸손과 솔선수범에 감동을 하여 대학의 필요한 것들에 대해 묻고, 작은 헌금을 보내겠노라고 약속을 했다.

이틀 후에 5만 달러에 해당하는 수표가 담긴 편지가 왔다. 그리고 그 편지에는 학장의 겸손과 친절에 감동하였노라고 쓰여 있었다.

본문의 묵상을 위한 주제어

1. 여호와를 경외하는: 오늘, 하나님을 섬기며, 그분을 두려워하자.

2. 지혜의 훈계라: 오늘을 살아가는 지혜는 하나님께로 말미암는다.

3. 존귀의 길잡이: 오늘도 나를 남보다 낮추고, 아래로 가도록 하자.

기도: 하나님을 즐거워하는 한 날이 되게 하시옵소서.

서비스 정신

무릇 자기를 높이는 자는 낮아지고 자기를 낮추는 자는 높아지리라.
눅 14:11

제임스 스미스James Smith는 제약회사의 판매원으로 취직을 했으나 일주일이 넘도록 매상을 올리지 못하여 사표를 쓰기로 하였다.

"저는 판매원으로서의 자질이 없는 것 같습니다."

매니저는 그의 사의를 받아주지 않았다. 그러던 어느 날, 류머티즘으로 고생하는 한 중년부인을 만나 상담을 해주었다. 그녀는 스미스와 한참 상담을 하고 나더니, 약을 여섯 병이나 사들이고 거액의 수표를 끊어주었다.

스미스는 그때 비로소 판매의 비결을 발견했다.

"팔기 전에 먼저 서비스를 하자."

그는 가장 매상을 많이 올리는 사원이 되었고, 25년 후에는 세계 굴지의 제약회사 경영인이 되었다.

본문의 묵상을 위한 주제어

1. 높이는 자: 인생의 자리에 대한 주권이 하나님께 달려 있다!

2. 낮추는 자: 오늘, 하나님 앞에서 낮아지는 자리로 내려가야 한다.

3. 높아지리라: 어떤 위치에 있든 나를 보시는 하나님을 바라본다.

기도: 오늘, 대접해야 될 사람을 피하지 말게 하시옵소서.

십자가를 바라보면

오직 재판장이신 하나님이 이를 낮추시고 저를 높이시느니라.
시 75:7

인종차별이 심했던 미국의 어느 마을에서, 백인이 칼을 던져 흑인을 죽이려는 순간에 옆에 있던 백인 목사가 순간적으로 흑인의 가슴을 향해 날아드는 칼을 한 손으로 막아 주었다.

흑인은 자기를 살려준 목사에게 종노릇을 하겠다고 간청하였다. 목사는 그의 소원을 들어주어 같이 살게 되었다.

그런데, 이 흑인은 원래 성품이 난폭하였다. 그래서 목사에게 가끔 자기의 주장을 내세우고, 고집을 부렸다. 그뿐만 아니라 거만스러운 자세로 목사의 말에 순종하려고 하지 않을 때가 종종 있었다.

그럴 때면 목사는 아무런 말도 하지 않고, 흑인 때문에 다친 손의 칼자국을 가만히 들어 보이곤 했다. 목사가 자기를 위하여 갈을 맞은 자국은 흑인을 겸손하게 하였다. 그때마다 이 흑인은 목사에게 머리를 숙이고 순종을 하면서 자신을 다듬어갔다.

본문의 묵상을 위한 주제어

1. 재판장이신: 행실이 하나님께 판결 대상이 된다는 것을 기억하자.

2. 이를 낮추시고: 하나님께서 낮추시지 않도록 겸손해지자.

3. 저를 높이심: 무의식중에라도 교만해지지 않도록 자신을 다스린다.

기도: 하나님께서 받으실 만한 하루를 살게 하시옵소서.

최고의 미덕-겸손

아무 일에든지 다툼이나 허영으로 하지 말고 오직 겸손한 마음으로 각각 자기보다 남을 낮게 여기고. 빌 2:3

성 어거스틴St. Augustine은 어느 날, 제자로부터 이런 질문을 받았다.

"선생님, 그리스도인들의 최고의 덕은 무엇입니까?"

어거스틴과 제자와 나누 대화는 이렇게 진행되었다.

"첫째는 겸손이다."라고 대답했다.

"둘째는 무엇입니까", "겸손이다."

"셋째는 무엇입니까?", "셋째도 겸손이다."

제자: "그러면 겸손의 반대는 무엇입니까?"

어거스틴: "교만이다."

제자는 다시 물었다.

"선생님, 교만은 무엇입니까?"

어거스틴: "자기 자신이 지극히 겸손하다고 생각하는 것이다."

본문의 묵상을 위한 주제어

1. 아무 일에든지: 내가 오늘 다루게 되는 무든 일은 하나님의 것이다.

2. 다툼-허영: 자기를 높이려 하며, 헛된 영광을 추구하지 말아야 한다.

3. 겸손한 마음: 오늘도 나야말로 타인들보 부족하다는 것을 찾는다.

기도: 주님의 자기를 낮추심을 저의 것으로 삼고 지내기 원합니다.

복의 근원이 되시는 하나님

여호와께서는 자기 백성을 기뻐하시며 겸손한 자를 구원으로 아름답게 하심이로다. 시 149:4

윌리엄 글래드스톤William Ewart Gladstone은 1868년에서 1894년까지 영국에서 수상으로 봉사하였다. 그는 윈스턴 처칠과 함께 가장 위대한 영국의 수상으로 여겨지고 있다.

그가 어느 날, 한 대학에서 강연을 했다. 당시에 영국은 경제악화 사회혼란 등으로 미래가 불투명했다. 그러나 글래드스톤은 미래를 낙관적으로 보며 희망을 역설했다. 강연 후에 한 학생이 그에게 다가와서, "원로께서는 미래에 아무 문제가 없다는 말씀입니까"라고 물었다.

글래드스톤은 천천히 대답했다.

"그렇습니다만 한 가지 걱정은 사람들의 마음속에서 하나님이 사라져가는 것입니다." 참으로 핵심적인 지적이었다. 믿음의 사람들은 마땅히 복의 근원이신 하나님 안에서 문제를 풀어보아야 한다.

본문의 묵상을 위한 주제어

1. 기뻐하시며: 오늘, 하나님의 기쁨이 되기 위하여 어떻게 할 것인가?

2. 겸손한 자를: 하나님께서 함께 하시는 자의 하루를 살자.

3. 아름답게 하심: 오늘 한 날이 하나님의 응답이 되기를 소망한다.

기도: 자신의 창조주를 기억하여 그 앞에서 살아가게 하시옵소서.

기적을 만드는 말

오직 오늘이라 일컫는 동안에 매일 피차 권면하여 너희 중에 누구든지 죄의 유혹으로 완고하게 되지 않도록 하라. 히 3:13

박필은 그가 펴낸 책, 『당신의 말이 기적을 만든다』에서 이렇게 썼다.

"우리가 하나님의 말씀을 믿고 입으로 시인할 때, 그 말씀은 성경 속에 있지 않고, 우리의 삶에서 현실이 된다.

그 말씀이 우리의 능력이 경우는 한 번쯤 일어나는 특수한 기적이 아니다. 하나님의 말씀을 시인하는 사람 누구에게나 일어날 수 있는 기적이다.

하나님의 말씀은 수많은 보장으로 되어 있다. 이 보장을 아는 사람에게 기적이 나타나는 게 아니다. 그 보장을 '아멘' 하고 시인하는 사람이 하나님의 기적을 만들게 된다.

하나님의 말씀은 천지를 창조하신 말씀이요, 무에서 유를 만드시는 말씀이다."

본문의 묵상을 위한 주제어

1. 오늘이라: 날마다 하나님께서 말씀하시는 '현재로서의 오늘'이다.
2. 피차 권면하여: 서로를 격려, 경건한 삶을 이루어 가도록 권면한다.
3. 완고하게: 절망적인 상태에 이르게 하는 죄에 빠지지 않도록 한다.

기도: 오늘, 생각과 입술에서 믿음의 열매를 맺게 하시옵소서.

침묵의 힘

우리 사정을 알리고 또 너희 마음을 위로하기 위하여 내가 특별히 그를 너희에게 보내었노라. 엡 6:22

미국이 파나마운하를 만들고 있을 때, 건설 총책임자는 두 가지 문제에 직면하게 되었다. '지리적인 여건과 기후가 나빠 운하는 완공될 수 없다' 는 부정적 여론과 맞서면서, 근로자들에게는 비전을 품고 운하를 공사하도록 하는 것이었다.

그는 온갖 비난과 모략 속에서도 현장의 책임자로서 침묵을 지키며 성실히 일을 하였다.

"왜 그런 모함을 받고도 침묵합니까?"

주위 사람들이 안타까워하며 물을 때마다

"때가 되면 하지." 라고 대답했다.

"그 때가 언제입니까?"

그는 웃으며 말했다.

"운하가 완공된 후에."

본문의 묵상을 위한 주제어

1. 우리 사정을: 바울은 감옥에서 당하는 고통을 알리려 하였다.

2. 위로하기 위하여: 바울은 에베소 성도들을 격려하기 원하였다.

3. 보내었노라: 우리는 하나님을 세상에 전하라고 보냄을 받고 있다.

기도: 주변에서의 부정적인 반대에 침묵으로 반응하게 하시옵소서.

은혜의 재판

또 형제들아 너희를 권면하노니 게으른 자들을 권계하며 마음이 약한 자들을 격려하고 힘이 없는 자들을 붙들어 주며 모든 사람에게 오래 참으라. 살전 5:14

배가 고파 가게에서 빵을 도둑질하다가 붙잡혀온 노인이 기소되었다. 즉결재판소의 라과디아Fiorello E. La Guardia 판사는 이렇게 말했다.

"당신의 행위는 10불의 벌금형에 해당됩니다." 그리고 그는 자기 지갑에서 10불을 꺼냈다. "그 10불은 내가 내겠습니다. 이토록 배고픈 사람이 뉴욕 거리를 헤매고 있었는데 내가 그동안 아주 좋은 음식을 배불리 먹은 벌금으로 내는 것입니다."

그는 중절모자를 재판부 서기에게 주면서 재판정에 있는 이들도 자기처럼 아주 잘 먹은 데 대한 벌금을 내라고 했다.

이렇게 해서 가난한 노인은 오히려 47불을 손에 들고 눈물을 흘리며 재판정을 나가게 되었다.

본문의 묵상을 위한 주제어

1. 형제들아: 우리는 바울과 같이 교회의 권속을 형제로 받아야 한다.
2. 권면하노니: 피차 권면하고, 권면을 받는 대상이 되어야 한다.
3. 자들을: 형제를 비난하기 전에, 그에게 부족한 것을 담당해야 한다.

기도: 그리스도의 십자가에서 은혜를 발견하게 하시옵소서.

책망의 말과 격려하는 말의 차이

무릇 더러운 말은 너희 입 밖에도 내지 말고 오직 덕을 세우는 데 소용
되는 대로 선한 말을 하여 듣는 자들에게 은혜를 끼치게 하라. 엡 4:29

시골의 작은 천주교회의 주일 미사에서 신부를 돕고 있던 한 소
년이 실수를 하여 제단의 성찬으로 사용할 포도주 그릇을 떨어뜨렸
다. 신부는 순간 소년의 뺨을 치면서 소리를 질렀다.

"어서 물러가고 다시는 제단 앞으로 오지마!"

이 소년은 장성하여 공산주의의 대 지도자인 유고슬라비아의 티
토 대통령이 되었다. 신부의 말대로 그는 다시는 교회에 들어오지
않았다.

다른 큰 도시 천주교회에서 미사를 돕던 한 소년이 역시 성찬상에
서 포도주 그릇을 떨어뜨렸다. 신부는 곧 이해와 동정이 어린 사랑
의 눈으로 그를 바라보며 조용히 속삭였다.

"네가 앞으로 신부가 되겠구나."

이 소년은 자라나서 대주교 훌톤 쉰Fulton Sheen 이 되었다.

본문의 묵상을 위한 주제어

1. 더러운 말: 멸망 아래에 놓여있을 때, 쓰던 옛 사람의 언어형태이다.

2. 선한 말: 하나님의 영광을 드러내고, 사람을 살리는 생명의 말이다.

3. 은혜를 끼치게: 말을 하는 사람은 물론, 듣는 사람에게 유익을 준다.

기도: 생각이나 말에 하나님의 뜻을 담게 하시옵소서.

숲속의 메아리

너희도 아는 바와 같이 우리가 너희 각 사람에게 아버지가 자기 자녀에게 하듯 권면하고 위로하고 경계하노니. 살전 2:11

어머니에게 꾸중을 듣고 몹시 화가 난 아이가 숲 속으로 뛰어가면서 어머니를 원망하여 소리쳤다.

"미워, 미워, 미워!"

그러자 숲 속에서 똑같은 소리가 들려왔다. "미워, 미워, 미워!"

너무나 놀란 아이는 집으로 와서 숲 속에 자기에게 밉다고 말을 하는 나쁜 사람이 산다고 하였다. 메아리를 알고 있는 어머니는 아이에게 이렇게 말을 했다.

"이번에는 숲에 들어가서 당신이 좋아요 라고 해보렴."

아이는 어머니가 일러준 대로 숲속에 들어가서 소리쳤다. "당신이 좋아요!"

잠시 후에 아이는 숲에서 '당신이 좋아요.' 라는 소리를 듣게 되었다.

본문의 묵상을 위한 주제어

1. 권면하고: 오늘, 하나님의 말씀에서 들어야 할 권면을 찾아야 한다.

2. 위로하고: 내가 구해야 할 위로는 오직 하나님께 있음에 감사하자.

3. 경계하노니: 왕의 자녀로서 마땅히 버려야 할 행동을 살펴야 한다.

기도: 하나님께서 원하시는 열매를 맺는 기쁨을 주시옵소서.

말 한마디의 격려

너희의 하나님이 이르시되 너희는 위로하라 내 백성을 위로하라.
사 40:1

휘튼 대학교의 교목인 레로이 팻 패터슨Leroy P. Paterson 목사는 어느 날, 한 프로 야구팀을 위해 예배를 인도했다. 그가 예배를 인도하는 중에 의기소침해 있어 보이는 한 선수가 그의 눈에 들어왔다.

그는 그에게로 다가갔다.

"내 며느리가 아주 열성적인 야구팬인데 수년 동안 당신을 좋아했소. 내가 당신에게 말을 걸었는지 그녀는 정말 알고 싶어 할 거요."

놀란 그 선수가 대답하기를, "무슨 말씀을 하고 계십니까? 저는 오늘 아침에 야구를 막 그만두려고 했는데요."라고 하였다.

그러자 목사는 그 선수의 실력을 칭찬하면서, 프로 야구에 계속 남아있도록 권유하였다. 지금 그만둔다면 자신에게 능력을 썩히게 될지도 모른다고 염려해주었다. 또한 그를 위해 기도해줄 것도 약속하였다.

본문의 묵상을 위한 주제어

1. 너희는: 오늘 나의 하루는 하나님 앞에서 명령을 받고 있다.
2. 위로하라: 주님의 나팔로서 누구에게나 소망을 주는 말을 준비한다.
3. 내 백성을: 오늘, 나에게 다가온 사람을 사랑으로 섬겨 위로한다.

기도: 오늘, 오래 참음을 나의 것으로 여기게 하시옵소서.

칭찬의 말 한 마디가

너희는 모든 민족에게 이렇게 널리 선포할지어다 너희는 전쟁을 준비하고 용사를 격려하고 병사로 다 가까이 나아와서 올라오게 할지어다.
욜 3:9

영문학 사상 불멸의 거장 허버트 웰즈Herbert George Wells의 어렸을 때였다. 그는 런던의 조그만 상점에서 일했다. 새벽 5시부터 저녁 7시까지 하루 14씩 온갖 잡일에 혹사당하는 근로 청소년이었다. 2년 동안이나 말없이 참고 견디던 그는 어느 날 주인에게 말도 없이 상점을 떠났다. 그리고는 모교의 교장에게 한 통의 편지를 썼다. 힘든 일에 대하여, 보잘것없는 수입에 대하여, 앞날의 불안감에 대하여. 편지를 받은 교장은 웰즈에게 답장을 썼다. "중노동이나 잡역부는 너에게 어울리지 않는다. 너의 편지를 읽어보니 너야말로 훌륭한 문장력을 지닌 숨은 인재다. 너는 글 쓰는 일에 종사하는 것이 좋겠다."

그 교장 선생의 칭찬이 있은 후에, 그를 위대한 영문학자로 만들었다.

본문의 묵상을 위한 주제어

1. 선포할지어다: 오늘을 살며 세상에 대하여 하나님의 말씀을 전하자.
2. 전쟁을 준비하고: 여기에서 하나님의 나라가 확장되도록 싸운다.
3. 용사를 격려하고: 격려가 필요한 사람을 찾아 말씀으로 세워준다.

기도: 만나는 이들에게 사랑과 격려로 '한 사람'을 대하게 하시옵소서.

칭찬을 듣지 못해 자살한 사람

그의 아버지 에브라임이 여러 날 슬퍼하므로 그의 형제가 가서 위로하였더라. 대상 7:22

미국에서 있었던 일이다. 어느 회사의 사장이 있었다. 그는 자기 회사의 직원들의 업무에 대해 조언이나 격려 그리고 칭찬을 전혀 하지 않는 사람이었다.

어느 날 그가 경영하고 있는 회사의 경리부장이 자살한 사건이 일어났다. 자살 소식을 듣는 순간 사장은 먼저 부정이 떠올랐다. 혹시 경리 부정을 저지른 것은 아닐까…라고.

그러나 회계장부는 완벽했고 빈틈이 없었고 정확했다. 그는 미혼남이었다. 며칠 뒤에, 사장 앞으로 자살하기 전 보낸 경리부장의 편지가 우송되었다.

그 편지에는 "나는 30년 동안 당신에게 단 한 번도 따뜻한 격려의 말 한마디를 들어본 적이 없습니다. 나는 이제 지칠 대로 지쳤습니다. 더 이상 버틸 힘이 없습니다."라고 적혀 있었다.

본문의 묵상을 위한 주제어

1. 슬퍼하므로: 오늘, 슬픔에 처한 자가 주변에 있는지를 살핀다.

2. 그의 형제가 가서: 어려움에 처한 형제를 돌아볼 의무를 인식하자.

3. 위로하였더라: 보내심에 순종해서 어려움에 처한 사람을 세워준다.

기도: 주님의 위로를 갖고 이웃에게로 다가가게 하시옵소서.

거지에서 주인으로

바울이 회당에 들어가 석 달 동안 담대히 하나님 나라에 관하여 강론하며 권면하되. 행 19:8

앙또앙누라는 거지가 있었다. 아르노도라는 신사가 그에게 말했다. "여보시오, 당신과 같이 장대하고 멀쩡한 사나이가 매일 구걸한다는 것은 타인에게 해가 되기보다는 자신에게 큰 해가 된다오. 내가 당신을 구제하여 매년 1만 프랑의 이익을 얻는 상인이 되게 하리다."

거지는 처음에 비웃었지만 신사의 진지한 충고를 들으면서 그의 마음은 변화되었다. 그로부터 20년이 지난 어느 날, 아르노도가 큰 서점에 들어가게 되었다. 커다란 매장 안에는 신체가 건장한 주인이 50여 명의 사원을 부리며 책을 정리하고 있었다.

그가 아르노도를 본 순간, 활짝 웃으며 반갑게 맞이하였다.

"당신은 20년 전 저에게 따뜻한 충고를 해주시던 아르노도 씨가 아니세요?"

걸인이었던 앙또앙누가 서점의 주인이 되어 있었던 것이다.

본문의 묵상을 위한 주제어

1. 회당에 들어가: 오늘, 복음을 전할 기회를 얻도록 해야 한다.
2. 석 달: 하나님께서 주신 시간의 길이를 마음대로 조절하지 말라!
3. 강론-권면: 기회가 주어지면 하나님의 일에 게으르지 않도록 한다.

기도: 누구로부터 말을 들을 때, 하나님의 말씀으로 받기 원합니다.

지혜로운 시어머니

여호와께서 이스라엘 족속에게 말씀하신 선한 말씀이 하나도 남음이
없이 다 응하였더라. 수 21:45

어느 시골에 시집 온 며느리가 매사에 시어머니를 못마땅하게 여
기며 거역하곤 하였다. 그녀는 자신의 속이 상해서 병이 들 지경에
까지 이르렀다.

그가 목사를 찾아와서 하소연을 하자, 목사가 조언을 하였다.

"성도님, 성도님께서 원하시는 며느리의 모습을 입으로 시인해보
시면 어떻겠습니까? 며느리의 착한 모습만 생각하고, 말씀하시는
겁니다."

이에, 그녀는 스스로에게, 또 사람들을 만나 이야기를 할 기회가
오면 며느리를 칭찬하는 말을 하였다. 그러다보니 처음에는 기분에
도 거슬리기는 하였으나 차츰 마음이 가벼워졌다.

그녀의 며느리를 칭찬하는 말이 동네에서 자자해졌다. 그녀의 며
느리가 효부라는 소문이 퍼졌다. 그리고 소문대로 좋은 며느리가
되었다.

본문의 묵상을 위한 주제어

1. 이스라엘 족속에게: 하나님은 내게 말씀하시고, 나는 들어야 한다.

2. 말씀하신 선한 말씀: 내게 하신 하나님의 말씀을 마음에 간직하자.

3. 다 응하였더라: 하나님의 말씀을 한 마디도 소홀히 대하지 말라!

기도: 입으로 시인하여 자신이 살고, 남에게도 유익하게 하시옵소서.

침묵의 신비

왕이 제사장들에게 그들의 직분을 맡기고 격려하여 여호와의 전에서
직무를 수행하게 하고. 대하 35:2

남편과의 잦은 다툼으로 말미암아 하루, 하루의 삶을 지옥처럼 여
기는 여인이 있었다. 그녀는 크게 결심을 하고 수도사를 찾아왔다.
"남편과의 다툼 때문에 살 수가 없어요."
수도사는 물이 담긴 병을 하나 그녀에게 주면서 말하였다.
"남편과 다투기 직전에, 이 물 한 모금을 입 안에 물고 삼키지 말
게."
집으로 돌아간 여인은 남편이 시비를 걸 때마다 그렇게 하였다.
그러자 가정이 조용해지고 부부가 화목하게 되었다.
가정이 평안해지자 여인은 그 은혜를 증언하려고 수도사를 찾아
왔다. 그녀는 수도사가 준 물에 대하여 '신기한 물' 이라고 감탄하였
다. 수도사가 말했다.
"그 물은 평범한 물이라네. 다만 침묵의 능력이 신비로울 뿐이
오."

본문의 묵상을 위한 주제어

1. 그들의 직분을: 내게 맡겨진 하나님의 일을 거룩하게 감당하자.

2. 격려하여: 오늘을 지내며 나 자신과 이웃을 격려하는 통로가 되자.

3. 직무를 수행하게: 하나님의 사람으로 살기에 부족함이 없도록 한다.

기도: 따지는 것만이 현명하지 않음을 깨닫기 원합니다.

어린이의 격려의 편지가

당신들은 두려워하지 마소서 내가 당신들과 당신들의 자녀를 기르리이다 하고 그들을 간곡한 말로 위로하였더라. 창 50:21

일본의 한 작은 마을 교회를 개척한 목사가 한 달 가까이 지나도록 성도가 생기지 않자 낙심에 빠졌다. 그는 이 지역이 교회가 안 되는 곳이라 여기고, 교회의 문을 닫으려 하였다.

그러던 어느 날, 어린이에게서 한 통의 편지를 받았다.

"목사님, 목사님이 바람 불고 추운 날 집집마다 편지를 돌리고 있는 것을 여러 번 보았습니다. 감기나 안 드셨는지요. 사람들이 교회에 나와서 예수님 이야기를 들으면 참 좋을텐데요. 저는 잠자리에 들 때마다 하나님께 기도드려요"라는 내용이었다.

목사는 어린이의 편지에서 큰 위로를 받았다. 용기가 솟아났다. 그리고 눈시울이 뜨거워졌다. 교회의 간판을 떼고 교회 개척을 포기하려던 목사는 다시 시작하였다. 그러자 한 사람, 두 사람 모여들었다.

본문의 묵상을 위한 주제어

1. 두려워하지 마소서: 위협에 놓여있는 지체들의 염려를 덜어준다.

2. 기르리이다: 내게 있는 것을 활용해서 남의 어려움을 부담한다.

3. 간곡한 말로: 형식적이 아닌, 사랑의 가슴으로 어려운 이를 돕는다.

기도: 자신의 삶이 이웃에게 위로의 메시지가 되기 원합니다.

아이의 실명과 예배당의 건축

그러므로 하나님의 뜻대로 고난을 받는 자들은 또한 선을 행하는 가운데에 그 영혼을 미쁘신 창조주께 의탁할지어다. 벧전 4:19

안산제일교회의 예배당을 건축할 때, 건축을 주관하던 김 집사의 다섯 살 된 아들의 두 눈이 실명되었다. 병원에서도 원인을 모른 채 3일이 지났다.

고훈 목사가 심방을 하여 기도를 했으나 아이는 눈을 뜨면서 "그래도 안 보인다"고 했다. 그는 곧바로 교회로 돌아와 하나님께 매달렸다.

"하나님, 아이가 눈을 떠야 성전을 건축합니다. 저의 간구를 들어 주소서."

다음날, 새벽 6시에 아이는 잠자리에서 일어나 소리를 질렀다. "아빠, 나 눈 떴다. 다 보인다!"

고훈 목사와 교회의 성도들은 환호하였다. 기도의 응답이 이루어지자, 김 집사는 감격해서 예배당의 건축에 온 정열을 쏟았다.

본문의 묵상을 위한 주제어

1. 고난을 받는: 성도는 고난을 겪으면서 그리스도의 고난에 참여한다.
2. 선을 행하는: 고난을 하나님의 뜻으로 받아 감사해야 한다.
3. 의탁할지어다: 성도는 고난을 통해서 순금과 같이 단련을 받는다.

기도: 합력하여 선으로 만드시는 은혜를 기다리게 하시옵소서.

29년을 기다렸던 한 마디 말

내가 알거니와 여호와는 고난 당하는 자를 변호해 주시며 궁핍한 자에게 정의를 베푸시리이다. 시 140:12

울드Wold 부부에게는 태어날 때부터 정신지체를 보이는 아더라는 아들이 있다. 그 아들이 다섯 살이 되었을 때, 아더를 정신지체아 수용소로 보낼 것을 결정해야 하였다. 그러나 부부는 그를 집에서 키우면서 비장애아처럼 대하였다.

후에, 청년이 된 아더는 장애아들이 모여서 일하는 작업장으로 보내졌다. 어느 날 캐럴이 새로운 책임자로 발령을 받아왔는데 그녀는 아더에게 컴퓨터로 의사를 전달하는 법을 가르쳐 주었다.

작업장을 찾은 부모에게 아더는 힘들게 컴퓨터의 키보드를 쳐서, "이제 어머니에게 사랑한다고 말하게 되어 행복합니다."라고 썼다.

자판으로 한 자, 한 자 두드린 글을 읽고 있던 울드 부부는 더는 울음을 참고 있을 수 없었다.

본문의 묵상을 위한 주제어

1. 내가 알거니와: 과연 하나님을 어떻게 알고 있는지 대답해보자.

2. 고난당하는 자를: 고난당하는 나를 변호하시는 하나님을 경험하자.

3. 궁핍한 자에게: 나를 위하여 악인을 심판하고 공의를 이루어주신다!

기도: 하나님의 뜻이 이루어지기까지 기다리는 은혜를 주시옵소서.

아직 남아있는 것이 있다면?

선을 행함으로 고난 받는 것이 하나님의 뜻일진대 악을 행함으로 고난 받는 것보다 나으니라. 벧전 3:17

쉰두 살의 남자가 노만 필Norman V. Peale에게 찾아와서 말했다. "이제는 끝장났어요." 그는 사업에 실패하여 극도로 낙심되어 있었다. 그러나 사업만 망했을 뿐이지 잃은 것은 없었다. 필 박사가 말했다. "그러면 우리 한번 종이에 당신의 남아있는 것을 적어봅시다."

"부인은 계십니까?" "예, 좋은 아내입니다."

그는 종이에 '좋은 아내' 라고 적었다.

"자녀는 있습니까?" "예, 귀여운 세 아이가 있습니다."

"친구는요?" "있습니다."

"건강은요?" "좋은 편입니다."

종이에 적어나가던 남자가 말했다.

"어쩌면 내 사정이 그리 나쁘지 않을지도 모릅니다. 나는 많은 것을 가지고 있으니까요"

본문의 묵상을 위한 주제어

1. 선을 행함: 선을 행하는 자들의 고난은 하나님의 섭리를 드러낸다.

2. 악을 행함: 악을 행하는 자들이 고난은 그들이 행한 악의 결과이다.

3. 나으니라: 까닭이 없이 고난을 당할 때, 하나님을 기다리도록 한다.

기도: '지금, 여기에서' 감사할 것들을 찾아보게 하시옵소서.

마지막 희망이 부서질 때

또 너희는 많은 환난 가운데서 성령의 기쁨으로 말씀을 받아 우리와 주를 본받은 자가 되었으니. 살전 1:6

존John은 대서양을 횡단하는 노예선 그레이하운드 호의 소유주가 되었다. 어느 날, 밤 그의 배는 엄청난 파도에 직면하게 되었다. 그가 잠을 깨어 보니, 배의 한쪽 옆구리가 파손되어 선실에 물이 가득 차 있었다.

그는 밤새도록 펌프로 물을 퍼냈다. 그는 선원들과 함께 배가 가라앉지 않도록 모든 수단을 다 동원했으나 가망이 없었다.

마침내 그의 희망은 배보다 더 부서지게 되었다. 산산이 조각이 난 희망을 바라보고 있을 때, 하나님을 찾으려는 열망이 일어났다.

그는 갑판 위의 바닥에 자신의 몸을 던지며 기도했다.

"더는 우리 힘으로 어쩔 수 없다면 주여, 우리 모두에게 자비를 베푸소서." 간절히 기도하는 그에게 하나님의 자비가 임하였고, 그레이하운드 호와 모든 탑승원들은 살아남게 되었다.

본문의 묵상을 위한 주제어

1. 많은 환난: 외적인 환경에 의해 생기는 고통과 핍박을 받아들인다.
2. 성령의 기쁨: 성령님은 환난을 넉넉히 이기게 하심을 확신한다.
3. 말씀을 받아: 성경으로 주님과 선진들의 삶을 본받기를 다짐한다.

기도: 여호와께 소망이 있는 희망의 비밀로 살아가게 하시옵소서.

의를 위하여 받는 핍박

너희 중에 고난당하는 자가 있느냐 그는 기도할 것이요 즐거워하는 자가 있느냐 그는 찬송할지니라. 약 5:13

역사가 필립 쉐프Philip Sohaff는 서머나 교회의 감독이었던 폴리캅의 최후 장면을 이렇게 묘사했다:

"처형자들은 그를 채찍으로 몹시 때렸으며 마침내 불태웠다. 신체의 극히 내부에 있는 내장까지 환하게 드러났다. 처형자들은 미처 타지 못했던 신체를 창끝에 걸어 놓고 야수의 밥으로 던져 버리고 말았다. 그러나 그가 화형에 처하기 직전에,

'네가 만약 로마의 시저를 숭배하고 그리스도를 부인하면 지금까지의 이 박해를 그만두고 특별히 대우하겠다'

라는 제안 앞에 폴리캅은 이렇게 대답했다.

"86년간 나를 해침이 없이 나에게 성실하셨던 나의 왕, 나의 주님, 그분을 게 부인할 이유가 어디에 있겠소? 나는 그를 사랑하오!"

본문의 묵상을 위한 주제어

1. 너희 중에: 성경은 우선적으로 하늘의 자녀가 들어야 할 말씀이다.

2. 고난당하는 자: 고난에 불평하거나 낙심하지 말고 기도해야 한다.

3. 즐거워하는 자: 즐거워하게 될 때, 하나님의 은혜를 기억해야 한다.

기도: 오늘, 하나님께 최선을 다하도록 성령님의 강권을 빕니다.

O. J. 심슨의 꿈

고난당한 것이 내게 유익이라 이로 말미암아 내가 주의 율례들을 배우
게 되었나이다. 시 119:71

미국 캘리포니아의 흑인 빈민가에서 태어난 불우한 소년이 있었
다. 그의 이름은 어렌설 제임스 심슨O. J. Simpson이었다.

그는 당시에 최고의 미식 축구선수 짐 브라운을 능가하는 선수가
되려는 꿈을 갖고 있었다. 그러나 그는 가난한 집에서 태어났기 때
문에 배불리 먹어본 적이 없었다.

그는 영양실조로 구루병까지 얻어 활처럼 휘어진 앙상한 다리를
쇠로 만든 부목으로 지탱해야 하는 지경까지 이르렀다. 그러나 꿈
을 포기하지는 않았다.

심슨은 짐 브라운을 찾아가서 그의 사인을 받으면서 약속했다.

"브라운, 나는 반드시 당신이 보유한 최고 기록을 경신하는 미식
축구선수가 될 것입니다."

심슨은 결국에, 자신의 꿈을 이루었다.

본문의 묵상을 위한 주제어

1. 고난당함: 죄로 말미암아 환난을 만나지 않도록 민감해 한다.

2. 내게 유익: 하나님은 어떤 경우에서도 나에게 유익하게 해주신다!

3. 주의 율례들: 까닭 없이 겪게 되는 어려움을 통해 나를 단련하신다.

기도: 거룩함으로 하나님의 영광에 쓰임을 받게 하시옵소서.

풍랑속의 평안

우리가 잠시 받는 환난의 경한 것이 지극히 크고 영원한 영광의 중한 것을 우리에게 이루게 함이니. 고후 4:17

태평양을 항해하던 여객선이 태풍을 만나 항로대로 운행하지 못하고 표류하게 되었다. 선장과 기관사, 수백 명의 여객이 파선의 공포와 죽음의 두려움에 싸여 우왕좌왕하며 소란스러웠다.

그런데 선실 모퉁이에서 6살 난 남자 아이가 두려움 없이 싱글벙글 웃으며 손장난을 하고 있었다. 그 아이를 쳐다보게 된 한 사람은 어이없어 하였다. 그리고 또한 배가 파선할지도 모르기에 안타까운 마음도 들었다.

그가 물었다.

"애 꼬마야, 배가 파선할지 모르며, 모두 겁에 질려 있는데 넌 왜 그리 즐거운 표정이냐?"

"예, 저는 걱정 없어요. 이 배의 선장이 바로 우리 아버지인걸요."

아버지가 운전하는 배 안에서는 아이들이 평안을 누릴 수 있다.

본문의 묵상을 위한 주제어

1. 환난의 경한 것: 지금 당하는 환난은 잠시 받는 것일 뿐이다.
2. 영원한 영광: 지금의 환난에 비하면 미래에 받을 상급은 영원하다.
3. 우리에게: 나의 소망을 하늘에서 받을 상급에 두고 있는가?

기도: 어떤 상황에서도 하나님께 마음을 두게 하시옵소서.

난관을 뚫고 승리하라

여호와는 선하시며 환난 날에 산성이시라 그는 자기에게 피하는 자들을 아시느니라. 나 1:7

잭 로빈슨Jack Roosevelt Robinson은 흑인의 가정에서 태어나, 홀어머니 밑에서 어려운 어린 시절을 보냈다. 그는 어려서부터 각종 구기에 탁월한 재능을 보이면서, 캘리포니아 주립대학에 특기생으로 입학하였으나 재정적 이유로 중퇴하고 군에 입대했다.

그는 군복무를 하던 중에 장교가 되었지만, 인종차별 문제를 항의하다가 명예 전역하였다.

그의 재능을 알아차린 브루클린 다저스 감독이 그를 선수로 영입하였다. 브루클린 다저스에서 활약하며 내셔널 리그 신인왕과 내셔널 리그 최우수선수, 타격 왕으로 선정되었고, 팀에 공헌하였다.

그는 2년 만에 메이저리그 최고로 명예의 전당에 들어가는 선수가 되었다. 온 미국이 그를 야유하였으나 그는 아내와 세 자녀로부터 끊임없는 격려를 받아 그의 생애는 난관을 뚫고 승리하는 삶이 되었다.

본문의 묵상을 위한 주제어

1. 여호와는 선하시며: 선한 모습으로 나타내실 하나님을 기대하자.
2. 산성이시라: 하나님만이 나의 보호와 피할 곳이 되심에 담대하자.
3. 피하는 자들을: 하나님은 도움을 구할 때 거절하지 않으신다.

기도: 오직, 주님의 손길에 맡겨 오늘을 내려놓게 하시옵소서.

태어나기 위한 몸부림

그가 시험을 받아 고난을 당하셨은즉 시험 받는 자들을 능히 도우실 수 있느니라. 히 2:18

찰스 코우만 여사는 나비를 연구하는 학자이다. 그는 많은 연구 중에서도 애벌레가 나방이 되는 과정만을 1년간이나 연구했다. 큰 애벌레가 작은 구멍을 뚫고 그 구멍으로 나오기 위해 몸부림을 치고 있었다.

코우만 여사는 애벌레의 몸부림이 안타까워서 가위로 애벌레 집을 잘라 주고는 흐뭇해했다.

그러나 화려한 날갯짓을 기대했지만 나방은 코우만의 행위로 신세를 망쳤다. 날지도 못하고 기어 다니는 처량한 신세가 된 것이다. 오히려 작은 구멍을 뚫고 나오려는 몸부림이 날개에 힘을 주고 화려한 날개를 펴게 한다는 것을 몰랐던 것이다.

애벌레가 나방이 되고자 하는 몸부림은 거듭나기 위한 신앙인의 몸부림과 같은 것이다.

본문의 묵상을 위한 주제어

1. 시험을 받아: 주님의 시험과 고난은 나의 구원을 위해서였다.

2. 시험 받는 자들을: 시험과 고난이 닥쳤는가? 주님을 생각하자.

3. 능히 도우실: 주님의 시험과 고난은 나를 구해 주시는 보증이시다.

기도: 어려운 상황에 부딪칠 때, 하나님의 시간으로 여기기 원합니다.

대속의 고난

의인은 고난이 많으나 여호와께서 그의 모든 고난에서 건지시는도다.
시 34:19

옛날 희랍에 로그리양이라는 이름의 왕이 있었다. 왕은 간음죄를 범한 사람에게는 두 눈을 빼는 법을 공포하였다. 이 법령을 공포한 지 하루 만에 자기 아들 황태자가 간음죄를 지어서 두 눈을 뽑히게 되었다.

형리가 칼을 들고 황태자의 한 쪽 눈을 도려내고 한 쪽 눈을 마저 빼내려고 할 때, 왕은 형의 집행을 중지시켰다.

왕은 그에게 칼을 달라고 하여 자기의 눈 하나를 빼 버렸다. 왕으로서의 공의를 살리기 위하여 비록 자기 아들이지만 그 눈을 빼는 것을 주저하지 않았고, 아버지의 사랑을 나타내기 위하여 자기의 눈을 기쁘게 빼 버렸던 것이다.

이렇게 하여 부자의 사랑이 유지되고, 군민(君民)의 공의가 확립되어 왕과 아버지의 사명을 완수하게 되었다.

본문의 묵상을 위한 주제어

1. 의인은: 하나님께서 오늘, 주목하시는 사람은 의인이다.
2. 고난이 많으나: 세상은 의인을 내버려두지 않으나 떨지 말라!
3. 고난에서 건지심: 고난에 처하고, 그때마다 하나님은 건져주신다.

기도: 말에나 무엇에든지 핑계를 찾지 않고, 먼저 하게 하시옵소서.

과일나무를 심는 노인

생각하건대 현재의 고난은 장차 우리에게 나타날 영광과 비교할 수 없도다. 롬 8:18

어떤 노인이 뜰에 과수 묘목을 심고 있는데, 지나가던 한 나그네가 말을 걸어왔다.

"도대체 언제 그 나무에서 열매를 따 먹겠다고 나무를 심으세요?"

노인은 하던 일을 쉬지 않고, "한 70년 지나면 열매가 열리겠지"라고 대답하였다.

그랬더니 나그네가 물었다. "노인장께서 그토록 오래 사시겠습니까?"

비로소 노인이 잠시 일손을 놓고, 나그네를 바라보면서 또렷하게 말했다.

"그렇지는 않지요. 하지만 내가 태어났을 때, 과수원에는 열매가 풍성했었소. 그 나무는 아버지가 심어 놓으셨던 게요. 나도 아버지처럼 하는 것이오."

본문의 묵상을 위한 주제어

1. 현재의 고난: 오늘도 마음의 법과 죄의 법의 투쟁에서 싸워야 한다.
2. 장차 우리에게: 우리는 '하나님의 후사'가 될 것을 약속받았다.
3. 나타날 영광: 주님과 함께 왕 노릇하게 되는 신분이 약속되어 있다.

기도: 오늘, 어제와 같이 제가 해야 될 일을 계속하게 하시옵소서.

평안함을 주시는 하나님

누가 우리를 그리스도의 사랑에서 끊으리요 환난이나 곤고나 박해나
기근이나 적신이나 위험이나 칼이랴. 롬 8:35

스패포드Spafford의 아내는 네 딸을 배에 태워서 먼저 유럽으로 여행을 떠났다. 그런데 배가 충돌해서 수백 명이 죽었는데, 그의 아내만 구조되고 네 명의 딸들은 바다에 빠져 죽고 말았다.

스패포드는 즉시 배를 타고 사고 현장으로 갔다. 그는 딸들이 죽은 바다를 볼 때, 견딜 수가 없었다. 그러나 그때부터 하나님께서 주시는 강 같은 평화가 기적적으로 마음에 흘러왔다.

그는 즉시 선실로 들어가서 찬송시를 지었다. 성령님께서 주시는 감동을 그대로 노트에 옮겨 적었다.

"내 평생에 가는 길 순탄하여 / 늘 잔잔한 강 같든지
큰 풍파로 무섭고 어렵든지 / 나의 영혼은 늘 편하다
내 영혼 평안해 / 내 영혼 내 영혼 평안해."

본문의 묵상을 위한 주제어

1. 그리스도의 사랑: 십자가에서 흘리신 보혈로 나의 죄를 씻어주셨다.

2. 끊으리요: 그 무엇도 나를 향하시는 주님의 사랑을 막지 못한다.

3. 환난-칼: 어떤 어려움보다도 나를 향하신 주님의 사랑이 더 크다.

기도: 찬송을 할 수 없는 상황에서 찬양하는 은혜를 주시옵소서.

악마들의 가장 값비싼 무기

그런즉 너의 하나님께로 돌아와서 인애와 정의를 지키며 항상 너의 하나님을 바랄지니라. 호 12:6

유대인들의 옛 이야기 가운데, 이런 이야기가 있다. 한 악마가 죽을 때가 되어, 자기가 사용해 왔던 무기를 전시해 놓고, 다른 악마들에게 그 무기를 팔게 되었다.

악마들이 쓸 만한 무기를 구매하기 위해서 구경을 왔다. 그들의 눈에, 아주 낡은 무기가 하나 있었다. 그런데 거기에 제일 고가의 가격이 매겨져 있었다. 그래서 한 악마가 물었다.

"도대체 이 낡고, 오래된 것에 왜 이런 고가를 붙였습니까?"

그러자 이 노련한 악마가 대답하기를, "너는 모른다. 이 무기가 얼마나 유용한 것인가를… 나는 이 무기로 수많은 불신자를 지옥으로 가게 하였고, 또 이 무기로 많은 크리스천들을 쓰러뜨렸다."고 하였다.

그 무기의 밑에는 '절망' 이란 글자가 새겨져 있었다.

본문의 묵상을 위한 주제어

1. 하나님께로: 마음과 생각을 하나님께로 집중하는 은혜를 구한다.
2. 인애와 정의를: 하나님의 성품으로 나를 채워서 새롭게 한다.
3. 바랄지니라: 나의 소망은 오직 하나님에게서 나옴을 기억하자.

기도: 오늘, 한 날 메시야에 의한 구원의 소망을 갖게 하시옵소서.

주를 위해 모든 것을

보라 내가 속히 오리니 내가 줄 상이 내게 있어 각 사람에게 그가 행한 대로 갚아 주리라. 계 22:12

진젠돌프Nikolaus Ludwig von Zinzendorf는 원래 귀족의 아들이었으나, 자기의 지위도 버리고 재산도 다 바쳐서 오직 온 세계에 복음을 전하였다. 구교도와 신교도 사이에 큰 충돌로 많은 신교도들이 피난을 왔을 때, 그는 그들을 영접해서 살 수 있도록 해 주었다.

그는 자신이 소유한 토지를 그들에게 값없이 내어주었다. 그리고 그들을 위해서 집을 지어주고, 그들로 하여금 같이 모여 살도록 한 것이다. 그들이 하나님의 품을 누릴 수 있도록 배려해주었다. 아울러 그들을 위해서 또한 예배당을 지어주었다.

그들은 숫자는 많지 않지만 진젠돌프를 중심으로 해서 기거하였다. 그들은 하나님을 공경하며, 같이 모여서 기도하고, 성경 말씀을 배우며 성례를 거행하는 가운데 온 교우가 성령의 충만한 은혜를 받았다.

본문의 묵상을 위한 주제어

1. 속히 오리니: 주님께서는 세상에 대하여 할 일이 있어 속히 오신다.
2. 상이 있어: 악한 자와 의로운 자를 구별해 심판하시기 위함이시다.
3. 갚아 주리라: 주님의 재림은 성도에게 보상이 주어지는 잔치이다.

기도: 하나님이 영광을 구하는 것에 집중하게 하시옵소서.

병을 고치는 것이 우리의 목적

소망이 우리를 부끄럽게 하지 아니함은 우리에게 주신 성령으로 말미암아 하나님의 사랑이 우리 마음에 부은 바 됨이니. 롬 5:5

스물두 살의 청년이 폐병에 걸려 앞으로 석 달 정도 살 것이라는 사형 선고를 받았다. 그는 산기슭의 격리된 오두막집에서 혼자 외롭게 요양생활을 하였다. 그때, 한 간호사가 청년의 어머니로부터 모든 사정을 전해 듣고 자신이 보증을 서서 무료로 치료를 받게 해 주었다.

간호사는 절망에 갇혀 있는 젊은이를 보고 말하였다. "병을 고치는 것이 우리의 목적이니까 조금도 염려하지 마세요."

병원까지에는 수십리 길이었지만 그 간호사를 만난다는 기쁨 때문에 청년은 새 힘이 불끈 솟구치곤 하였다. 간호사는 틈틈이 찾아와 격려해 주었다. "회복이 멀지 않았네요."

청년은 간호사에게서 사랑과 희망을 느꼈고 건강도 놀랍게 회복되었다. 이 청년이 바로 한국 교회의 부흥에 크게 공헌한 최순직 목사이다.

본문의 묵상을 위한 주제어

1. 소망: 연단을 통해서 이루어지는 소망은 성령님께서 완성하신다.
2. 성령으로 말미암아: 구원은 성령님의 인도하심으로 성취된다.
3. 하나님의 사랑: 그 사랑이 구원에 대한 근거임을 잊지 않는다.

기도: 저에게 하나님의 사랑이 있습니까?

어디에서 그런 힘이 솟아났는지

우리가 선을 행하되 낙심하지 말지니 포기하지 아니하면 때가 이르매 거두리라. 갈 6:9

나폴레옹 1세의 군대가 눈 쌓인 알프스 산을 넘고 있었다. 긴 장정에 군대는 지칠 대로 지쳐 있었다. 앞으로 나아간다는 것은 누가 보아도 어려운 일이었다. 그때 장군 나폴레옹 1세는 자신도 지치기는 병사들과 같았으나 용기를 내어 말을 했다.

"여러분, 조금만 힘을 내시오. 저 고지만 넘으면 아테네란 도시가 있소, 아테네에는 술과 고기가 쌓여 있고 여러분을 위로할 여인들이 기다리고 있소이다. 힘을 냅시다. 앞으로 나아가는 자만이 신바람 나는 사랑의 주인공이 되는 것이요"

"와아!"

병영에서는 함성이 일어났다. 병사들은 어디에서 그런 힘이 솟아났는지 단숨에 알프스 산을 넘고 말았다.

본문의 묵상을 위한 주제어

1. 선을 행하되: 종말을 살아가는 성도의 하루는 선을 행하는 삶이다.
2. 포기하지 아니하면: 성도로서 살아가야 하는 나의 삶은 명령이다.
3. 때가 이르매: 주님께서 세상에 다시 오시는 그날을 기다리며 살자.

기도: 소망이 되시는 하나님께 내 모든 것을 내려놓게 하시옵소서.

수용소의 벽에 새겨진 글씨

이스라엘아 지금부터 영원까지 여호와를 바랄지어다. 시 131:3

아우슈비츠는 세계 대전 가운데서 지옥의 수용소라고 불린 곳이다. 이 수용소에 갇히게 되면 일생이 끝나는 것으로 생각해야 하였다. 언제 어떻게 죽을지 몰랐기 때문이다. 가스의 사형실에서 마지막 생명을 중단해야 할지, 간수들의 비인간적인 만행으로 삶의 종지부를 찍어야 할지, 알지 못하는 비극 속에서 살아야 하였다.

연합군이 이 수용소를 점령했을 때, 한 병사가 이 수용소의 벽에서 깜짝 놀랄만한 글귀를 하나 발견했다. 거기에는 어느 성도가 썼는지는 모르지만 찬송가의 한 문장을 기록해놓았다.

"바다를 먹물로 삼고 하늘을 두루마리로 삼아도
 하나님의 사랑 다 기록할 수가 없겠네."

'언제 죽을지 모르는 공포를 찬송으로 견디도록 하신 하나님이시다.'

병사는 자신이 알고 있는 찬송이라서 곡을 붙여 불렀다.

본문의 묵상을 위한 주제어

1. 이스라엘아: 나의 오늘이 하나님의 자녀로 살아가기를 기도한다.

2. 지금-영원: 어제의 하나님을 오늘에 고백하고, 내일을 기다린다.

3. 여호와를 바람: 겸손한 심령으로 하나님께 만족하기를 소망한다.

기도: 환경에서 소망을 찾지 말고, 하나님을 기다리게 하시옵소서.

희망이 있는 한

또 약속하신 이는 미쁘시니 우리가 믿는 도리의 소망을 움직이지 말며
굳게 잡고 서로 돌아보아 사랑과 선행을 격려하며. 히 10:23-24

랍비인 휴고 그린은 독일 집단 수용소에서 겪은 뼈아픈 체험담을
전후 독일 잡지에 이렇게 기고했다
"그 날은 1944년의 몹시 추운 겨울이었다. 나와 함께 감금된 아버
지께서 나와 친구 몇 명을 수용소 건물 한 구석으로 모이게 하셨다.
아버지는 그날이 유대인의 명절인 '하누카의 저녁' 이라고 하셨다.
아버지는 진흙 주발을 내놓으시더니 수용소에서 좀처럼 구하기
힘든 귀한 버터를 녹여서 심지를 적시고 촛불을 대신하여 불을 켜셨
다. 나는 아버지께 그 귀한 버터를 먹지 않고 낭비하는 데에 항의했
다. 아버지는 가만히 나를 보시더니 이렇게 말씀하셨다.
"사람은 밥을 먹지 않고도 3주간을 살 수가 있어. 그러나 희망이
없이는 한 순간도 살 수가 없단다."
아무리 어려운 상황일지라도 희망을 잃지 말자.

본문의 묵상을 위한 주제어

1. 약속하신 이는: 오늘, 나에게 영생을 약속해주신 예수님을 바라보자.

2. 소망을 움직이지 말며: 다시 오실 주님을 맞이할 마음을 굳게 하자.

3. 서로 돌아보아: 오늘, 믿음 안에 있는 지체들을 찾아 위로한다.

기도: 종일 동안 하나님께서 저에게 소망이심에 감사하게 하시옵소서.

희망을 파는 노인

우리가 사방으로 욱여쌈을 당하여도 싸이지 아니하며 답답한 일을 당하여도 낙심하지 아니하며. 고후 4:8

나치 독일이 폴란드를 점령하고 있을 때였다. 폴란드의 유대인 전용 시장에, 한 노인이 빈 책상을 앞에 두고 앉아서 소리를 지르고 있었다.

"여러분, 여기 이 세상에서 가장 값비싼 것을 사 가세요!"

그의 외침에 지나가던 사람이 걸음을 멈추었다. 그런데 그의 책상에는 아무것도 없어 물었다.

"아니, 노인장! 아무것도 팔 것이 없지 않소?"

그러자 노인은 그에게 이렇게 속삭였다. "나는 희망을 팔고 있소. 나치는 언젠가 물러갈 것이요. 그날을 기다리는 우리 민족의 꿈과 비전을 팔고 있소."

그의 말에 감동을 받은 폴란드 사람이 "내가 사겠소"라고 하면서 손을 내밀었다.

본문의 묵상을 위한 주제어

1. 우리가 사방으로: 살아가는 동안, 세상은 사방에서 성도를 공격한다.

2. 욱여쌈을: 고난이 있는 것은 필연적이지만 넉넉히 이기게 하신다.

3. 답답한 일을: 대적이 포위하여 어찌할 수 없게 되어도 소망이 있다.

기도: 나의 기쁨이 하나님께 있음을 새롭게 하게 하시옵소서.

죽지 못해서 살아가던 사람

우리가 이 소망을 가지고 있는 것은 영혼의 닻 같아서 튼튼하고 견고하여 휘장 안에 들어 가나니. 히 6:19

레티 그랜트Lettie Grant는 전신이 마비되어 죽지 못해 살고 있었다. 그녀가 할 수 있는 것은 오로지 말할 수 있고 듣는 것뿐이었다. 자살하려고 해도 어린 딸 때문에 죽을 수 없었다.

그는 좌절 중에 살다가 자신이 유일하게 움직일 수 있는 발가락 한 개를 가지고 전화국에 전화를 걸어 자신을 전화국의 교환수로 취직시켜 달라고 요청했다.

그로부터 그녀는 16년 동안을 전화교환수로 일하다가 은퇴를 하게 되었다. 은퇴 석상에서 그녀는 기자들에게 둘려 싸여서 마지막 말을 '나의 하나님, 참으로 좋으신 하나님' 이라고 고백했다.

그녀는 자신의 처지가 자신을 저주스럽게 하는 삶에서 하나님의 은혜를 누리며 살아갈 수 있었던 것이다.

본문의 묵상을 위한 주제어

1. 소망을 가지고: 오늘, 나에게 있는 소망은 하늘에 속한 것인가?
2. 영혼의 닻: 이 소망으로 흔들리지 않고 굳건하게 지내야 한다.
3. 휘장 안에: 하나님의 존전으로 나아갈 수 있게 되었음을 감사하자.

기도: 오늘, 대하게 되는 것들에서 하나님의 영광을 찾게 하시옵소서.

재림의 신앙이 있었기에

이스라엘아 여호와를 바랄지어다 여호와께서는 인자하심과 풍성한 속량이 있음이라. 시 130:7

1세기 그리스도인들은 사형장에서 야수의 먹이가 되기도 하고 돌멩이에 맞아 죽기도 하고 말 4마리로 사지가 찢겨 죽기도 할 뿐 아니라 거꾸로 십자가에 달려 죽기도 했다. 그리고 칼에 목을 베어 죽기도 하고, 얼음 속에 집어넣어져 얼어 죽기도 하였다.

그런 모진 고통의 순교의 행렬 속에서도 그들은 하나님을 향한 사랑을 버리지 않았다. 그리고 하나님을 향한 신앙의 색깔을 변색시키지 않았다. 그들은 집에서 쫓겨나고, 신앙 때문에 굴속에 살면서도 고통과 박해를 기쁨으로 환영하면서 이런 인사를 서로 하였다.

"Maranatha!(마라나타) 주께서 다시 오십니다!"

그들은 이 희망 때문에 목숨까지도 아낌없이 드리며 최선을 다해 주님을 위하여 순교하였다.

본문의 묵상을 위한 주제어

1. 여호와를 바람: 오늘, 하나님의 자비로 하루를 살고자 한다.

2. 인자하심: 오직 하나님의 인애가 그분의 자녀로 살아가도록 한다.

3. 풍성한 속량: 허다한 죄에서 구원해주신 은혜야말로 소망의 근거다.

기도: 주님의 재림을 기다림이 소망이 되어 지내게 하시옵소서.

사랑의 힘

이를 위하여 우리가 수고하고 힘쓰는 것은 우리 소망을 살아 계신 하나님께 둠이니 곧 모든 사람 특히 믿는 자들의 구주시라. 딤전 4:10

드 샤저는 제 2차 대전 때에 처음으로 일본의 도쿄를 폭격한 폭격대원 중의 한 사람이었다. 그가 폭격대원에 자원한 것은 일본의 진주만 공격 때에 아내를 잃은 원수를 갚기 위함에서였다.

그러나 그는 도쿄를 한 번이라도 공격해보지 못하고 그의 폭격기가 엔진에 고장을 일으켜, 일본 땅에 불시착하여 일본군에게 붙잡혔다.

샤저는 외국인 포로였기 때문에, 4년 동안 중국의 여러 감옥을 전전하면서 옥살이를 하였다. 많은 고생도 하고 일본을 저주하면서 지나다가 우연한 기회에 예수를 믿고 회개하게 되었다.

그는 종전 후의, 포로교환 시에 선교사가 되어 일본 선교사로 가기를 간청하였다. 일본에 와서 그는 진주만을 처음으로 폭격한 폭격기의 편대장 후지다 대위에게 전도하게 되었다.

본문의 묵상을 위한 주제어

1. 수고하고: 장차 올 복된 날을 소망하여 지금의 어려움을 이긴다!

2. 하나님께 둠이니: 오늘, 어떤 경우에서도 먼저 하나님을 생각하자.

3. 구주시라: 하나님 앞에서 오늘의 삶을 통하여 구원에 이르게 한다.

기도: 사랑해야 될 사람을 사랑으로 섬기게 하시옵소서.

발로 그린 십자가

그러므로 우리가 낙심하지 아니하노니 우리의 겉사람은 낡아지나 우리의 속사람은 날로 새로워지도다. 고후 4:16

알렉산드르 솔제니친Aleksandr Solzhenitsyn은 소련의 체제를 비판하다가 시베리아 감옥에서 강제노역을 했는데, 암까지 걸려서 살 희망을 잃다.

그러던, 어느 날 한 사람이 그를 가만히 보더니, 발로 십자가를 그린 후 사라져 버렸다.

그가 십자가를 바라보자 알지 못하는 힘이 솔제니친의 마음에서 솟아올라 왔다. 그의 마음에 십자가에서 피를 흘리신 그리스도의 형상이 다가오더니, 새로운 생기와 힘이 솟아올라 오는 것이었다.

그는 이후에, 그리스도를 의지하고 성경을 읽고 묵상하는 생활을 하였다. 그리고 암에서 고침을 받는 은총을 경험하였다.

그는 미국으로 추방되어 미국에서 당시 공산주의 사회의 비인간적인 생활을 폭로했고, 노벨문학상까지 타게 되었다.

본문의 묵상을 위한 주제어

1. 낙심하지: 부활하신 주님의 승리에 동참하리라는 소망을 기억하자.
2. 겉사람: 흙으로 돌아가야 하는 제한된 육체에 미련을 갖지 않는다.
3. 속사람: 오늘, 주님의 장성한 분량에까지 이르는 과정이 되게 한다.

기도: 우리를 위하여 구주가 오셨음에 찬미로 나아가게 하시옵소서.

무엇이 보이는가?

형제들아 너희는 선을 행하다가 낙심하지 말라. 살후 3:13

미켈란젤로 부오나로티Michelangelo Buonarroti에게는 언제나 친구들이 모여들었다. 그들은 함께 미술을 하는 친구들이라 서로의 의견도 잘 맞았다.

미켈란젤로는 친구들에게 함께 그림을 그리기로 하자는 제안을 하였다. 그런데 친구들은 그림을 그리려 하지 않고, 그가 그리는 그림을 보려 했다.

그는 흰 물감으로 화폭을 가득 칠했다. 그리고는 한가운데다 조그맣게 까만 점 하나를 찍었다. 그는 친구들을 향해서 물었다.

"자네들은 지금 내 캔버스에서 무엇을 보나?"

친구들은 한참 진지한 눈빛으로 쳐다보더니 모두가 한 입으로 말했다. "우리는 다만 까만 점만 보고 있네."

그러자 미켈란젤로 부오나로티는 말했다. "나는 자네들이 그것을 보리라고 짐작했었지. 내가 보는 것은 하얗고 넓은 부분이라네."

본문의 묵상을 위한 주제어

1. 너희는: 하나님은 나의 오늘에서 나의 행실에 주목하신다!

2. 선을 행하다가: 오늘의 삶이 하나님의 뜻에 부합되는지를 확인한다.

3. 낙심하지 말라: 하나님 앞에서 있는 동안, 낙심할 권리가 없다.

기도: 임마누엘의 은총에 즐거워하는 은혜를 주시옵소서.

04

그리스도의 향기

주인을 전도한 머슴

예수께서 이르시되 나는 생명의 떡이니 내게 오는 자는 결코 주리지 아니할 터이요 나를 믿는 자는 영원히 목마르지 아니하리라. 요 6:35

천원군에 살던 머슴 이 씨는 맥추감사절이 되었는데 교회에 가지 못하자 얼마나 마음이 아픈지, 머슴의 방에서 울면서 기도하였다. "주여 나로 하여금 주일도, 절기도 제대로 지킬 수 있게 도와주소서." 그리고 기회 있을 때마다 주인에게 전도하기 시작했다.

다음 해가 되었다. 여름 보리 추수 후에 교회에서 지키는 맥추감사절에 참예하고 싶다고 주인에게 말했다. 처음에는 거절당했는데 몇 번 부탁한 후에 허락을 받았다. 그런 다음에, 그는 예물을 드려야 되겠는데 가지고 있는 것이 없어서 다시 주인에게 말했다. 주인으로부터 마침내 보리 한 가마를 받아 그것을 져다가 예물로 바치게 되었다.

그 후에 이 씨 머슴은 주인집의 식구들을 다 구원했고 경제적으로도 풍족해져 교회를 잘 받들었다.

본문의 묵상을 위한 주제어

1. 생명의 떡: 예수님은 우리의 영적인 생명을 위한 양식이시다.

2. 내게 오는 자: 예수님을 믿는 사람에 대한 비유적인 표현이다.

3. 영원히: 주림이 없고, 목마름이 없음을 예수님께서 약속하셨다.

기도: 생명의 떡이 되시는 예수님을 양식으로 삼게 하시옵소서.

하나님의 은혜를 갚는 일

너는 말씀을 전파하라 때를 얻든지 못 얻든지 항상 힘쓰라 범사에 오래 참음과 가르침으로 경책하며 경계하며 권하라. 딤후 4:2

주안교회의 안강자 집사는 거의 온종일 전철역에서 나오는 이들에게 복음을 전하였다. 그녀가 이렇게 전도하기 시작한 동기는 하나님의 은혜에 대한 보답이었다. 5대 독자인 그 아들을 질병으로부터 치료해주셨기 때문에서였다.

아들의 생명이 풍전등화와 같은 순간에 이르자, 하나님을 찾았다.

"하나님, 내 아들 고쳐주세요. 하나님이 정말 계신다면 내 아들 살려주시면 내가 주의 뜻을 따라 살겠습니다."

눈물로 기도했는데, 그때부터 아들의 병세가 기적같이 나았다. 그녀는 하나님을 위해 무엇인가 해야겠다는 생각을 한 끝에, 영혼을 사랑하는 전도에 일생을 바치겠다고 결심을 하고 다음날부터 아들을 등에 업고 전도에 나섰다.

본문의 묵상을 위한 주제어

1. 말씀을 전파하라: 복음을 전하는 성도의 삶에 대한 일체 명령이다.

2. 때를: 어떠한 상황에서도 그에게 주어진 임무를 수행하는 시간이다.

3. 오래 참음과 가르침으로: 죄인을 대하시는 하나님의 심정이다.

기도: 오늘, 저의 하루가 받은 은혜에 대한 갚음이 되기 원합니다.

최봉석 목사와 '예수 천당'

우리가 그에게서 듣고 너희에게 전하는 소식은 이것이니 곧 하나님은 빛이시라 그에게는 어둠이 조금도 없으시다는 것이니라. 요1 1:5

한 무리의 신학생들이 길을 지나가다가 그들의 뒤에서 걸어오는 최봉석 목사가 외치는 '예수 천당' 이라고 하는 큰 소리를 들었다. 깜짝 놀란 신학생들이 말했다. "신학생이에요."

최 목사는 신학생들이라는 말에 반갑고, 또한 그들을 나무라느라, 그들에게 소리를 질렀다. "왜 전도 안 해? 벙어리요?"

하루는 남궁혁 박사의 부인이 서문통 거리를 지나갔다. 최 목사는 그 뒤에서 '예수 천당' 하면서 냅다 소리를 질렀다. "나 남궁 목사 부인이오." "목사 부인도 전도 안 하면 벙어리요, 왜 신학교수 부인이 전도 안 하오?" 심지어 그는 일본 헌병이 말을 타고 지나가는 옆에서 말귀에다 대고 큰 소리로 '예수 천당' 하고 소리를 지르니, 말이 놀라는 바람에 헌병이 떨어지기도 했다.

본문의 묵상을 위한 주제어

1. 그에게서 듣고: 하나님의 말씀을 듣기에 예민해져야 한다.

2. 너희에게 전하는: 생명의 말씀을 만나는 사람에게 전해야 한다.

3. 하나님은: 신앙생활을 하는 우리의 관심은 하나님이어야 한다.

기도: 구주로 오신 주님을 전하는 삶이 되게 하시옵소서.

전도부인 이영복

예수께서 모든 도시와 마을에 두루 다니사 그들의 회당에서 가르치시며 천국 복음을 전파하시며 모든 병과 모든 약한 것을 고치시니라.
마 9:35

이영복 부인은 평양에 복음이 처음 전파되던 1890년대초 선교사들의 전도를 받았다. 그녀는 핍박을 받는 중에도 신앙생활을 하여 1898년 7월 15일에는 세례를 받았다. 그녀는 밥그릇 몇 개와 의복 몇 벌만 싸 준 채 집에서 내쫓겨졌다.

그녀는 그래도 주를 위해 핍박당함을 기뻐하고, 당시의 평양여자성경학교에 가서 성경공부를 하여 나이 60세에 전도부인의 길을 나섰다.

그녀는 먼저 맏딸이 있는 조왕리로 가서 오두막 한 채를 산 후에, 전도를 시작하였다. 그래서 한 달 동안은 맏딸이 있는 평양 남촌 지경을 전도하고, 그 다음 달에는 둘째딸이 있는 중화서촌에 가서 전도하였다. 8년 동안에 전도하여 대동강 안 70여리에 20여 개의 교회를 세웠다.

본문의 묵상을 위한 주제어

1. 두루 다니사: 하나님의 뜻을 성취하기 위해서 어디든 가야 한다.
2. 가르치시며-전파하시며: 진리를 가르치고, 복음을 전할 준비를 하자.
3. 고치시니라: 주님의 초자연적인 능력도 행사되기를 기도해야 한다.

기도: 사명을 위하여 생명을 드림도 받아들이게 하시옵소서.

딸이 남겨준 신앙

바울과 바나바는 안디옥에서 유하며 수다한 다른 사람들과 함께 주의 말씀을 가르치며 전파하니라. 행 15:35

김덕순 부인은 과부로, 어린 남매를 데리고 힘들게 생활을 하면서도 아들과 딸을 도시로 유학을 보냈다. 그 딸은 기전여학교에서 예수님을 믿게 되었는데, 그만 중병에 걸려 죽었다.

딸의 장례를 치르고 나서 김덕순 부인은 딸이 다니던 교회를 찾아가서 예배를 드렸다.

그녀는 그때부터 예수님을 믿기 시작하였다. 도시로 유학을 떠났던 그녀의 오빠도, 자기가 사는 지역의 교회에 등록하였다.

김덕순 부인은 집에 있을 때에는 항상 성경 말씀 보는 것과 기도하는 것으로 생활을 삼았다. 그리고 밖에서는 전도를 열심히 하여 새 신자를 많이 얻었다.

딸은 죽어서 그 신앙을 어머니에게 전했다.

본문의 묵상을 위한 주제어

1. 유하며: 바울과 바나바에가 안디옥에 머물렀음에는 목적이 있었다.

2. 가르치며: 내가 만나는 이들에게 생명의 진리를 가르치도록 하자.

3. 전파하니라: 어떤 형태로든지 복음을 전파하는 하루를 살아야 한다.

기도: 오늘, 저에게도 믿음을 전하는 삶의 한 날이 되게 하시옵소서.

새벽에 신문을 배달한 목사

우리가 그를 전파하여 각 사람을 권하고 모든 지혜로 각 사람을 가르침
은 각 사람을 그리스도 안에서 완전한 자로 세우려 함이니. 골 1:28

어느 목사가 미국에 유학 중에, 신문을 배달하며 돈을 벌어 공부
하였다. 그가 신문을 배달하던 처음에는 수입만 생각하였는데, 신
문의 배달과 복음의 배달을 함께 생각하게 되었다.

그는 예수를 전하자고 결심하고, 신문에 매일 이렇게 전단을 만들
어 넣었다. "나는 목사로서 신문을 돌리고 있습니다. 매일 당신의
집에 신문을 넣으며 당신의 가정을 위하여 기도합니다. 하나님의
축복이 임하기를 기도합니다."

신문을 받아 보는 이들이 좋아했다. 실제로 대화가 통하게 된 이
들도 있게 되었다. 시간이 흐르면서 예수를 영접하는 이들이 나타
났다.

그리고 많은 이들이 등록금을 낼 때가 되면 얼마쯤 협조해주었다.
그는 신문을 통하여 전도하고 학비도 벌면서 하나님께 영광을 돌렸
다.

본문의 묵상을 위한 주제어

1. 그를 전파하여: '영광의 소망'이 되시는 주님만을 전하도록 하자.

2. 각 사람을: 사람들에 대한 나의 관심은 그들을 권하고 가르침이다.

3. 세우려 함: 주님의 계획은 나를 통해서 다른 이를 세우시는 것이다.

기도: 어려운 상황 속에서도 하나님께 대하여 시도하게 하시옵소서.

전도자의 열매

내가 복음을 전할지라도 자랑할 것이 없음은 내가 부득불 할 일임이라
만일 복음을 전하지 아니하면 내게 화가 있을 것이로다. 고전 9:16

중국에서 부자로 지내던 송 씨가 예수를 믿고, 전도를 열심히 하여서 주위의 사람들에게서 새로운 이름을 선물로 받게 되었다. 그 이름은 '송전도' 라는 별명이었다. 사람들은 그에게 송 씨라 부르기보다 '송전도' 라고 하였다.

그런데 그가 젊은 나이에 그만 세 남매를 남겨 놓고 세상을 떠났다. 많은 사람은 그의 죽음을 안타까워했다.

그 후에, 그의 세 남매가 큰 복을 받았다. 그의 맏딸 송경령은 중국의 아버지라 불리는 손문의 아내가 되었고, 그의 아들 송자문은 경제학자로서 중국의 경제 장관이 되었고, 막내딸인 송미령은 장개석 총통의 아내가 되었다. 이렇게 송전도의 3남매가 한때 중국 전 영토를 다 통치하는 인물이 되었다.

본문의 묵상을 위한 주제어

1. 자랑할 것이 없음: 주님 앞에서 하는 수고로 자신을 내세우지 말라!

2. 부득불 할 일: 사명이 주어져서 감당하므로 오직 감사해야 한다.

3. 화가 있을: 사명은 선택이 아니라 필수이므로 순종해야 한다.

기도: 성령님께서 강권해주시는 것으로 가슴을 불태우기 원합니다.

신혼여행을 전도여행으로 바꾼 선교사

또 이르시되 너희는 온 천하에 다니며 만민에게 복음을 전파하라.
막 16:15

한국에 선교사로 온 언더우드Horace Grant Underwood는 신부인 홀턴과 함께 결혼식을 올린 다음 날, 압록강의 내륙지역으로 9주간의 신혼여행을 떠났다. 이곳에서는 이미 만주에서 사역하던 로스 선교사의 노력으로 상당수의 기독교인들이 있었으나 박해가 심해서 어떤 선교사도 그곳을 방문하지 못하였다.

그런 가운데 언더우드 부부가 그곳을 방문하기로 자원했던 것이다. 언더우드가 생명을 걸고 이 땅에 왔듯이 두 사람은 달콤한 신혼여행이 아니라, 생명의 씨앗을 뿌리는 전도여행길에 나선 것이다.

"예수님의 사랑을 알지 못하여 영벌의 길로 가는 한국인들의 영혼이 너무 불쌍하오." 언더우드는 아내에게 이렇게 말했다. 그리고 신혼여행 동안 한문 전도지를 가지고 복음을 전하였다.

본문의 묵상을 위한 주제어

1. 온 천하에: 주님의 두루 다니심을 본받아 열방에 관심을 갖는다.

2. 만민에게: 오늘, 잃어버려진 영혼에 대한 사랑으로 이웃을 대한다.

3. 복음을 전파하라: 전도의 대상자로 삼아 예수님을 영접하도록 한다.

기도: 주님의 마음을 품고 불신자들의 영혼을 섬기게 하시옵소서.

죽음을 준비하라!

예수께서 이르시되 내가 다른 동네들에서도 하나님의 나라 복음을 전하여야 하리니 나는 이 일을 위해 보내심을 받았노라 하시고. 눅 4:43

미국에서 한 그리스도인이 세상을 떠났을 때, 장례식에는 상당히 많은 사람이 참석하였다. 그중에는 고인과 가깝게 지내던 중견 사업가들이 많았다.

이 장례식에서 특기할 만한 일이 하나 있었는데, 그것은 죽은 그리스도인이 1년 전에 '내 무덤가에서의 증언' 이라는 제목으로 편지 한 통을 써서 장례식 때, 읽어 주도록 부탁했다.

장례를 주관하는 목사가 편지를 읽었다. "지금은 나의 장례식이 거행되는 시간입니다. 하지만 나는 이 시간을 증거의 시간으로 삼기 원합니다."

편지에서는 자기 친구들의 이름을 거명하면서 예수님을 구주로 영접하고 죽음을 준비하라고 간곡히 부탁하였다.

본문의 묵상을 위한 주제어

1. 다른 동네들에서: 내가 알지 못하는 다른 이들에게도 관심을 갖자.

2. 전하여야: 적어도 자신이 왜 살아가고 있는지를 자신에게 묻자.

3. 보내심을 받았노라: 나에 대한 하나님의 의도를 잊지 말아야 한다.

기도: 지금, 하나님의 부르심을 받을 준비를 하게 하시옵소서.

죽음 앞에서 전도한 사형수

보내심을 받지 아니하였으면 어찌 전파하리요 기록된 바 아름답도다
좋은 소식을 전하는 자들의 발이여 함과 같으니라. 롬 10:15

육군 교도소의 사형장에서 검찰관이 사형수에게 다가가 물었다.
"마지막으로 남길 말이 있는가?"

사형수가 말했다. "그전에 질문이 하나 있습니다."

사형수는 검찰관에게 예수님을 믿느냐고 물었다. 이미 예수님을
믿고 있던 검찰관은 그렇다고 진지하게 대답했다. 그러자 사형수는
간곡하게 말했다.

"예수님 잘 믿으시기 바랍니다. 하늘나라에서 다시 뵙겠습니다."

그는 사형을 당하는 숨 막히는 순간에, 자신에게 허용된 마지막
진술기회를 전도의 시간으로 삼았던 것이다. 총소리가 울려 퍼진
후, 조용히 숨을 거둔 그의 얼굴에는 환한 미소와 함께 그윽한 평안
함이 깃들어 있었다.

본문의 묵상을 위한 주제어

1. 보내심을: 오늘, 한 날이 보내심을 받은 자로서의 삶이어야 한다.

2. 전파하리요: 누구를 만나도 복음을 전하는 대상자로 받아야 한다.

3. 전하는 자들의 발: 구원을 받을 사람에게 전하기에 부지런하자.

기도: 오늘, 한 날을 복음을 전하는 기회로 살게 하시옵소서.

한 사람이 만 삼천 명에게

너희 소돔의 관원들아 여호와의 말씀을 들을지어다 너희 고모라의 백성아 우리 하나님의 법에 귀를 기울일지어다. 사 1:10

모라비아 교파의 출신인 조지 스미스George Smith는, 아프리카에 가서 한평생을 바치고 그 땅에서 죽으리라 헌신을 했다. 그는 후원자를 얻어서 아프리카로 갔는데, 몇 달 되지 않아서 정부로부터 추방을 당하고 말았다.

그는 아프리카에 있는 몇 달 동안에 딱 한 사람에게 복음을 전했을 뿐이었다. 한 사람 밖에 전도를 못 했는데 추방을 당해서 그는 아프리카를 향하여 사랑하는 마음으로 늘 기도하고 기도하다가 몇 달 후에 죽었다.

몇 년 후에 한 선교단체에서 조사해 보니, 조지 스미스가 전도했던 사람이 전도인이 되어서 자기 동족들에게 복음을 전했는데, 만 삼천 명이 예수를 믿고 있었다.

본문의 묵상을 위한 주제어

1. 소돔의 관원: 위정자들과 관료들에게 복음이 전해지도록 기도한다.
2. 고모라의 백성: 열방의 백성에게 복음이 전해지도록 기도한다.
3. 들음-귀를 기울임: 인생의 소망이 주님의 말씀에 있음을 증거한다.

기도: 제가 있는 곳이 복음을 전하라 보내어졌음을 알게 하시옵소서.

마지막 구원자

바울이 그 환상을 보았을 때 우리가 곧 마게도냐로 떠나기를 힘쓰니 이는 하나님이 저 사람들에게 복음을 전하라고 우리를 부르신 줄로 인정함이러라. 행 16:10

타이타닉호가 빙산에 부딪혀 가라앉을 때, 존 하퍼John Harper도 바다에 있었다. 그는 물 위에 떠있는 생애의 마지막 순간에도 부흥사로서 복음을 전하려고 물에 떠 있는 한 청년에게 헤엄쳐 갔다.

"젊은이, 구원받았는가?"

"아니요!" 파도가 두 사람을 떼어놓았다. 수분 후에 다시 그들이 조금 가까워지자 그가 좀 큰 소리로 물었다.

"사랑하는 형제여, 하나님과 화해하였나?"

이때, 다시 큰 파도가 밀려와 하퍼를 삼켜 버렸다.

그로부터 두 주일 후에, 그 젊은이는 뉴욕의 한 교회에서 고백하였다. "저는 존 하퍼의 마지막 구원자입니다."

본문의 묵상을 위한 주제어

1. 환상을: 하나님께서 나에게 말씀하시는 매체에 대하여 민감해 있자.

2. 힘쓰니: 하나님의 음성이라 확인되었다면 지체 없이 순종한다.

3. 부르신 줄로; 하루의 삶을 살아감에도 하나님의 부르심이 있다.

기도: 하나님의 구원하심을 세상에 보여주게 하시옵소서.

이웃을 위해 손을 편 다이애나

그러므로 너희는 하나님이 택하사 거룩하고 사랑 받는 자처럼 긍휼과
자비와 겸손과 온유와 오래 참음을 옷 입고. 골 3:12

왕세자의 빈으로서 다이애나 스펜서Diana F. Spencer는 가장 호화롭
다는 영국의 황실에서 살았다. 그러나 그녀에게는 왕비로서의 삶이
결코 행복한 것이 아니었다. 남편의 외도로 극도의 외로움을 타다
가 결국에는 이혼을 하기도 했다. 그러나 그녀는 이웃에게는 언제
나 행복을 주는 선물이었다. 자신은 이혼녀로서 슬픔을 가슴에 안
고 있으면서도 자신보다 처지자 나쁜 이들에게 마음을 주었다. 하
루, 하루의 고달픈 삶을 이어가야만 했던 이웃을 위해서 살기를 주
저하지 않았다. 그녀는 갑작스러운 죽음을 당하기 전에도 돈이 없
어 의사의 진료를 받을 수 없는 에이즈 환자를 위해서 생전에 즐겨
입던 수십 벌의 드레스를 경매 시장에 내 놓아 그 돈을 그들의 치료
비로 헌납하기도 하였다. 그녀는 영국인의 가슴에 깊은 사랑을 심
었다. 그녀는 자신만을 위하여 살지 않고, 가련한 생명을 위해 아낌
없는 사랑을 주었다.

본문의 묵상을 위한 주제어

1. 하나님이 택하사:

2. 거룩하고 사랑받는 자:

3. 긍휼과 자비와:

기도: 사랑으로 이웃에게 다가가 섬기는 은혜를 주시옵소서.

미혼모들이 홀로 설 때까지

너희가 주의 인자하심을 맛보았으면 그리하라.

벧전 2:3

이순도 씨는 이 땅의 미혼모들이 당당하게 자립하는 것에 자신의 소망을 두고 있다. 그는 미혼모 지원사업을 하는 공익 카페 파구스 (PAGUS · '언덕'을 뜻하는 희랍어)의 사업단장을 맡고 있다. 카페 체인점 파구스는 모든 수익금을 미혼모 지원사업에 사용하고 있다.

이순도 씨는 이 카페를 운영하며, 월급은 한 푼도 받지 않지만 "일을 그만두고 쉴 나이에 새 일을 시작할 수 있어 감사하다"고 말했다. 여성가족부와 함께 미혼모 지원사업인 '엔젤맘 프로젝트'를 하면서 수익금을 미혼모 지원사업에 쓰고 있다.

그는 말하기를, "우리나라가 경제대국이 됐지만 아직도 많은 아기가 해외에 입양되고 있다"며 "미혼모들이 자신 있게 아이를 키울 수 있는 환경을 만드는 건 우리 사회의 몫"이라고 했다. 카페 공간을 더 기부를 받으면 체인점을 더 늘릴 계획이다.

본문의 묵상을 위한 주제어

1. 너희가: 우리는 그리스도의 구원의 은혜를 받은 하나님의 자녀이다.

2. 주의 인자하심을: 죄인들의 구원은 예수님의 긍휼과 인자로 되었다.

3. 그리하라: 실제적으로도 의롭고, 온전한 자가 되기를 힘써야 한다.

기도: 오늘, 사랑을 베풀어서 사랑을 받았음을 증명하게 하시옵소서.

월수입 60만 원 장애인 행상
21년째 수입 절반 이웃돕기

만군의 여호와가 이같이 말하여 이르시기를 너희는 진실한 재판을 행하며 서로 인애와 긍휼을 베풀며. 슥 7:9

"움직일 수 있는 힘이 다할 때까지 내 손으로 벌어 생활하고, 남는 것은 불우한 사람들을 위해 쓰겠습니다." 장애인으로 행상을 하며 사는 전현용은 말을 못하고 다리를 저는 선천성 뇌성마비 장애인(1급)이다.

그의 직업은 군산 시내를 돌면서 껌, 장난감, 생활용품 등을 파는 행상이다. 수입은 월평균 60여만 원. 그러나 그는 자신보다 어려운 사람들을 돕는데 수입의 절반을 쓰고 있는 '부자' 다.

그가 주로 찾아가는 곳은 군산시 개정동 모세스영아원과 자신이 사는 아파트단지 내 경로당. 장사가 잘 되어 그날 목표액 2-3만원을 초과하는 수입이 생기면 돈을 내기도 하고 술. 과일 등을 사들고 방문하기도 한다. 이밖에 돈이 없어 수술을 받지 못하는 심장병 어린이들을 위해 수시로 어린이재단에 성금도 낸다.(중앙일보 1999. 12. 30)

본문의 묵상을 위한 주제어

1. 너희는: 여러 사람들과 섞여 있지만 구별된 신분을 잊지 말자.

2. 진실한 재판: 누구에게라도 대할 때, 하나님께 정직하게 행하자.

3. 인애와 긍휼: 나에게 찾아오는 이들을 사랑의 대상으로 섬긴다.

기도: 사랑으로 이웃에게 다가가 섬기는 은혜를 주시옵소서.

소박한 사랑의 실천자

모든 사람과 더불어 화평함과 거룩함을 따르라 이것이 없이는 아무도
주를 보지 못하리라. 히 12:14

테레사Mother Teresa 수녀는 가장 가난한 자들과 함께 살았다. 병든
자, 부랑자, 맹인, 문둥병자, 버림받은 기아, 감옥에서 풀려나 갈 곳
없어 찾아온 전과를 가진 창녀들과 함께 살았기에, 결코 그들보다
잘 먹고 호화로운 잠자리에 들 수가 없었다.

테레사 수녀는 병들어서 갈 곳이 없는 이들에게 자신이 베풀 수
있는 최고의 사랑을, 아낌없는 사랑을 주었다. 그녀는 그들에게 대
하는 것이야말로 바로 예수님께 해드리는 것이라 여겼다.

그녀는 가난하고 불쌍한 이웃에게 한 줌의 떡을 쥐여 주는 것이
바로 예수에게 드리는 것이라는 신앙을 실천하며 산 여인이었다.
주님께 드림의 삶을 빈민들에 대한 봉사로 구현한 것이다. 자신의
모든 것을 스스로 아무것도 할 수 없는 병든 자들에게 주고 인생을
마쳤다.

본문의 묵상을 위한 주제어

1. 더불어: 주님의 보혈로 한 지체가 된 이들과 함께 하려 해야 한다.

2. 따르라: 대속으로 회복된 하나님과의 화평을 누리도록 힘쓰라.

3. 보지 못하리라: 화평함과 거룩함은 구원을 받았음의 증거이다.

기도: 이웃을 위해서 나의 쓸 것을 남겨두게 하시옵소서.

아들이 보내 온 음성 메시지

우리 각 사람이 이웃을 기쁘게 하되 선을 이루고 덕을 세우도록 할지니
라. 롬 15:2

어떤 사람이 직장에서 퇴직을 하고 개인사업을 해 보려고 이것저
것 알아보고, 일자리도 알아보았지만 자신의 뜻대로 되지 않았다.
거의 1년쯤 지나니까 그만 지쳐서, 교회에 나가는 것도, 집에도 안
들어갔다.

그해, 12월도 중순을 지났을 때, 초등학교 5학년인 아들이 휴대폰
에 메시지를 보냈다. '아버지, 왜 요즘 교회도 안 가고 힘이 없으세
요? 아버지, 제가 아버지를 위해서 항상 기도하고 있으니 다시 힘내
세요. 그리고 요번 성탄절에는 가족들과 함께 교회 가요.'

아들의 메시지는 마치 하나님의 음성 같이 들려왔다. '그렇다. 내
가 죽은 것도 아닌데 아직 나에게는 가능성이 있는데 왜 이렇게 절
망적인 삶을 살아가는가?' 그는 용기와 힘을 얻고 성탄절에 가족과
함께 예배를 드리고 나서 하나님 앞에 무릎을 꿇고 기도를 드렸다.

본문의 묵상을 위한 주제어

1. 우리 각 사람: 하나님께서 늘 나에게 말씀하신다는 것에 민감하자.
2. 이웃을 기쁘게: 하나님의 시각에서 타인에게 유익함을 주도록 한다.
3. 선, 덕: 이웃의 내적인 가치와 외적인 성숙을 도모하는 행동을 하자.

기도: 누구에게라도 주님의 사랑으로 손을 내밀게 하시옵소서.

경쟁자를 축복할 때

이웃을 업신여기는 자는 죄를 범하는 자요 빈곤한 자를 불쌍히 여기는
자는 복이 있는 자니라. 잠 14:21

한 가게의 주인이 자기 스승에게 찾아가서는, 맞은편에 큰 연쇄점
이 생겨서 자기는 망하게 생겼다고 했다.

그러자 스승은 이렇게 충고했다.

"그 연쇄점 주인을 두려워한다면 그를 증오하게 될 것이고, 그 증
오가 자네를 파멸하는 원인이 될 테니, 매일 아침 가게 앞에 나가서
자네 가게를 축복하고, 돌아서서 길 건너 연쇄점도 축복하게."

스승의 충고를 들은 그는 그날부터 축복의 사람이 되었다. 여섯
달 후에, 식료품 가게 주인은 스승에게 찾아가서 감사를 전하며 말
을 했다.

"걱정과 근심만 했다면 정말로 가게를 닫아야 했겠지요. 그러나
선생님의 말씀대로 했더니 지금은 그 연쇄점까지 맡았고 어느 때보
다도 경기가 좋습니다."

본문의 묵상을 위한 주제어

1. 이웃을 업신여김: 나에게 부담이 되는 사람이라 하여 피하지 말자.

2. 죄를 범하는: 오늘, 하루를 지내면서 누구에게서도 하나님을 뵙자.

3. 불쌍히 여기는: 모든 경우에, 하나님의 자비하심으로 이웃을 대하자.

기도: 내게 있는 것으로 족하고, 이웃을 축복하게 하시옵소서.

한 여행객의 조명등

마지막으로 말하노니 너희가 다 마음을 같이하여 동정하며 형제를 사
랑하며 불쌍히 여기며 겸손하며. 벧전 3:8

한 여행객이 뱃멀미를 하여 선실의 침대에 누웠다. 그때, 갑자기
놀라운 외마디 소리가 들려 왔다.

"사람이 갑판에서 떨어졌다!"

웅성대는 사람들의 틈에서 누군가가 혀를 차면서 말하였다. 그 순
간, 그의 마음으로부터 작은 음성을 들었다.

'선창에서 조명등을 비춰주면 불빛을 보고 배로 돌아오는 방향을
알지도 몰라?'

그는 벌떡 일어나 조명등을 찾아서 선실로 달려가서 칠흑같이 깜
깜한 바다를 향해서 불을 비추었다.

몇 시간이 지나고 나서 물에 빠진 사람이 구출되었다. 조명등의
불빛이 선창으로부터 비춰 캄캄한 바다에서 그를 발견하고 구출할
수 있었다.

본문의 묵상을 위한 주제어

1. 마지막으로: 주님의 말씀을 내 인생의 마지막 말씀으로 듣는가?
2. 너희가 다: 공동체 모두의 신앙과 삶에 대하여 생각해야 한다.
3. 마음을 같이하여: 이웃에 보인 나의 행동이 한 몸을 이루어야 한다.

기도: 거저 받은 은혜의 손길로 이웃의 필요를 채워주게 하시옵소서.

주일 아침마다 계란 한 개

병든 자를 고치며 죽은 자를 살리며 나병환자를 깨끗하게 하며 귀신을
쫓아내되 너희가 거저 받았으니 거저 주라. 마 10:8

한 목사가 전도사 시절에 지방의 교회를 시무하고 있을 때였다.
30-40명의 교인 가운데 주책없는 할머니 한 분이 계셨다. 이 할머
니는 매주일 예배 30분 전이면 사택으로 와서 전도사를 위해 기도
하곤 하였다.

그녀는 전도사에게 모세의 능력의 지팡이를 들려 달라는 간구를
하고서는 웃으면서 무명치마 허리춤에서 손수건에 싼 계란 한 개를
내어 주었다.

"전도사님, 이 계란 식기 전에 잡수시고 힘차게 설교하세요."

아직은 서투른 목회자였으나 전도사는 그 할머니의 정성에 콧등
이 찡하며 목이 메어 오곤 했다. 그 노인이 전도사가 예뻐서 대접을
했을까? 그것은 하나님을 향한 사랑의 표시였다. 이에, 성경을 읽을
줄은 모르지만, 하나님의 종을 섬기는 마음이 전도사를 뭉클하게
하였다.

본문의 묵상을 위한 주제어

1. 병든 자: 오늘, 주님의 이적과 기사가 필요한 사람들에게 다가가라!
2. 거저 받았으니: 나에게 거저 주신 하나님의 은혜에 감사해야 한다.
3. 거저 주라: 선물로 받은 은혜를 값을 치지 말고 베풀어야 한다.

기도: 주님의 보내심으로 어려운 자에게 손을 펴게 하시옵소서.

한 소년이 들고 온 사흘 분의 설탕

둘째는 이것이니 네 이웃을 네 자신과 같이 사랑하라 하신 것이라 이보다 더 큰 계명이 없느니라. 막 12:31

테레사Mother 수녀가 경영하는 '사랑의 집'에 어느 날, 설탕이 떨어졌다는 소문이 들렸다. 캘커타에 사는 이들이 그 소문을 들었다. 한 소년이 어머니에게 "어머니, 오늘부터 사흘 동안 저는 설탕을 먹지 않겠습니다. 그 대신 제가 먹지 않은 사흘분의 설탕을 제게 주십시오."라고 했다.

사흘 후에, 이 소년은 자기가 아낀 사흘 분의 설탕을 들고 테레사를 찾아왔다.

캘커타에 사는 이들이 모두 설탕이 떨어졌음을 알고 있었지만 어린 소년만이 사랑의 실천을 했다. 한 여 기자가 사랑의 의미를 묻자 이렇게 대답했다.

"켈커타의 한 소년이 '사랑에 집'에 들고 오는 사흘 분의 설탕입니다."

본문의 묵상을 위한 주제어

1. 둘째는: 주님의 말씀 어느 것 하나라도 소홀히 여기지 말아야 한다.
2. 네 이웃을: 이웃을 사랑하는 것은 자기를 사랑하는 연장선 행위다.
3. 더 큰 계명: 이웃을 사랑하여 하나님을 사랑하는 것을 완성한다.

기도: 만나는 이들에게 '예수'의 선물을 선사하게 하시옵소서.

형제의 선물

가난한 자를 불쌍히 여기는 것은 여호와께 꾸어 드리는 것이니 그의 선행을 그에게 갚아 주시리라. 잠 19:17

캘리포니아에서 선물 가게를 하는 다나 패트슨Pattinson의 아들이 간에 바이러스가 생겨 죽게 되었다. 의사는 유일한 소망이 있다면 살아있는 간 기증자를 얻는 것이라 하였다.

그러나 간은 하나 밖에 없어서 기증가가 나타날 리 없었다. 괴로워하는 그녀에게, 전 남편 사이에서 낳은 아들인 제임스가 동생을 위해 간을 나누어주겠고 하였다.

제임스가 동생을 위한 거룩한 사랑을 생각할 때, 감격해 하였다. 간 이식 수술이 진행될 때, 패트슨은 아들의 손목을 잡고 무릎을 꿇고 하나님 앞에 기도하였다.

'하나님이여, 저 두 자녀를 살려주세요!' 수술은 잘 되어서 두 사람의 생명은 다 건강해졌다.

본문의 묵상을 위한 주제어

1. 가난한 자를: 단 한 사람이라도 내가 돌아보아야 할 이에게로 가자.

2. 여호와께 꾸어드리는: 응답하시는 하나님께 드림이 있는 삶을 살자.

3. 갚아 주시리라: 나의 보상은 사림이 아니라, 오직 하나님께 있다!

기도: 오늘, 불쌍히 여겨야 할 사람을 긍휼히 섬기게 하시옵소서.

축복의 통로

반드시 네 손을 그에게 펴서 그에게 필요한 대로 쓸 것을 넉넉히 꾸어주라. 신 15:8

도시의 중심가에서 작은 식당을 운영하는 어떤 집사가 30여 년 동안 열어 왔던 식당에 주일은 쉬겠다는 결단을 하고 주일에는 문을 닫았다.

"목사님의 설교를 듣고 두 가지가 가슴에 꽂혔어요. 첫째는 잘 사는 것도 좋지만 잘 믿는 것도 중요하다는 거였어요. 둘째는, 주일날 문을 닫으면 안 믿는 사람이 장사가 잘되니, 기쁨이 될 거라는 생각을 하였어요."

식당의 문을 닫자, 그녀는 비로소 '나와 내 집은 여호와만 섬긴다.'는 고백을 할 수 있어 기뻐하였다. 그녀는 함께 일하는 종업원들에게 주일에 교회에 출석하면 근무한 것으로 여겨주었다. 주일 성수로 인해서 그녀는 삶의 태도가 달라졌다.

본문의 묵상을 위한 주제어

1. 네 손을 그에게: 어려운 자를 보게 되면 먼저 손을 내어붙잡자.
2. 필요한 대로: 주님께서 나의 필요를 채워주심같이 이웃에게 베풀자.
3. 넉넉히 꾸어주라: 오늘, 누구에게라도 소용되는 대로 베풀도록 한다.

기도: 오늘, 만나는 이들에게 축복의 통로가 되게 하시옵소서.

사랑의 마음을 알고

네 손이 선을 베풀 힘이 있거든 마땅히 받을 자에게 베풀기를 아끼지 말며. 잠 3:27

오래 전에 어느 기업체에서 근로자들의 파업 농성으로 작업이 중단되자, 사장은 농성의 주동자들을 모두 책벌하겠다고 하자, 회장은 사장에게 전화를 걸었다.

"그러면 안 되네. 회사의 사정이 실제로 어렵지 않은가. 그 어려운 사정을 알아듣게 설명해야지. 그리고 사정이 나아지면 월급을 올려주겠다고 하게. 회사가 어디 우리만의 것인가. 모든 종업원의 것임을 이해시켜서 합의를 봐야지, 책벌한다는 생각은 아예 말게나."

이렇게 말하는 것을 전화 교환원이 엿듣고 파업 주동자를 찾아가 귀띔을 했다.

회장의 마음을 알고 감동한 나머지 근로자들은 그날로 파업을 풀었다.

본문의 묵상을 위한 주제어

1. 선을 베풀 힘이 있거든: 내 소유의 주인은 하나님이심을 깨닫자.
2. 마땅히 받을 자: 지금, 내가 지닌 것을 필요로 하는 사람이 있다!
3. 베풀기를: 잠시 맡겨졌을 뿐, 감사함으로 도와주어야 한다.

기도: 하나님의 자비를 나타내는 손길의 삶을 주시옵소서.

치폐설존

선을 행하고 선한 사업을 많이 하고 나누어 주기를 좋아하며 너그러운 자가 되게 하라. 딤전 6:18

노자老子는 상창이라는 스승에게서 도를 배웠는데, 상창이 늙어서 죽게 된 것을 알자, 노자는 스승을 찾아가서 마지막 가르침을 받으려 했다. "사부님, 사부님께서 세상을 뜨실 날이 얼마 남지 않은 것 같습니다. 제게 마지막 가르침을 주십시오."

상창은 그에게 입을 열어 보이면서 물었다. "내 이빨이 있느냐?" 노자는 스승의 입안을 자세히 들여다보더니 없다고 하였다. 이에, 상창이 다시 물었다. "내 혀는 있느냐?" 노자는 있다고 대답하였다. 상창은 노자를 보면서, "자, 이제 알겠느냐?"고 물었다.

노자는 상창에게 감사의 인사를 드리고는 물러나왔다. 그가 말했다.

"나는 스승의 입 안에서 이것을 배웠다네. 강한 치아는 결국 없어지나 부드러운 혀는 살아남는다는 것 말일세."

본문의 묵상을 위한 주제어

1. 선을 행하고: 왕의 자녀들이 타인들에 대해 지녀야 할 태도이다.

2. 나누어 주기를: 이웃을 향한 사랑에는 대가 없이 주는 것이다.

3. 너그러운 자: 성도는 없는 자들과 함께 나누고 서로 교제해야 한다.

기도: 주님의 온유하심으로 이웃을 대하는 은혜를 주시옵소서.

은혜를 갚은 청년

긍휼히 여기는 자는 복이 있나니 그들이 긍휼히 여김을 받을 것임이요.
마 5:7

가난했던 청년 스트로사Strosa는 바턴이라는 부자에게 돈을 빌려 사업을 시작하였다. 그의 사업이 잘 되어서 돈을 모으게 되자 그가 한 첫 번째 일은 빌린 돈을 다 갚는 것이었다.

약 10년쯤 지나서 바턴은 파산 위기에 몰리게 되었다. 스트로사는 바턴을 찾아가서 "사장님이 빚진 돈 7만 5천 달러를 제가 다 갚아드리겠습니다"라고 했다. 바턴은 너무 놀라서, "아니 자네가 빌려 간 돈은 이미 다 갚았는데 무슨 소리 하는 거야" 라고 의아해했다.

스트로사는 이렇게 대답했다.

"예, 분명히 저가 빚진 돈 2천 달러는 그전에 갚았지만, 사장님이 저에게 베풀어 주신 은혜는 평생을 두고 갚아도 다 갚을 수 없습니다."

그는 바턴에게 진심으로 감사했다.

본문의 묵상을 위한 주제어

1. 긍휼히: 하나님과 인간의 언약적인 관계에서 이웃을 대해야 한다.

2. 복이 있나니: 예수님을 본받고, 하나님의 자녀로 사는 것이 복이다.

3. 긍휼히 여김을: 신실하신 주님의 은총과 자비가 보상으로 주어진다.

기도: 하나님의 손길을 느낄 줄 아는 마음을 주시옵소서.

이 초상화를 바라보면

이는 그리스도 예수 안에서 우리에게 자비하심으로써 그 은혜의 지극
히 풍성함을 오는 여러 세대에 나타내려 하심이라. 엡 2:7

영국에 로버트슨B. F. Robertson이라는 전설적인 선교사가 있었다.
이 선교사는 복음을 전할 뿐만 아니라 그에게서 예수님을 영접한 사
람은 인격의 변화를 경험하였다. 육체도 거룩해져 갔다. 어떤 사람
이 그에게서 은혜를 받고, 그리스도인이 되게 된 사실을 상점에 가
서 이야기하게 되었다.

그가 로버트슨 선교사의 이야기를 꺼내자 상점 주인이 자신의 방
으로 데리고 가서 로버트슨의 초상화를 가리키면서 다음과 같이 말
했다.

"저는 부정한 행위의 유혹을 받을 때, 이 초상화를 바라봅니다. 이
초상화를 바라보면 도저히 부정한 행위를 할 수 없습니다."

어떤 소녀는 로버트슨의 초상화에서 그의 자비스러운 눈과 잠깐
부딪치고 나서 눈물을 흘리며, 더욱 선을 행하기로 결단하였다.

본문의 묵상을 위한 주제어

1. 예수 안에서: 하나님께서 나를 죄에서 구속해주신 의미를 생각하자.
2. 은혜의: 내게 나타난 하나님의 은혜에 대한 증거를 갖고 있는가?
3. 여러 세대에: 행실에서 하나님의 영광을 드러내기를 기도해야 한다.

기도: 주님의 오른손으로 붙들어 주시는 삶이 되게 하시옵소서.

도고 제독의 고백

여호와께서는 모든 것을 선대하시며 그 지으신 모든 것에 긍휼을 베푸
시는도다. 시 145:9

도고 제독은 러일전쟁을 승리로 이끈 일본의 해군 제독이었다. 그
는 탁월한 업적을 세워 일본인들에게 가장 존경받는 군인으로 기억
되고 있다.

그런 도고가 이순신 장군에 대해 이런 말을 남겼다.

"나는 영국의 넬슨보다 나을지는 모르나 조선의 이순신 장군에게
는 나을 것이 없다. 나는 일본 국민의 전폭적인 지지를 받았으나 이
순신은 지지는커녕 백의종군하였다. 나는 러시아 함대와 비슷한 전
력이었으나 이순신은 상대의 10%의 전력으로 승리하였다.

나는 살아서 영광을 얻었으나 이순신은 자신의 죽음을 숨기면서
승리를 얻어냈다."

상대방을 높이는 도고의 덕이 드러나는 말이었다.

본문의 묵상을 위한 주제어

1. 여호와께서는: 나의 하나님을 어떠하신 분이라고 고백할 것인가?

2. 선대하시며: 나의 시간에 하나님께서 자비로우실 것을 기대한다.

3. 긍휼을 베푸심: 자신의 모든 일에, 긍휼을 베풀어 주실 것을 구한다.

기도: 나의 승리를 사람에게서 얻으려 하지 않게 하시옵소서.

복 받은 사람

이르되 자비를 베푼 자니이다 예수께서 이르시되 가서 너도 이와 같이 하라 하시니라. 눅 10:37

스탠리Stanley는 수개월 동안을 병원에 입원해있다 보니, 그의 사업은 다 조각이 난 후였다. 그가 깊은 낙담에 빠져 있을 때, 불의의 사고로 양쪽 다리를 모두 잃은 짐이라는 친구가 찾아와주었다.

스탠리는 친구인 짐을 바라보다가 순간적으로 이런 생각을 하게 되었다. "만약에 저 친구가 나의 건강한 이 두 다리를 살 수만 있다면 자기의 돈을 다 들여서라도 나의 두 다리를 사겠지!"

그는 자기의 태도에 큰 변화가 있어야 하겠다는 것을 느꼈다. 두 다리를 잃고 불편했음에도 자기를 찾아와 준 짐에게 감사하였다. 그는 자신에게 없는 것을 보지 않고, 있는 것을 생각하게 되었다.

얼마 후에 그는 한 연회석상에서 말을 했다. "나는 백만장자라고 생각합니다. 나에게는 건강하고 온전한 몸이 있습니다."

본문의 묵상을 위한 주제어

1. 자비를 베푼 자: 하나님이 찾으시는 사람은 교권주의자가 아니다.
2. 가서: 도움을 구하는 사람에게 가서 자비를 베풀라는 것이다.
3. 이와 같이 하라: 오늘, 누구에게든 행함으로 사랑을 실천해야 한다.

기도: 단 한 사람에게라도 자신을 내어주게 하시옵소서.

대통령과 국방장관

여호와는 은혜로우시며 의로우시며 우리 하나님은 긍휼이 많으시도다.
시 116:5

에이브러햄 링컨Abraham Lincoln이 대통령으로 근무하던 시절에, 그는 자신의 정적인 스탠턴을 국방장관으로 기용하였다. 스탠턴 Stanton은 국방장관으로서 유능했지만, 고약한 성미를 갖고 있었다. 때때로 링컨을 난처하게 만들었다.

어느 날, 그는 대통령의 명령을 받고 "링컨, 그 사람 바보구먼"이라고 하며 한마디로 거절했다.

이를 보고받은 링컨은 태연하게 답변했다. "스탠턴이 나를 바보라고 했다면 나는 정말 바보일 거요. 그 사람 말은 대개 맞으니까."

나중에 스탠턴은 링컨의 죽음 앞에 이렇게 고백하였다.

"여기 시대를 초월한 가장 위대한 대통령이 죽었으니 이 어인 불행인고!"

온유한 자만이 궁극적인 승리를 누릴 수 있다.

본문의 묵상을 위한 주제어

1. 은혜로우시며: 위급함이 몰려와도 두려워말고, 하나님을 기다리자.
2. 의로우시며: 해하려는 자의 꾀로 넘어지게 되어도 염려하지 말자.
3. 긍휼이 많으심: 순간의 실수로 잘못했어도 그분의 긍휼을 구하자.

기도: 나보다 남, 이웃에게 유익이 되는 것을 선택하게 하시옵소서.

써포크 공작과 UBF 결사대

너그러운 사람에게는 은혜를 구하는 자가 많고 선물 주기를 좋아하는
자에게는 사람마다 친구가 되느니라. 잠 19:6

제2차 세계대전 때, 독일군은 시한장치를 한 폭탄을 런던에 무수
히 떨어뜨려 시민을 불안하게 했다. 그때, 영국의 귀족인 써포크 공
작은 저녁에 기도하던 중에, 바로 이 일을 그가 담당해야 한다는 하
나님의 강한 부름을 듣게 되었다.

그는 즉시 자신의 운전기사, 여비서에게 하나님의 명령을 전달하
였다. 그리고 자신의 임무 완수를 위하여 그들에게 협력을 요청하
였다. 이들 세 사람에 의해 시한폭탄을 처리하는 UBF 결사대가 조
직되었다.

이들은 시한폭탄이 떨어진 곳을 찾아가 죽음을 무릅쓰고 무려 34
개의 시한폭탄을 해체하였다. 그런데 35 개째를 처리하던 순간에
폭탄이 터져 그들은 죽음을 당했다. 그들은 나라와 민족을 위하여
이름도 빛도 없이 죽었으나, 많은 런던 시민의 생명을 구하게 되었
다.

본문의 묵상을 위한 주제어

1. 너그러운 사람: 사람이나 일들을 대할 때 온유함으로 다가가자.

2. 은혜를 구하는 자: 나에게 손을 내미는 사람을 거절하지 말자.

3. 선물 주기를: 소유의 목록보다는 베품의 목록을 더하는 날이 되자.

기도: 오늘, 어떤 상황에서든지 만족히 여기게 하시옵소서.

친구의 굳어버린 손

형제들아 너희가 자유를 위하여 부르심을 입었으나 그러나 그 자유로
육체의 기회를 삼지 말고 오직 사랑으로 서로 종 노릇 하라. 갈 5:13

친구의 도움으로 그림을 배운 소년이 마침내 자신의 그림을 팔 수
있게 되었다. 그래서 그는 기쁜 마음으로 처음 그림을 판 돈을 들고
친구가 일하는 식당으로 달려갔다.

그런데 식당에서 일하는 친구가 기도하고 있었다.

"하나님, 저는 심한 일을 오래 했기 때문에 뼈가 굳어져서 이제는
그림을 공부해도 훌륭한 화가는 될 수 없습니다. 그 대신에 제 친구
는 더욱 유명한 화가가 될 수 있도록 도와주세요. 그에게는 얼마든
지 화가가 될 수 있는 능력이 있습니다."

그는 식당 밖에서 친구의 기도를 들으며, 눈물을 흘리다가 곧 종
이를 꺼내 그의 기도하는 손을 그렸다. 그 그림이 바로 오늘날 우리
가 보는 '기도하는 손'이다.

본문의 묵상을 위한 주제어

1. 자유를 위하여: 죄에서 해방되고, 율법에서 놓여났음에 감사하자.

2. 육체의 기회를: 죄와 저주 아래 갇혀있는 옛 사람의 행실을 버리자.

3. 서로 종 노릇 하라: 이웃을 사랑함으로써 구원의 완성에 이르자.

기도: 오늘, 응답받는 간구로 소원이 성취되는 감격을 주시옵소서.

한 부자의 후회

너희 아버지의 자비로우심 같이 너희도 자비로운 자가 되라. 눅 6:36

한 부자가 죽음의 가까이에 이르렀다. 그의 임종을 지켜보던 작은딸은 크고 강하게 보이는 아버지가 평소와는 달리 왜, 그토록 무기력하게 침대 위에 누워 있는지 의아해 하였다.

'아버지도 죽음 앞에서는 두려우신가보다.'

드디어 그 부자가 막바지에 이르자 그 딸은, "아버지, 이제, 멀리 가실 시간이 되었나 봐요."라고 하였다.

그러자 그는 딸을 물끄러미 바라보며, 딸을 다시 보지 못하게 될까 봐 두렵다고 하였다.

"아버지, 그곳에 가면 멋진 집과 친구들이 많아요?"

그 말을 듣고 성공했다고 자부했던 그 부자는 겨우 입을 열어 말했다.

"그동안 얼마나 어리석었냐. 이 세상에서는 위대한 사업을 일으킨 나이건만 저 세상에서는 가난한 빈털터리로구나."

본문의 묵상을 위한 주제어

1. 너희 아버지의: 하나님이 나의 생각, 행동에 기준이 되시는가?

2. 자비하심 같이: 원수에게도 자비를 베푸시는 하나님을 기억하자.

3. 자비하라: 이웃에게 자비로움으로써 '신의 성품'에 참여해야 한다.

기도: 소유의 권한이 하나님께 있음을 잊지 않게 하시옵소서.

밤에 빨래하는 여인

서로 친절하게 하며 불쌍히 여기며 서로 용서하기를 하나님이 그리스
도 안에서 너희를 용서하심과 같이 하라. 엡 4:32

한 칸짜리 옥탑방에 세들어 사는 부인에게 방송사의 기자가 물었
다. "언제 가장 행복합니까?"

"하늘에 떠 있는 별 밭을 바라보면서 식구들의 빨래를 널 때지요.
하늘에 촘촘히 박힌 별을 보고 있노라면 정말 행복한 여자로구나 하
는 생각이 들어요."

그런데 그녀는 마침 빨래를 하고 있었다.

"왜 밤중에 빨래하죠?"

그녀는 웃음을 띠고 말했다. "낮에는 주인집에서 빨랫줄을 쓰거든
요. 제 차례는 항상 밤입니다."

그녀의 눈빛에서 정말 밤하늘의 별이 보이는 듯 빛났다고 기자는
말했다. 사소한 것에 대한 감동이 세상을 아름답게 바라볼 수 있는
넉넉한 마음으로 준비되었던 것이다.

본문의 묵상을 위한 주제어

1. 친절하게: 주님의 손길로 이웃의 필요에 관심을 갖는 행동을 한다.

2. 불쌍히 여기며: 주님께서 본을 보이셨던 대로 가엾은 이를 돕는다.

3. 용서하기를: 용서를 받은 자로써 용서해야 될 사람을 용서한다.

기도: 흠이 없이, 온전함에 이르는 성장의 은혜를 주시옵소서.

너그러움이 없어 파탄된 가정

나는 마음이 온유하고 겸손하니 나의 멍에를 메고 내게 배우라 그리하
면 너희 마음이 쉼을 얻으리니. 마 11:29

영국의 어느 가정에서, 치약 하나 때문에 부부가 이혼을 하고 가
정이 파괴된 사건이 있었다. 부인은 덜렁대고 부주의하였지만, 그
녀의 남편은 꼼꼼하고 실수를 별로 하지 않는 사람이었다.

그런데 치약을 사용하는 것으로 두 사람의 갈등이 폭발되어진 것
이었다. 여자는 치약의 중간을 아무렇게나 꾹 짜서 휙 집어던진다.
남자는 치약의 끝 부분에서부터 차근차근 눌러 사용하였다. 그래서
그가 아내에게 왜 그렇게 쓰느냐고 잔소리를 하면 아내는 '뭐 치약
하나가 얼마나 한다고 잔소리를 하느냐' 고 덤벼들곤 하였다.

두 사람은 자신의 과실에 대해서는 인정을 하지 않고, 서로를 비
난하였다. 부부는 한 치도 물러서지 않고 싸우곤 하다가 이혼하고,
아이들은 보육원으로 보내어지고, 귀한 가정 하나가 완전히 파괴되
었다.

본문의 묵상을 위한 주제어

1. 온유하고 겸손하니: 한 날을 살며 주님의 성품을 나의 것으로 삼자.
2. 나의 멍에를 메고: 생각이나 말, 행동에 있어서 주님과 함께 한다.
3. 쉼을 얻으리니: 주님께서 나의 심령에 평강이 되심에 감사한다.

기도: 함께 하게 하신 하나님 앞에서 상대에게 너그럽기 원합니다.

암 치료 영적 각성 병행 필수

새 계명을 너희에게 주노니 서로 사랑하라 내가 너희를 사랑한 것 같이
너희도 서로 사랑하라. 요 13:34

암 치료의 권위자인 원종수 권사의 이야기이다.

"많은 암 환자들을 대하다보면 공통분모를 발견하게 된다. 암 환자들 중에는 심한 스트레스를 받고 울분을 참아왔던 사람들이 많다는 점이다. 우리의 몸에는 자연적으로 나쁜 병균을 몰아내는 항균작용능력이 있다. 부신피질호르몬과 아드레날린 등이 바로 항균작용 물질들이다. 기분이 좋고 즐겁고 기쁘면 이런 물질이 급속히 생성되는 반면 갈등과 번민, 원망과 고통이 마음속에 자리하면 이 물질들이 억제된다.

그러므로 사람의 마음상태가 병을 진전시키느냐 억제하느냐의 관건이 되는 것이다. 미움과 원망이 자리 잡고 있으면 나쁜 균을 잡는 '경찰' 물질이 생성되지 않는다. 그러므로 자신과 이웃과 모든 사람과 화해하고 용서하여 우리에게 나쁜 불안과 스트레스가 사라지도록 해야 한다."

본문의 묵상을 위한 주제어

1. 새 계명을: 십자가로 성취된 대속의 은혜는 사랑으로 완성된다.

2. 서로 사랑하라: 주님께서 보여주신 사랑을 본받아 이웃을 사랑하자.

3. 너희를 사랑한: 십자가에서 보여주신 주님의 사랑으로 나아가자.

기도: 하나님의 관대하심을 드러내는 너그러움을 주시옵소서.

작은 친절의 결과

선행을 배우며 정의를 구하며 학대 받는 자를 도와주며 고아를 위하여
신원하며 과부를 위하여 변호하라 하셨느니라. 사 1:17

비가 내리는 어느 날, 가구점 밖에서 다리를 저는 할머니가 비를
피해 서성대자, 가구점의 한 점원이 나가서,

"할머니, 비도 피할 겸 들어오세요."라고 말하면서 친절을 베풀었
다.

할머니는 차를 기다리는 중이라고 사양했지만, 점원의 권유로 편
안한 의자에서 얼마 동안 있었다.

기다리던 차가 오자, 할머니는 점원으로부터 그의 명함을 한 장
받아서 떠났다. 그로부터 며칠 후가 되었다. 강철 왕이라 불리는 카
네기로부터 그 점원에게 보낸 편지가 배달되었다.

편지에서는 그때 차를 기다리던 할머니는 자기의 어머니였으며,
그가 베푼 친절에 감사해서, 카네기가 자기의 집에서 필요한 가구
를 이 가구점에서 전부 사겠다는 약속이 기록되었다.

본문의 묵상을 위한 주제어

1. 선행을 배우며: 무엇을 하려 하기 전에, 먼저 하나님을 배우자.
2. 정의를 구하며: 나의 주변에서 하늘의 뜻이 구현되도록 노력한다.
3. 도와주며: 하나님의 손길이 되어 억울함에 처해진 사람을 돕는다.

기도: 오늘, 여호와 앞에서 정의를 구하며 살아드리게 하시옵소서.

할머니 집사의 눈물

오직 나그네를 대접하며 선행을 좋아하며 신중하며 의로우며 거룩하며
절제하며. 딛 1:8

섬에서 목회를 하는 젊은 목사가 결핵에 걸려 앓고 있었다. 섬에서 목회를 하는 까닭에 자신을 돌볼 만한 재정적인 여유가 없었고, 의료시설이 부족해서 병원 치료를 받을 기회가 없기도 했다.

하루는 설교하는데 할머니 집사가 울고 있었다. 목사는 자신의 설교에 은혜가 있어서 감동하여 우는 줄 알고 더 크게 설교를 하였다. 예배를 마친 뒤, 목사는 할머니 집사에게 묻기를 "오늘 은혜를 많이 받으셨습니까"라고 하자, 할머니 집사가 대답하기를 목사의 목이 너무 가늘어서 애처로워 눈물이 났다는 것이었다.

그러고 나서 아침마다 목사의 집 문밖 짚 꾸러미에는 굴 또는 조개가 담겨 있었다. 목사는 그 교회에서 오랫동안 목회하는 중에 결핵이 깨끗하게 나아졌다.

본문의 묵상을 위한 주제어

1. 나그네를: 낯선 사람은 외면해서는 안 될 사랑해야 할 대상이다.

2. 신중하며: 성도에게 내적으로 요구되는 덕목은 자신을 조절함이다

3. 의로우며 거룩하며 절제하며: 먼저 자기 자신을 살펴야 한다.

기도: 마음에 들려오는 소리에 귀를 기울여 순종하게 하시옵소서.

여관의 종업원과 노신사

그러므로 우리는 기회 있는 대로 모든 이에게 착한 일을 하되 더욱 믿음의 가정들에게 할지니라. 갈 6:10

어느 폭풍우가 몰아치는 밤에, 한 노부부가 길가 여관으로 들어섰다. 계산대에 있던 종업원은 그 읍내에 3개의 여관이 있으나 때마침 모두 초만원임을 알고 있었다.

"사실 우리 여관에도 빈방이 없습니다. 그러나 기꺼이 쉬신다면 제 방을 내어 드릴 수 있습니다."

노부부는 그 방에서 쉬게 되었다. 다음날 아침에, 여관을 나서며 노신사는 이런 말을 남겼다.

"당신 같이 친절한 사람은 처음이요. 아마도 나는 당신을 위해 무엇인가를 건축하게 될 것이요."

그 후에, 오래지 않은 시간이 지나 노신사는 여관의 종업원을 자기의 사무실로 초대하였다. 그는 호텔을 건축하여 완공하였다. 그에게 자신이 지은 호텔의 경영자가 되어달라고 부탁하였다.

본문의 묵상을 위한 주제어

1. 기회 있는 대로: 나에게 주어진 시간에서 하나님께 민감해야 한다.
2. 모든 이에게: 사랑을 베풀어야 할 대상은 신-불신을 초월해야 한다.
3. 믿음의 가정들: 형제에 대한 부담으로 성도에 대한 짐을 진다.

기도: 오늘, 그리스도의 사람으로 남을 배려하게 하시옵소서.

배려하는 자의 복

또 누구든지 너로 억지로 오 리를 가게 하거든 그 사람과 십 리를 동행하고. 마 5:41

어느 임금이 길 한가운데 아주 큰 돌 하나를 갖다놓고는, 나무 밑에 숨어서 지나가는 사람들이 어떻게 하나 하고 지켜보았다. 임금은 백성의 됨됨이에 대하여 알아보기를 원하였다.

한 사람이 지나다가 돌을 발견하고는 "세상에 이런 못된 놈이 있나" 라고 하면서 욕설을 퍼붓고 지나갔다.

다음으로 어떤 채소 장수가 손수레를 끌고 지나갔는데, 그는 돌을 길가로 옮겨 놓았다. 그가 힘들게 땀 흘리며 옮긴 돌 밑에 보자기에 싸인 상자 하나가 있었다. 상자를 펴보니 금은보화가 들어 있었다. 그리고 보자기 속에는 편지 한 장이 있었는데,

"누구든지 이 돌을 옮겨 놓은 사람은 이 금은보화를 가지시오."라고 적혀 있었다. 임금은 나무 밑에서 나와 그에게 금은보화를 하사하였다.

본문의 묵상을 위한 주제어

1. 억지로: 내가 이해할 수 없는 것에도 순종할 수 있기를 기도한다.
2. 가게 하거든: 하나님의 섭리를 생각하면서 상황을 바라보아야 한다.
3. 동행하고: 나의 순종을 통해서 하나님의 일하심을 나타내도록 하자.

기도: 나 아닌 다른 사람을 위하여 착한 일을 먼저 하게 하시옵소서.

재판관을 선대한 토마스 모어

그가 얼마 동안 듣지 아니하다가 후에 속으로 생각하되 내가 하나님을
두려워하지 않고 사람을 무시하나. 눅 18:4

토마스 모어Thomas More는 무고하게 잡혀 죽음을 당하게 되었을
때, 자신에게 사형을 선고한 재판관을 향하여 말하였다.

"내가 당신을 친구라고 부르도록 허락해 주시오. 친구여, 나는 당
신과 나의 관계가 바울과 스데반처럼 되었으면 합니다. 바울이 스
데반을 죽였지만, 두 사람은 하늘나라에서 친구가 되어 있을 거요.
그대가 나에게 죽음을 선고하지만 우리는 하늘나라에서 영원한 구
원을 함께 누리기 원합니다."

재판관은 사형을 선고했는데도, 토마스 모어가 선대하는 이유에
대하여 그 까닭이 무엇이냐고 물었다.

그는 부드러운 미소를 띠며 대답하였다. "주께서 나에게 먼저 긍
휼을 베풀어 주셨기 때문입니다."

본문의 묵상을 위한 주제어

1. 듣지 아니하다가: 타인을 무시하여 그의 말을 거절하는 행위이다.

2. 두려워하지 않고: 나의 생각과 행동에서 하나님은 어떤 분이신가?

3. 무시하나: 사람을 대하는 자세는 하나님께 대한 나의 태도이다.

기도: 오늘, 사람을 만나게 될 때 하나님을 생각하기 원합니다.

시체의 저고리에서 나온 금덩이

성도들의 쓸 것을 공급하며 손 대접하기를 힘쓰라. 롬 12:13

옛날, 중국에서 있던 이야기로 전해져 오는 이야기이다.

어느 마을에 온화한 성품의 현 씨 노인과 인색하고 악한 내 씨 노인이 살고 있었다.

하루는 자신의 밭을 둘러보던 내 씨 노인이 기분이 상하였다. 어떤 시체가 내버려져 있는 것을 보게 되었던 것이다. 이에 그는 자신의 밭에 시체가 있어서 이로 말미암아 자신이 손해를 볼까 염려하였다. 그리고 얼굴을 찡그리면서 현 씨 노인의 밭으로 슬쩍 밀어 넣었다.

얼마 후에, 밭을 갈던 현 씨가 그 시체를 발견하자 그는 이를 불쌍히 여겨 정성스레 장례를 치르고자 했다. 그가 수의를 입히려는데 뜻밖에 시체의 저고리에서 금덩이가 나왔다.

현 씨는 금덩이를 가지고 그 고을의 원님에게 가져갔다. 원님은 그에게 말하기를, "임자가 없는 물건이니 도로 가져가시오."라고 했다.

본문의 묵상을 위한 주제어

1. 성도들의: 교회의 지체들은 함께 살아가야 하는 내 몸의 일부이다.
2. 쓸 것을 공급하며: 궁핍에 처한 지체에 대한 우선순위는 공급이다,
3 손 대접하기를: 손님, 이방인, 나그네를 주님의 사랑으로 대접한다.

기도: 자비를 베풀어야 할 때, 외면하지 않기 원합니다.

사랑의 마음

여호와께서 빈궁한 자의 기도를 돌아보시며 그들의 기도를 멸시하지 아니하셨도다. 시 102:17

1863년의 미국은 남북전쟁이 치열하던 때였다. 전투로 말미암아 미국 땅 곳곳이 전쟁터가 되었다. 당시에 스파트실바니아라는 지역에서는 남군과 북군이 대치하고 있었다.

그런데 전투 중에 북군 군악대가 군인들의 사기를 올려주기 위해 '성조기의 노래'를 연주하였다. 남군은 '딕시의 노래'로 대항하였다.

전쟁판이 군가 싸움으로 변했다. 그때, 북군의 밴드가 갑자기 그 유명한 '홈 스위트 홈'을 은은하게 연주하기 시작하였다. 그랬더니 남군의 군악대도 같은 노래를 연주하였다.

그러자 양쪽의 군사들은 하루만이라도 전쟁을 중단하자고 해서 24시간 휴전을 약속하였다. 이 노래가 병사들의 마음을 자신의 사랑으로 인도해 주었기 때문이다.

본문의 묵상을 위한 주제어

1. 빈궁한 자의 기도를: 어려움에 처했을 때, 최선의 행동은 기도이다.

2. 돌아보시며: 위기가 죄로 말미암았을지라도 그 기도를 들어주신다.

3. 멸시하지 않으심: 유혹에 자주 넘어지는 연약함을 아신다.

기도: 자기 백성을 돌아보시는 하나님의 자비에 마음을 두기 원합니다.

변장한 왕을 선대한 농부

지혜 없는 자는 그의 이웃을 멸시하나 명철한 자는 잠잠하느니라.

잠 11:12

어떤 나라에, 갑자기 큰 난리가 나서 왕이 위태롭게 되었다. 신하들은 왕을 보호하기 위해서 일단 궁을 빠져나가기로 모의, 왕은 피난을 가게 되었다. 왕은 농부의 옷으로 갈아입고 신하 몇 사람과 함께 어느 마을에 몰래 숨어 들어갔다.

한 농부가, 이 낯선 길손들을 잘 영접해주었다. 변장을 한 왕과 신하들은 며칠 동안 거기에서 잘 묵었다. 그러던 어느 날, 신하들의 노력으로 나라 정세가 회복되었다. 이에 왕은 궁으로 돌아가게 되었다.

환궁한 왕은 그 농부가 자기에게 매우 친절하게 대접해 준 것이 기특해서 농부를 왕궁으로 불러들였다. 농부는 낯선 길손들이 사실 왕과 신하들이었다는 것을 알고 깜짝 놀랐다.

왕은 농부에게 무엇인가를 해주고 싶었다. "소원이 있으면 말해보라."

본문의 묵상을 위한 주제어

1. 지혜 없는 자: 오늘, 이웃을 대함에 있어서 하나님을 따른다.

2. 그의 이웃을: 오늘, 만나는 이들에게 섬김과 존경으로 대하자.

3. 잠잠하느니라: 이웃을 섣불리 판단하거나 비평하지 말자.

기도: 남을 대접해야 될 기회에 주저하지 않기 원합니다.

음식을 물에 던진 사람

너는 네 떡을 물 위에 던져라 여러 날 후에 도로 찾으리라. 전 11:1

여름에, 무더위를 피하여 아랍의 한 왕이 아들과 함께 강가로 놀이를 나갔었다. 중동지역에서는 가끔 비가 내릴 때, 폭우로 쏟아지기도 하였다. 이 비로 갑자기 강물이 불어나게 되었고, 불어난 강물로 말미암아 왕의 아들이 물에 휩쓸려 떠내려가게 되었다.

며칠이 지나, 왕의 아들이 강 한가운데에 있는 커다란 바위에 있는 것이 발견되었다.

왕은 반가움에 아들에게 어떻게 살 수 있었느냐 물으니 하루에 한 번씩 음식이 담긴 부대가 강 위에서 떠내려 왔다는 것이었다. 이에 왕이 강에 음식을 던진 사람을 찾아 물으니, 그가 대답하기를, 속담에

"너는 네 식물을 물 위에 던지라 여러 날 후에 도로 찾으리라"라는 말이 사실인가 알아보고 싶었다고 했다.

물론, 왕은 그에게 후한 사례를 하였다.

본문의 묵상을 위한 주제어

1. 너는 네 떡을: 오늘, 내게 있는 것이 무엇인지 미리 살피도록 한다.

2. 물 위에 던짐: 나의 소유로 갚지 못할 만큼 어려운 사람을 돕는다.

3. 도로 찾으리라: 하나님께서 갚아주실 때, 나의 선행에 응답하신다!

기도: 돌려받지 못하는 대접을 하는 것에 주목하게 하시옵소서.

스프와 바꾼 빵

그러므로 무엇이든지 남에게 대접을 받고자 하는 대로 너희도 남을 대접하라 이것이 율법이요 선지자니라. 마 7:12

휘셔는 수백만의 유대인들과 함께 악명으로 이름을 떨치던 죽음의 수용소에 갇혀 있게 되었다. 유대인들 중에는 충분하게 영양이 공급되지 않아서 점점 기력을 잃어가는 사람들이 그들 자신의 빵과 휘셔의 수프를 바꾸어 먹자고 해서 그의 청을 들어 주었다.

드디어 미군이 진주해 들어와 수용소에 갇혀 있던 이들은 자유를 얻었고, 건강진단을 받게 되었다. 진단 중에 휘셔가 수프와 빵 조각을 바꾸어 먹은 이야기를 의사에게 하자, 의사는 정색을 하고 그에게 말을 했다.

"당신은 그 사랑을 베푼 일 때문에 살아난 것입니다. 우리의 조사 결과 수프에는 영양분이라고는 거의 포함이 되어 있지 않았고, 당신은 그 빵 조각을 먹었기에 영양을 지탱했던 것입니다."

본문의 묵상을 위한 주제어

1. 대접을 받고자: 오늘의 삶은 누구에게서라도 대접을 받아야 한다.
2. 남을 대접하라: 하나님이 나를 대접하시므로 대접하는 자가 되어라!
3. 율법-선지자: 남을 대접함으로써 하나님의 말씀을 이루어드리자!

기도: 친절을 베풀어야 될 기회가 왔을 때 외면하지 않기 원합니다.

하나님의 사업에 나의 재물을

이러므로 너희가 주 안에서 모든 기쁨으로 그를 영접하고 또 이와 같은 자들을 존귀히 여기라. 빌 2:29

신앙이 좋은 할머니 한 사람이 있었는데, 가족이 없어서 노후를 의탁할 곳이 없었다. 그녀는 먼 친척을 찾아가 자신을 맡아 달라고 하였지만 거절당하였다. 이번에는 성도들을 찾아갔지만 아무도 받아 주지를 않았다. 그때, 어떤 신혼부부가 그 할머니를 어머니처럼 모시기로 하였다. 할머니는 여생을 평온하게 사시다가, 어느 날 저녁에 세상을 떠났다. 이 할머니의 유품을 정리하다 편지 한 장을 발견하였는데 유서였다.

"아무도 나를 맞아 주지 않았는데 당신들은 나를 믿어 주었고, 내가 믿는 예수를 믿어 주었으며, 나의 신앙과 기도를 믿어 주어서 나와 함께 살아 주었고, 또한 그 동안 베풀어 준 은혜에 참으로 감사하오"라고 말 한 뒤에 다음과 같이 덧붙였다. "당신들은 하나님을 사랑하기 때문에 나의 재산을 가장 잘 관리할 사람들로 믿어졌습니다. 하나님의 사업에 이 재물을 써 주십시오."

본문의 묵상을 위한 주제어

1. 주 안에서: 오늘, 나의 하루의 삶이 하나님께 주목하기를 기도한다.
2. 그를 영접하고: 내게 다가오는 이들을 주님의 사람으로 대한다.
3. 존귀히 여기라: 한 사람, 한 사람을 하나님 앞에서 존중해야 한다.

기도: 내게 있는 것으로 족하고, 이웃을 축복하게 하시옵소서.

라이베리아의 한 대학

형제를 사랑하여 서로 우애하고 존경하기를 서로 먼저 하며.

롬 12:10

이십 세기 초엽에 미국에서 살던 부자 한 사람이 아프리카 라이베리아에 대학을 세우고 싶어서 라이베리아에 백만 불을 기증했다. 그 부자의 기증으로 라이베리아에 최초로 대학이 세워졌다. 학교는 훌륭하게 발전하였다. 그리하여 많은 인재를 양성하게 되었다.

1930년대 초에 미국에 공황이 들이닥치면서 이 재벌은 사업을 다 망치고, 시골로 가서 끼니를 먹기도 어려울 만큼 가난한 생활을 하게 되었다.

1940년대 초, 라이베리아의 그 대학에서 그에게 초청장을 보냈다. 그는 훌륭하게 자라는 많은 대학생들을 보면서 말했다.

"베푼 것, 이것만이 아직도 나에게 남은 유일한 것입니다. 내가 재산을 가지고 있을 때, 그때 백만 불 기증한 것, 이것만이 남은 재산입니다. 그 외에는 아무것도 없습니다."

본문의 묵상을 위한 주제어

1. 형제를 사랑하여: 누구를 만날지라도 그를 사랑하는 행동을 한다.

2. 서로 우애하고: 내가 먼저 이웃과 더불어 지내는 마음을 품는다.

3. 존경하기를: 상대의 훌륭함을 발견하여 존경한다고 고백하자.

기도: '있음'은 소유가 아니라 '사용'이라는 의미를 깨닫기 원합니다.

말 동무 해주고, 반찬도 챙겨줘

과부와 고아와 나그네와 궁핍한 자를 압제하지 말며 서로 해하려고 마음에 도모하지 말라 하였으나. 슥 7:10

추운 겨울에, 이군자(69) 씨가 산동네의 다세대 촌의 한 가정을 찾았다. "형님, 나 왔어요." 그녀가 할머니를 꼭 안고 밝은 목소리로 인사하였다. 온종일 TV만 본다는 할머니에게 그녀는 제일 반가운 손님이다.

그녀는 재작년 2월부터 일주일에 세 번 할머니를 찾고 있다. 그녀는 복지관을 통해서 할머니를 알게 됐다. 그녀는 직접 만든 밑반찬을 가져다주고 생활 속 말 보따리도 풀어놓는다. 목욕탕에 가서 서로 등을 밀어주기도 하고, 급할 때면 병원에도 같이 간다.

그녀는 남편과 사별(死別) 이후 홀로 지내고 있지만, 더 늙고 힘든 이웃을 위해 도움이 되고 싶어 봉사를 시작하였다. 우울증이 너무 심해진 할머니가 "무섭다"고 전화하자, 그녀는 새벽에 택시를 타고 달려와서 할머니를 자신의 집에 데려와 함께 재우고 병원에도 같이 갔다.

본문의 묵상을 위한 주제어

1. 과부-궁핍한 자: 어려운 자를 보호하시는 주님의 은혜를 기억한다.
2. 압제하지 말며: 대항할 힘이 없다하여 마구 대해서는 안 된다.
3. 서로 해하려고: 무심한 행동으로 약자가 곤경에 빠지지 않게 하자.

기도: 곤란을 겪고 있는 이들에게 도움의 손을 펴게 하시옵소서.

쌀이 떨어지지 않는 독

욥바에 다비다라 하는 여제자가 있으니 그 이름을 번역하면 도르가라
선행과 구제하는 일이 심히 많더니. 행 9:36

서울 서대문구에 있는 원천교회의 건물 내부 오른쪽 구석은 항상
불이 꺼져 있다. 여기에는 높이 1m쯤 되는 쌀독 하나가 놓여 있다.
꺼진 불은 남의 눈에 띄지 않게 누구든 쌀을 퍼갈 수 있도록 배려한
것이다.

쌀독 옆에는 조그만 쪽문도 있어 쌀독을 찾는 사람이 교회 안쪽으
로 들어갈 필요도 없다. 쌀독은 2012년 7월에 생겼다. 이 교회의 담
임목사가 "누구든 퍼갈 수 있는 쌀독을 만들어 밥 굶는 사람이 없게
하자"며 아이디어를 냈다. 처음에 사람들은 "요즘 밥 굶는 사람이
어디 있다고…" 하면서 담임목사가 괜한 일을 한다고 했다.

그런데 쌀독이 놓인 지 2개월이 지나면서 최소한 1톤이 넘는 쌀을
누군가 퍼간 것이다. 비닐봉지 하나에 쌀이 2kg가량 들어가니 어림
잡아 수백 명이 '사랑의 쌀독'에서 쌀을 퍼갔다는 계산이 나온다.

본문의 묵상을 위한 주제어

1. 제자: 예수님께 무엇을 얻으려 말고, 그분의 뜻을 따라야 한다.
2. 선행: 하나님 앞에서 착한 것으로 여겨지는 행동을 가리킨다.
3. 구제하는 일: 하나님의 자비하심을 사람들에게 나타내어야 한다.

기도: 하나님께서 원하시는 것에 고집을 갖게 하시옵소서.

빈손으로 하나님을 맞은 사람

가난한 자를 구제하는 자는 궁핍하지 아니하려니와 못 본 체하는 자에게는 저주가 크리라. 잠 28:27

주남선 목사의 딸 주경순은 평생 독신으로 지내면서 전쟁 고아, 불우한 아동들을 보살펴 왔다.

그녀는 자신의 사명을 가난한 여인들을 돕는 일이라 여겨 산모를 돕는 조산소를 운영하였다. 그리고 불우한 어린이를 돕는 일등 보육원을 세워 버림받은 어린이들과 일생을 보냈다. 그녀는 아이들이 다칠까 봐 테이프를 들고 다니면서 책상 모서리에 붙였다.

그녀는 하나님의 부르심을 받는 날까지 2,500여 명의 불우 아동들을 사회 각 분야로 배출했고, 한 순간, 부모와의 갈등을 이기지 못해서 부랑자가 된 어린이들 640 명을 부모의 품으로 돌려보냈다.

여기에서만 그치지 않고, 그녀는 자신과 관련된 모든 것을 사회에 환원하여 아낌없이 다 주고 빈손으로 하나님의 품에 안겼다.

본문의 묵상을 위한 주제어

1. 가난한 자: 오늘, 곤경에 처해 있는 사람에게 특별히 주목해야 한다.
2. 구제하는: 어려운 사람을 도와주어 하나님의 살아계심을 증거한다.
3. 못 본 체하는: 어려운 자에게 도와주지 않는 악행을 범하지 말라!

기도: 하나님의 자비가 삶의 현장에 나타나게 하시옵소서.

진실한 사랑

하나님이 능히 모든 은혜를 너희에게 넘치게 하시나니 이는 너희로 모든 일에 항상 모든 것이 넉넉하여 모든 착한 일을 넘치게 하게 하려 하심이라. 고후 9:8

서로 사랑하는 남녀가 있었는데, 남자는 군대에 가서 월남전에 참전하게 되었다. 그는 위험한 고비를 수없이 넘기던 끝에, 부상을 당하고 말았다. 폭탄의 파편을 맞아, 양팔을 절단하게 되었다.

그는 자신이 사랑하는 여인을 힘들게 할 수 없다는 생각에서 전사했다는 편지를 보냈다. 그리고는 행여나 그녀의 눈에 띌까 숨어 살았다.

몇 년이 흐르고 나서 남자는 그녀의 모습을 멀리서나마 지켜보려고 그녀의 집을 찾아갔다. 담 너머로 안을 들여다보니 그녀는 양팔과 양다리가 없는 남자와 살고 있었다.

사랑하던 남자를 생각하며 월남전에서 양팔과 양다리를 잃은 남자를 보살피며 살고 있었다.

본문의 묵상을 위한 주제어

1. 넘치게: 내게 있는 은혜의 능력을 주신 하나님을 찬양한다.
2. 넉넉하여: 오늘, 이 은혜가 부족함이 없도록 은혜를 사모한다.
3. 착한 일을 넘치게: 이 은혜로 이웃을 향해서 선행의 열매를 맺는다.

기도: 이웃에게 하나님의 사랑으로 나아가게 하시옵소서.

사막을 농장으로 바꾼 무사 알라미

가난한 자와 고아를 위하여 판단하며 곤란한 자와 빈궁한 자에게 공의를 베풀지며. 시 82:3

무사 알라미Musa Alami는 여리고 계곡의 사막을 파고 지하수를 개발하는 일을 시작하였다. 그가 사막에서 물을 찾겠다고 하자, 주위에 있던 사람들은 절대로 이 마른 땅에서는 물이 나오지 않는다고 하였다.

그러나 그는 자신의 생각을 하나님께 두었다. 창조의 하나님은 여기에서도 생명이 살 수 있도록 하셨으리라는 가능성을 믿고, 그는 곧 지하수 개발에 착수하였다.

그렇지만 한 달, 두 달이 지나고 석 달이 지났지만, 여전히 모래뿐이었다. 그를 설득하려 했던 이들이 다시 찾아와서 그만두라고 말렸다.

그래도 낙심하지 않고 계속해서 여섯 달을 팠는데 마침내 물이 조금씩 고이기 시작했다. 그는 솟아나는 물줄기를 보고 감격의 눈물을 쏟으면서 그 물을 끌어들여서 사막을 옥토로 바꾸었다.

본문의 묵상을 위한 주제어

1. 가난한 자 -고아: 업신여김을 받기 쉬운 이들이 불리하지 않게 한다.
2. 곤란한 자 - 빈궁한 자: 그들의 약점으로 부당하게 대우하지 말라!
3. 공의를 베풂: 하나님의 시선으로 연약한 이들을 대한다.

기도: 하나님의 시간에 미칠 때까지 인내하게 하시옵소서.

굴뚝에서 나오는 연기를 살핀 사람

도둑질하는 자는 다시 도둑질하지 말고 돌이켜 가난한 자에게 구제할
수 있도록 자기 손으로 수고하여 선한 일을 하라. 엡 4:28

어느 바닷가 지방의 어부 장로는 베드로 장로라는 별명을 갖고 있
었다. 그는 밤새 고기를 잡고 새벽녘에 돌아올 때면 항상 집으로 가
기 전에 마을을 돌며 집집이 굴뚝을 살폈다.

그 마을의 가옥에서는 부뚜막에서 불을 피우면 당연히 굴뚝에서
연기가 나오기 때문에서였다. 아침밥을 짓느라고 연기가 피어오르
는데, 연기가 나지 않는 집은 먹을 양식이 떨어진 가난한 집이다.

굴뚝에서 연기가 나지 않는 집이 보이면, 그는 자신이 지난밤에
잡은 고기를 주섬주섬 그릇에 담아 그 집으로 향하였다. 생선을 구
워서라도 식사를 하도록 고기를 주고 왔다.

그가 고기를 조금밖에 잡지 못한 날에는 자기 집에 빈손으로 돌아
가기도 하였다. 그의 이런 선행을 알게 된 사람들은 그에게 베드로
장로라고 불렀다.

본문의 묵상을 위한 주제어

1. 도둑질하는: 자신의 유익을 위해 불법으로 착복하는 것을 말한다.

2. 돌이켜: 불법의 행실에서 떠나 영에 속한 성품으로 돌이켜야 한다.

3. 선한 일을: 하나님께 영광이 되는 착한 일에 골몰해야 한다.

기도: '오늘 있는 것으로' 하나님께 선한 일을 하게 하시옵소서.

버려진 이들의 천사

구제를 좋아하는 자는 풍족하여질 것이요 남을 윤택하게 하는 자는 자기도 윤택하여지리라. 잠 11:25

인도에서 테레사 수녀는 가난한 사람들을 돕는 생각으로, 용감히 오두막집에 들어가서 지치고 힘든 아이들을 돌보았다. 그녀는 어려운 이웃을 조금이라도 도와주려는 봉사심에서 자기 자신이 62세가 되었다는 나이도 잊고, 여러 사람을 섬겨왔다.

사실, 그녀가 봉사하던 당시에, 62세의 나이는 젊은이들로부터 보살핌을 받아야 하였다. 그렇지만 그녀는 가난한 곳에서 굶주리는 사람들을 직접 도와야겠다는 마음으로 아무 일이나 닥치는 대로 해 나갔다.

한 번은 다리가 절단된 불구 청년에게 의족이 필요해, 그녀가 국외에서 의족을 가지고 왔다. 그녀에게는 많은 아동과 무료 병원의 환자, 병원에서 치료받는 고아와 기아들, 또한 가난한 자와 장애인들이 테레사의 보석보다 귀중한 재산이었다.

본문의 묵상을 위한 주제어

1. 구제를 좋아하는: 나에게 주신 것을 소용되는 대로 나누어야 한다.
2. 윤택하게 하는 자: 내게 있는 것으로 없는 사람의 결핍을 채워주자.
3. 남을: 이웃은 나와 함께 더불어 삶을 공유해야 하는 대상이다.

기도: 하나님의 일에는 상황이 조건이 되지 않음을 알게 하시옵소서.

3년간 140가구 집수리 '도배 계장' 별명

또 재산과 소유를 팔아 각 사람의 필요를 따라 나눠 주며.

행 2:45

24년 경력의 공무원인 이재헌 씨는 서울 광진구 화양동주민센터의 주민복지팀장인데, 주민들 사이에서는 '도배·장판계장'으로 불린다. 그는 화양동에서 어렵게 살고 있는 이들의 지역을 구석구석 누비며 그들을 도왔다. 홀몸 노인이나 기초생활수급자 등 저소득 가정을 방문해 도배를 새로 해주고 장판도 깔아주기 때문이다.

그의 봉사로 지금까지 140개의 반지하방과 골방이 그의 손에 의해 새집처럼 탈바꿈했다. 그의 봉사는 도배·장판으로 그치지 않는다. 어쩔 땐 꽉 막힌 하수구도 뚫어주고, 물이 떨어지는 수도꼭지도 고쳐준다.

그는 어렵게 사는 이들의 하소연 하나도 허투루 듣지 않았다. '아프다'는 노인을 업고 병원으로 뛰고 자기 주머니를 털어 입원시킨 적도 한두 번이 아니다. 중증 장애가정 등 생활비나 생활용품 등을 10년 이상 정기적으로 후원하는 곳도 10군데가 넘는다.

본문의 묵상을 위한 주제어

1. 재산과 소유: 나의 것을 나의 것으로 고집하지 않는 은혜를 구하자.

2. 팔아: 성령의 역사를 위해서 자신의 소유도 거절하기를 생각한다.

3. 필요를 따라: 오늘, 나의 행동에서 성령의 하나 되게 하심을 보인다.

기도: 필요한 사람을 외면하지 않고, 필요를 공급해주기 원합니다.

복된 삶

가난한 자를 보살피는 자에게 복이 있음이여 재앙의 날에 여호와께서
그를 건지시리로다. 시 41:1

테레사Mother Teresa 수녀가 미국을 방문했을 때, 한 여인이 찾아와
고민을 털어놓으며 울부짖었다.

"저의 삶은 너무 권태롭습니다. 인생의 의미를 느끼지 못하겠어
요, 차라리 죽어버리고 싶어요."

테레사는 그 여인에게 인도에 오면 진정한 삶을 주겠다고 약속하
였다. 그래서 그 여인은 인도로 갔다. 거기에서 그 여인은 테레사 수
녀와 같이 가엾은 이들을 돕고 보살폈다.

온 종일 다른 사람을 치료하는 일에 자기 삶을 쏟다 보니 삶의 의
욕이 생기기 시작했다.

나중에 그 여인은 이렇게 고백했다.

"인도에 오면 진정한 삶을 드리겠다고 하신 말씀을 이제는 이해할
수 있습니다."

본문의 묵상을 위한 주제어

1. 가난한 자를: 어려움에 빠져 있는 이의 곁에서 함께 있어야 한다.

2. 복이 있음이여: 어려운 자를 돕는 것은 하나님의 일에 참여함이다.

3. 재앙의 날에: 어려움을 당할 때, 하나님께서 나를 대접해 주신다.

기도: 메시야를 주신 은혜로 신령함에 이르게 하시옵소서.

진정한 선행과 봉사

네 구제함을 은밀하게 하라 은밀한 중에 보시는 너의 아버지께서 갚으시리라. 마 6:4

선행을 베풀어야만 열쇠가 주어져 들어갈 수 있는 궁전이 있었다. 한 소녀가 궁전에 들어가고 싶어서, 늙은 거지를 도와주었다. 그리고 궁전으로 달려가 열쇠를 요구했으나 거절당했다.

소녀는 낙심하여 집으로 가다가, 강아지 한 마리가 덫에 걸려 신음하는 모습을 보았다. 소녀는 정성을 다해 강아지를 풀어주었다. 소녀의 손과 발에서는 피가 흘러내렸다.

그때, 궁전의 문지기가 나타나 궁전의 열쇠를 주었다.

"저는 열쇠를 얻기 위해 강아지를 구해준 것이 아닌데요?" 그러자 문지기는 말했다.

"자신이 지금 선행을 베풀고 있다는 사실을 모두 잊은 채, 남을 돕는 사람에게 열쇠를 준단다."

본문의 묵상을 위한 주제어

1. 구제함을: 자신을 드러내시려 하지 않으셨던 주님을 따르자.

2. 은밀한 중에 보시는: 나의 행실이 하나님이 보심에 합당해야 한다.

3. 갚으시리라: 주님이 내게 무엇을 해주실까 생각하는 하루여야 한다.

기도: 은혜를 누리고 이음에 나누는 마음을 주시옵소서.

승리하는 생활

가난한 사람을 학대하는 자는 그를 지으신 이를 멸시하는 자요 궁핍한 사람을 불쌍히 여기는 자는 주를 공경하는 자니라. 잠 14:31

찰스 앨버트 틴들리Charles Albert Tindley는 노예의 신분으로 태어났다. 그의 부모는 교회에 간다는 이유로, 기독교를 반대하는 주인의 매질에 의해서 죽임을 당하였다. 그도 주인에게 내 쫓겨졌고, 그를 가엾게 여겨준 한 작은 교회의 청소부로 있으면서 야간 학교를 다녔다.

그는 보스턴 신학교 통신과정을 마치고, 목사가 되어 그가 청소부로 있던 교회에서 12명으로 목회를 시작하였다. 교회는 곧 1,000명이 넘게 부흥되었고, 매일 가난한 자들에게 숙식을 제공하였다.

교회의 지하에 목욕탕을 설치하는 등 소외당한 자들에게 사랑을 베풀었다. 어느 날, 젊은 술주정뱅이가 찾아와 인적사항을 확인해 보니 바로 자기 옛 농장주의 손자라는 것을 알게 되었다. 그는 그에게 극진한 사랑으로 보살펴주고 주님께로 인도하였다.

본문의 묵상을 위한 주제어

1. 가난한-궁핍한: 사람이 처해있는 형편에 따라 선대하도록 한다.
2. 학대하는 자는: 오늘, 사람에 대하여 편견을 갖거나 무시하지 말자.
3. 불쌍히 여기는 자는: 이웃에게 호의와 구제로서 존귀하게 여긴다.

기도: 사람에 대하여 긍휼히 여기는 마음으로 지내게 하시옵소서.

잘 사는 사람이 되는 길

대답하여 이르되 옷 두 벌 있는 자는 옷 없는 자에게 나눠 줄 것이요 먹을 것이 있는 자도 그렇게 할 것이니라 하고. 눅 3:11

존 록펠러John Davison Rockefeller는 33세에 백만장자가 되고, 43세에 미국 최대 부자가 되고, 53세에 세계 최대 갑부가 되었지만, 행복하지 않았다. 55세 때, 그는 불치병으로 1년 이상 살지 못한다는 사형선고를 받았다.

그는 병원에서 병원비가 없어 입원이 안 되자, 입원시켜 달라고 울면서 사정하는 환자를 위해 병원비를 지급하게 하고, 누가 지급했는지 모르게 했다.

얼마 후에, 은밀히 그 환자가 기적적으로 회복되자 그 모습을 조용히 지켜보던 록펠러는 얼마나 기뻤던지, 나중에 자서전에서 그 순간을 이렇게 표현하였다.

"저는 살면서 이렇게 행복한 삶이 있었는지 몰랐습니다."

본문의 묵상을 위한 주제어

1. 옷 두 벌 있는 자: 하나님은 지금 내게 있는 소유에 주목하신다.
2. 먹을 것이 있는 자: 일용할 양식 그 이상의 것을 어떻게 할 것인가?
3. 없는 자에게: 재물을 포함해서 복음을 나누는 기회를 얻도록 한다.

기도: 오늘, 나의 삶을 풍성하게 하심을 기다리게 하시옵소서.

05

하나님께
구별된 존재

새벽의 교회 종소리

우리가 즐거워하고 크게 기뻐하며 그에게 영광을 돌리세 어린 양의 혼인 기약이 이르렀고 그의 아내가 자신을 준비하였으므로. 계 19:7

서울의 영천 시장에서 콩나물 파는 한 아주머니는 새벽마다 콩나물을 팔러 시장에 나가는 길에 꼭 교회에 들러 새벽기도를 드렸다. 그녀의 기도 제목은 자식들을 믿음으로 성장시켜 하나님의 일꾼으로 길러내는 것이었다.

이 어머니의 기도의 눈물어린 기도는 하나님께 상달되었다. 하나님께서 그녀의 기도를 받으시고, 그녀의 아들들은 훌륭한 사람들로 성장하였다. 그녀의 아들 중 하나는 훗날에 큰 제약회사의 사장이 되었다.

아들은 어머니가 매일 새벽 교회에 나가 열심히 기도하던 일을 잊을 수 없었다. 그 때문에 지금의 자기와 자기의 모든 것이 있게 된 것으로 생각했다. 어니의 기도와 그 간구에 응답하신 하나님의 은혜를 생각하면서 자신의 제약회사의 상징을 종으로 정했다.

본문의 묵상을 위한 주제어

1. 영광을 돌리세: 하나님의 뜻이 이루어짐은 그분의 영광이다.

2. 어린양의 혼인기약: 하나님의 섭리의 목표는 택한 백성의 구원이다.

3. 그의 아내가: 신부가 입게 될 세마포 옷은 하나님의 은혜이다.

기도: 하나님의 은혜에서 삶의 비전을 품게 하시옵소서.

축복의 통로

이는 물이 바다를 덮음 같이 여호와의 영광을 인정하는 것이 세상에 가득함이니라. 합 2:14

도시의 중심가에서 작은 식당을 운영하는 어떤 집사가 30여 년 동안 열어 왔던 식당에 주일은 쉬겠다는 결단을 하고 주일에는 문을 닫았다. 그 집사가 말하였다.

"목사님의 설교를 듣고 두 가지가 가슴에 꽂혔어요.

첫째는 잘 사는 것도 좋지만 잘 믿는 것도 중요하다는 거였어요.

둘째는 주일날 문을 닫으면 안 믿는 사람이 장사가 잘되니, 기쁨이 될 거라는 생각을 하였어요."

식당의 문을 닫자, 그녀는 비로소 '나와 내 집은 여호와만 섬긴다.'는 고백을 할 수 있어 기뻐하였다. 그녀는 함께 일하는 종업원들에게 주일에 교회에 출석하면 근무한 것으로 여겨주었다. 주일 성수로 인해서 그녀는 삶의 태도가 달라졌다.

본문의 묵상을 위한 주제어

1. 바다를 덮음 같이: 오늘, 하나님의 다스리심 안으로 들어가자.

2. 여호와의 영광을 인정: 나의 삶이 하나님을 높여드리는 것이 되자.

3. 세상에 가득함: 여호와를 나의 하나님으로 인정하는 하루가 되자.

기도: 이 땅에서 하나님이 주권이 편만하도록 기도하게 하시옵소서.

음악의 근원은 하나님께

너희는 그를 죽은 자 가운데서 살리시고 영광을 주신 하나님을 그리스도로 말미암아 믿는 자니 너희 믿음과 소망이 하나님께 있게 하셨느니라. 벧전 1:21

바흐Johann Sebastian Bach는 음악의 근원을 하나님께 있다고 믿고, 음악을 주의 영광을 위해 쓰지 않으면 안 된다고 여겼다. 그의 음악 사상은 '마태수난곡'에 여실히 나타나게 되었다.

이 곡은 하나님께서 그에게 친히 계시하셨다는 것을 보여준다. 즉 예수님이 예루살렘에서 받으신 고난에 대한 마태의 음악적 묘사는 십자가를 지고 갈보리 산으로 향해 가신 예수님의 사랑에 대한 감격을 보여 주었다.

그는 음악이야말로 하나님이 받으시는 도구라 여겼다. 그가 만일 자기 생애에서 하나님께 대한 믿음이 이처럼 강렬하지 않았더라면 도저히 그는 경건한 감정을 그의 음악에서 나타내지 못했을 것이다.

본문의 묵상을 위한 주제어

1. 하나님: 예수님을 다시 살리셔서 부활의 영광을 주셨다.
2. 그리스도로: 우리는 예수님을 믿으므로 하나님을 믿게 되었다.
3. 믿음과 소망이: 구원에 이르는 믿음과 소망은 오직 하나님께 있다.

기도: 하나님의 기쁨에 우선순위를 두게 하시옵소서.

하나님과 사람들을 위해서

내가 내 영광을 여러 민족 가운데에 나타내어 모든 민족이 내가 행한 심판과 내가 그 위에 나타낸 권능을 보게 하리니. 겔 39:21

다이너마이트를 만들어 부자가 된 노벨Alfred Bernhard Novel은 어느 날 아침에 신문을 펴는 순간 깜짝 놀랐다. 자신이 죽었다는 뉴스가 신문에 게재되었기 때문에서다. "세계 최초로 다이너마이트를 발명한 알프레드 노벨 죽다." 사실은 그가 죽은 것이 아니고, 그의 동생이 죽었는데 기자가 잘못 보도한 것이다.

그러나 그에게는 큰 충격이었다. 자신의 사망 기사 앞에서 노벨은 깊은 침묵과 엄청난 도전을 받기 시작했다. "내가 폭탄을 만들어 재물과 명성은 얻었지만, 결국 내 인생의 마지막은 이렇게 끝나고 마는 것을."

그는 새로운 삶을 살기로 결단하였다. 그 순간에, 비로소 하나님을 알게 되었다. 나아가 하나님과 사람들을 위해 자신의 모든 재산을 쓰기로 하여 노벨상을 제정하였다.

본문의 묵상을 위한 주제어

1. 내 영광을: 오늘, 하나님의 신적 권위와 그 능력을 인정해드린다.
2. 내가 행한 심판: 하나님의 심판이 있음을 의식하면서 살아간다.
3. 그 위에 나타낸: 하나님의 능력 앞에서 무릎을 꿇어드려야 한다.

기도: 하나님의 자비하심을 드러내는 손을 주시옵소서.

중국으로 떠난 늙은 목사

우리 하나님과 주 예수 그리스도의 은혜대로 우리 주 예수의 이름이 너희 가운데서 영광을 받으시고 너희도 그 안에서 영광을 받게 하려 함이라. 살후 1:12

뉴욕 주 롱 아일랜드 오이스터베이 감리교회를 담임하고 있던 맥코이(Charles McCoy) 목사는 71세에 새 출발을 하였다. 인도 선교사 한 분이 그 교회에서 설교를 한 후에 교인들에게 선교사 지망을 호소했다.

한 사람도 희망자가 없자, 맥코이 목사가 난처해졌다. 그런데 그 순간에, 그의 가슴에 불이 지펴지는 것을 느꼈다. 그가 자원하였다. 그가 "71세라도 늦지 않았소?"라고 하고 묻자, 선교사는 이렇게 대답하였다.

"늙은 나무에 더 좋은 열매가 맺힐 수도 있습니다."

이날, 결심하고 선교사가 된 맥코이 목사는 86세에 세상을 떠나는 날까지 15년간을 중국의 아편 중독자들을 위하여 사랑을 쏟았다. 예수님의 제자가 되는 일에는 언제라도 늦지 않는다.

본문의 묵상을 위한 주제어

1. 은혜대로: 자신에게 성부의 계획과 성자의 자비가 있기를 기대한다.
2. 예수의 이름: 죄인을 구원받게 하신 주님의 이름에 영광을 돌린다.
3. 너희도: 나에게서 취하시는 주님의 영광은 나에게도 영광이 된다.

기도: 나에게만 들려주시는 말씀에 순종하게 하시옵소서.

항해하는 배 안에서도

내 이름으로 불러지는 모든 자 곧 내가 내 영광을 위하여 창조한 자를 오게 하라 그를 내가 지었고 그를 내가 만들었느니라. 사 43:7

영국의 청교도들이 신앙의 자유를 찾아 처음으로 간 곳은 화란이었다. 그러나 화란은 그들이 원하였던 신앙의 자유를 누릴 수가 없었다. 그들은 다시 그곳을 떠나 아메리카 대륙을 향하여 출발하였다.

'메이플라워' 라는 이름의 배에 탄 그들은 67일 동안 항해하는 대서양 바다 위에서도 주일을 성수하였다. 그리고 그들이 아메리카 대륙에 도착하자마자 제일 먼저 한 일은 땅에 입을 맞추며 '나의 하나님, 나의 하나님' 이라고 찬양을 드렸다.

청교도들이 낯선 땅에서 제일 먼저 한 것은 예배당을 세우는 일이었다. 그다음에는 학교를 세웠고, 그다음에는 공회당을 지었다.

바다 가운데서도 닻을 내리고 주일을 지키는 신앙이 청교도의 신앙이요, 오늘에 미국의 번영을 가져온 것이다.

본문의 묵상을 위한 주제어

1. 내 영광을: 오늘이라는 한 날에 하나님의 영광을 구해야 한다.
2. 창조한 자를: 피조물로서 창조주 앞에서 서는 한 시간이 되게 한다.
3. 그를 내가: 나의 삶을 통해서 하나님의 지으셨음을 선포하자.

기도: 오늘을 여호와께 올려 드리는 삶이 되게 하시옵소서.

불 속에 던진 구슬

모든 입으로 예수 그리스도를 주라 시인하여 하나님 아버지께 영광을 돌리게 하셨느니라. 빌 2:11

세실은 자신의 신앙을 자녀에게도 고스란히 물려주려는 마음으로 아들을 양육하였다. 그는 어느 날, 딸이 구슬에 마음을 빼앗겨 있는 것을 알게 되었다. '하나님을 향한 사랑의 자리에 구슬이 앉아있다니?'

그는 딸에게 구슬을 불 속에 던져 버리라고 했다. 어린 소녀는 당황하고 망설였다. 세실은 계속 말하였다. "네게 강요하지는 않겠다. 이유는 말하지 않을 것이니, 네가 나를 믿는다면 그렇게 해라."

딸은 고심하다가 구슬을 불 속에 던졌다.

그 일 후에 세실은 훨씬 더 아름다운 구슬 상자를 딸에게 주었다. "내가 네게 이렇게 한 것은 네가 하늘에 계신 아버지를 신뢰하도록 가르치기 위해서였단다. 너의 인생에 있어서 하나님은 여러 차례 네가 이유를 모르는 가운데 포기하고 버리라고 요구하실 것이다."

본문의 묵상을 위한 주제어

1. 모든 입으로: 하나님의 피조물로서 열방의 모든 사람을 가리킨다.
2. 주라 시인하여: 행실을 통해서 하나님의 뜻을 성취해야 한다.
3. 영광을 돌리게: 우리가 존재하는 궁극의 목적은 하나님의 영광이다.

기도: 오늘, 마주하는 상황들에서 주님의 은혜를 발견하게 하시옵소서.

무저항으로 죽은 선교사들

믿음이 없어 하나님의 약속을 의심하지 않고 믿음으로 견고하여져서
하나님께 영광을 돌리며. 롬 4:20

필립 제임스 엘리엇Philip J. Elliot은 휘튼대학교에 다니는 동안에 선교를 위해서 생애를 바치기로 작정했다. 1952년 봄, 에콰도르에 도착한 그는 와오다니 부족에게 복음을 전하기 위해서 현지에서 언어와 풍습을 익히며 함께 선교활동을 할 친구들을 모았다. 그와 친구들은 에콰도르 인디언 부족이 사는 마을로 선교를 위하여 떠났다. 그러나 그들은 인디언들의 공격을 받고 현장에서 모두 순교하고 말았다.

한 기독교 잡지사 기자가 선교사의 부인을 찾아가 위로하였다. "세상에 이런 비극이 어디 있습니까?" 선교사의 부인은 그 기자에게 이렇게 대답했다. "말씀을 삼가 주세요. 비극이라니요? 제 남편은 바로 이 목적을 위해서 그곳으로 갔지요." 엘리엇 부인의 이 말은 그 당시에, 미국에 있는 모든 그리스도인에게 깊은 감동과 도전을 주었다.

본문의 묵상을 위한 주제어

1. 믿음이 없어: 오늘, 하나님께 믿음 있는 사람으로 하루를 지내자.
2. 하나님의 약속: 성령님의 도전에 믿음을 갖게 하신 것들을 붙잡자.
3. 하나님께 영광을: 오늘, 한 날을 보내면서 나의 과심은 무엇인가?

기도: 하나님의 뜻을 영적 신호등으로 삼게 하시옵소서.

안식을 잃어버린 사람

하나님의 약속은 얼마든지 그리스도 안에서 예가 되니 그런즉 그로 말미암아 우리가 아멘 하여 하나님께 영광을 돌리게 되느니라. 고후 1:20

여러 기업체를 가진 50대 중반의 권사가 있었다. 이 사람은 주로 주일 아침 일찍 있는 1부 예배에 참석한다. 왜냐하면, 주일에도 너무 바쁘기 때문이었다.

그때마다 목사는, "권사님, 저녁 예배에도 나오세요.' 라고 했다. 권사의 대답은 "죄송스럽지만 일이 너무 바빠서 도저히 시간을 낼 수 없습니다."라는 말로 대답하였다.

그러나 그는 육적으로도 휴식이 필요하며, 그 시간에 하나님께서 공급해주시는 힘을 얻어야 된다는 목사의 권면을 귀담아듣지 않았다. 그러던 어느 주일 날, 빠질 수 없는 이유 때문에 친구들과 모임에 가다가 심장마비로 쓰러지고 말았다.

상복을 입고 애곡하는 부인이 목사를 보자, "목사님의 말씀대로 쉬었어야 했는데… "라고 울부짖었다.

본문의 묵상을 위한 주제어

1. 하나님의 약속은: 구원해주심에 대한 하나님의 계획을 생각하자.
2. 그리스도 안에서: 주님의 이름으로 구할 때, 응답해주심을 기대한다.
3. 아멘: 하나님의 뜻에 순종을 표시하는 말로 '아멘'으로 응답한다.

기도: 종일 동안 하나님의 영광에 민첩하게 하시옵소서.

하나님의 영광 10
하나님을 생각하는 기쁨

주 나의 하나님이여 내가 전심으로 주를 찬송하고 영원토록 주의 이름에 영광을 돌리오리니. 시 86:12

고전음악 작곡자들은 대개 신앙이 좋은 이들인데, 그중에 제일은 조셉–프랑수아 하이든Joseph–François Haydn이다. 그는 스테파노대성당 등에서 바이올린을 연주하거나 가수로서 예배주악에 참가하기도 하였으며 밤에는 세레나데 악단에 참여하여 거리에서 연주하였다.

그런 중에도 그는 작곡을 했는데 그가 지은 곡들은 대부분이 하나님의 은혜를 누리는 기쁨으로 충만해 있다. 백 곡 이상의 심포니와 80곡 이상의 소나타, 그리고 두 곡의 오라토리오를 작곡했다.

그는 이렇게 말했다. "나는 작곡하는 중에 늘 하나님을 생각한다. 그리하면 내 마음에는 기쁨이 솟아오른다. 그리고 마치 악보의 음이 춤추는 것 같고 나의 마음도 춤추며 기쁨으로 충만해진다."

하나님께서 주시는 기쁨으로 충만할 때에 기쁜 곡이 되었다는 것이다.

본문의 묵상을 위한 주제어

1. 주 나의 하나님이여: 하나님이 나의 주가 되시는가를 확인하자.

2. 내가 전심으로: 하나님을 사랑함이 일심(온전히)이어야 한다.

3. 주를 찬송하고: 나의 생활이 그분께 드리는 찬송이기를 기도하자.

기도: 성령님의 전으로 세워지기에 부족함이 없게 하시옵소서.

선거의 유세보다 먼저 할 일

한마음과 한 입으로 하나님 곧 우리 주 예수 그리스도의 아버지께 영광
을 돌리게 하려 하노라. 롬 15:6

─내용 비슷? ─

미국의 대통령 후보였던 카터는 대통령 선거 유세를 할 때, 주일
이면 선거 운동의 바쁜 일정을 멈추고, 고향 조지아 주에 있는 자기
네 교회로 돌아와서 주일학교 교사의 자리를 지켰다. 기왕이면 큰
도시에서 많은 사람이 나오는 큰 교회에서 예배도 드리고 선거 운동
도 겸해서 할 수 있었지만, 그는 교사의 직분에 충실했다.

그가 20여 명을 앉혀 놓고 성경을 가르칠 때, 취재 기자들은 70여
명이나 모였다.

그는 조용히 성경 공부를 가르치고 나서 기자들에게 말하기를,
"오늘은 여러분이 이 교회를 나왔습니다만 다음 주일부터는 각자
자신의 교회에 나가십시오." 라고 충고했다.

본문의 묵상을 위한 주제어

1. 한마음·한 입: 주 안에서 지체가 된 이들과 하나가 되어야 한다.

2. 하나님; 성자를 세상에 보내 나를 죄로부터 구원해주신 성부이시다.

3. 영광을 돌리게: 나는 오늘, 하나님께 영광으로 드려지고 있는가?

기도: 하나님의 것을 하나님께 드리는 즐거움을 주시옵소서.

그리스도가 나의 모든 것

여호와께 그의 이름에 합당한 영광을 돌리며 거룩한 옷을 입고 여호와께 예배할지어다. 시 29:2

조셉 하이든Franz Joseph Haydn은 자신이 오랫동안 수고해서 작곡을 끝낸 작품 『천지창조』를 발표하게 되었다. 연주가 끝났을 때 수많은 사람이 일어나서 지휘자에게 박수를 보냈다. 청중들 중에는 그 작품이 누구의 것인지 모르는 이들도 있었다.

그때, 지휘자는 청중들의 박수를 중단시키면서 하이든이 작곡했다고 소개하였다. 그러자 청중들은 다시 고개를 돌려서 일제히 일어나 하이든을 향해 손뼉을 치기 시작했다.

하이든은 그들의 박수를 중단시키면서 말했다. "아니오!"

그는 하늘을 가리키면서 말했다. "나는 아무것도 아닙니다. 그리스도가 나의 모든 것입니다. 이 모든 것은 하나님께로부터 온 것입니다. 주님께서 나에게 지혜를 주셨습니다. 그분께 이 영광을 돌리십시오."

본문의 묵상을 위한 주제어

1. 그의 이름에: 오늘, 하나님의 이름에 합당한 삶을 생각한다.
2. 영광을 돌리며: 온 우주를 다스리시는 여호와께 전심으로 주목한다.
3. 거룩한 옷: 나의 삶이 주님의 보혈로 말미암은 구별이 되도록 한다.

기도: 모든 것이 여호와로 말미암음이니 주께 드리게 하시옵소서.

사명 1

내게 주신 행복한 일

내가 내 자의로 이것을 행하면 상을 얻으려니와 내가 자의로 아니한다
할지라도 나는 사명을 받았노라. 고전 9:17

1990년, 미국 CMA 교단에 소속되어 있는 임준호 선교사가 필리
핀으로 선교를 떠났다. 그는 5년 동안에, 필리핀에서 미국인 CMA
선교사들이 40년 동안 이룬 일 이상의 일을 했다는 평가를 받을 정
도로 많은 성과를 이루어내었다.

필리핀 선교 캠프가 안정이 되자, 성령께서 인도하심에 따라 그는
몽골로 눈을 돌렸다. 그리고 1996년, 황량한 그곳에 홀로 도착해서
7년 만에 6 개의 교회를 개척하고 수많은 몽골인 제자를 길러내기
에 이르렀다.

그렇게 몽골 선교 캠프가 안정되자 새로운 선교지인 내몽골 쪽으
로 눈길을 돌렸다. 그가 이렇게 하는 것은 하나님 앞에서 자신이 받
은 일이라 여기기 때문이었다.

본문의 묵상을 위한 주제어

1. 내 자의로: 자발적으로 행하는 것은 상을 받을 만한 일이다.

2. 자의로 아니한다: 하나님의 일은 선택할 수 있는 것이 아니다.

3. 사명을 받았노라.: 왕의 자녀로 부름을 받을 때, 사명이 주어졌다.

기도: 오늘의 복을 위해 하나님의 얼굴을 구하게 하시옵소서.

거지로 가장한 소련군 여 장교

또 회막의 직무와 성소의 직무와 그들의 형제 아론 자손의 직무를 지켜
여호와의 성전에서 수종 드는 것이더라. 대상 23:32

1945년, 함경북도 나남이라는 도시에 한 여자 거지가 있었다. 그녀는 살이 보이는 남루한 옷을 입고 이집, 저집 다니며 구걸행각을 하였는데, 사람들은 "젊은 것이 무엇을 못해 거지가 됐느냐"라고 하며 욕설을 퍼붓기도 하였으나 한 번도 화를 내는 일이 없었다.

그런데 8.15 해방이 되고, 나남에 소련군이 진주하였을 때, 그 여자 거지는 소련군의 장교 옷을 입고 중위의 견장을 달고 나타났다. 사람들은 다 깜짝 놀랐다. 그는 거지가 아니라 소련군의 간첩이었던 것이다.

이 거지가 자신을 조롱하고 업신여기는 사람들 앞에서도 태연하고 여유 있는 자세를 취할 수 있었던 것은, 소련군의 장교로서 자기의 사명에 대하여 긍지를 가지고 있었기 때문이었다. 주위에 있는 사람들이 자기를 거지로 알고 함부로 대해도 조금도 괴로워하지 않았다.

본문의 묵상을 위한 주제어

1. 직무를 지켜: 오늘, 하나님 앞에서 세상에 대한 나의 직무를 지킨다.

2. 여호와의 성전: 오늘, 한 날의 행위가 바로 하나님께 예배이다.

3. 수종드는: 나의 위치는 주님의 손이 되어 돕는 직무를 감당함이다.

기도: 저에게 주어진 삶의 자리를 거룩하게 지키게 하시옵소서.

사명 3

주님께서 맡겨주신 일

이 봉사의 직무가 성도들의 부족한 것을 보충할 뿐 아니라 사람들이 하나님께 드리는 많은 감사로 말미암아 넘쳤느니라. 고후 9:12

구세군의 창설자 윌리엄 부드William Booth는 생명을 바쳐 복음을 전하는 삶을 살았다. 그가 구세군의 대장이라는 직분을 마치고 은퇴하게 되었다. 이날, 4천 명이 넘는 런던 시민이 그의 은퇴식을 보기 위해 몰려들었다.

당시에, 그의 시력은 사물을 구분할 수 없을 만큼 약화되었다. 다른 사람의 부축을 받으면서 강당에 올라선 그는, 약한 시력으로 말없이 군중을 바라보았다.

"메시지를 전할 수 있겠습니까?" 측근이 염려하는 어조로 묻자, 이 노인 대장은 하늘을 향해 팔을 벌리며 말했다.

"아직도 저 군중 너머에서 내가 할 일이 있어. 주님께서 맡겨주신 일이 많거든. 이제부터 더 일을 해야 하겠지."

본문의 묵상을 위한 주제어

1. 봉사의 직무: 구제를 위한 연보와 하나님을 섬김은 동일하다.
2. 보충할: 어려운 이들을 도우시는 하나님의 자비는 나의 손이다.
3. 많은 감사로: 구제로 도움을 받은 이들에게 감사가 넘치도록 한다.

기도: 저에게도 하늘의 직무가 있음을 깨달아 충성을 다하기 원합니다.

지구를 쓸고 있는 하인

아킵보에게 이르기를 주 안에서 받은 직분을 삼가 이루라고 하라.
골 4:17

월리엄 셰익스피어William Shakespeare가 런던의 어떤 음식점에 들어섰을 때 일이다. 밖에서 마당을 쓸고 있던 그 식당의 하인이 셰익스피어를 알아보고는 땅이 꺼져라 한숨을 내쉬는 것을 보게 되었다.

셰익스피어는 그 하인의 한숨짓는 모습을 보고는 밖으로 나가 왜 한숨을 내쉬었느냐고 물었다.

"똑같이 사람으로 태어났는데 당신 같은 사람은 많은 사람에게 존경받는 영광스런 인물인데 반해 나는 밥이나 얻어먹기 위해서 식당의 마당을 쓰는 신세니, 나 자신이 가엾어서 한숨을 쉬었습니다."

그러자 셰익스피어는 진심어린 마음으로 이렇게 말했다.

"아니오. 당신은 지금 하나님께서 지으신 지구의 한 모퉁이를 쓰는 것입니다."

본문의 묵상을 위한 주제어

1. 주 안에서: 예수 그리스도의 십자가에서 이루어진 은혜를 묵상한다.

2. 받은 직분: 세상에서 감당해야 할 직분을 주셨음에 감사한다.

3. 삼가 이루라: 직분에 충성함으로써 하나님의 계획을 이루어 드린다.

기도: 나의 삶을 거룩하게 여기고, 충성을 다하게 하시옵소서.

사명 5

거짓말은 안 한다

또한 나는 그의 앞에 완전하여 나의 죄악에서 스스로 자신을 지켰나니.
시 18:23

캐나다 총리 장 크레티앙Jean Chretien은 가난한 집안의 19형제 가운데 열여덟째로 태어났다. 그는 선천적으로 한쪽 귀가 들을 수 없고, 안면 근육 마비로 입이 비뚤어져 발음이 어눌했다.

그런 그는 신체장애를 딛고 1993년 총리가 된 이래 세 번이나 총리에 임명되었다.

"여러분, 저의 어눌한 발음이 아니라 그 속에 담긴 저의 생각과 의지를 들어주십시오."

그때 반대파의 누군가가 소리쳤다. "하지만 한 나라를 대표하는 총리에게 언어장애가 있다는 것은 치명적인 결점입니다."

그러자 크레티앙은 어눌하지만 단호한 목소리로 말했다. "나는 말은 잘 못하지만 거짓말은 안 합니다."

본문의 묵상을 위한 주제어

1. 그의 앞에 완전하여: 하나님께 의롭게 행동하는 오늘이어야 한다.

2. 나의 죄악에서: 하나님의 말씀에서 떠나지 않으려고 최선을 다하자.

3. 자신을 지켰나니: 하나님께 구별되어 지내며, 죄의 유혹을 물리친다.

기도: 악인이라도 나의 편이 되어서 돕게 하시옵소서.

구두를 깁는 성자

마침 사가랴가 그 반열의 차례대로 하나님 앞에서 제사장의 직무를 행할새. 눅 1:8

아프리카의 어느 곳에 성자가 나타났다는 소문이 바티칸에 들려왔다. 바티칸 당국은 즉시 수녀들을 보내어 성자를 찾아서 보고하도록 지시했다. 아프리카에 도착한 수녀들은 성자가 있다는 곳을 찾아갔다. 그 길은 포장도 전혀 안된 흙투성이의 길이었다.

수소문을 한 끝에 성자를 찾았는데 너무도 뜻밖이었다. 수녀들이 생각하기로 성자라면 명상과 은둔 등의 생활을 하고 있을 거라 여겼는데 전혀 그렇지 않았다.

성자는 길거리에서 구두를 깁는 허름한 노인이었다. 그는 도무지 성자 같지 않아 보였다. 헌 구두를 깁는 노인에게 물었다. "왜 여기에서 구두를 깁고 계십니까?"

그는 이렇게 대답하였다. "예, 나는 이 냄새 나는 구두가 예수님의 구두라고 생각하면서 깁고 있습니다."

본문의 묵상을 위한 주제어

1. 반열: 자신의 삶에서 '성도'로서의 반열을 지키도록 결단한다.

2. 하나님 앞에서: 나의 하루가 하나님께 존재하는 것이어야 한다.

3. 직무를: 자기에게 맡겨진 일을 행할 때, 하나님의 복이 따른다.

기도: 지금이 바로 주님의 시간이라는 것을 생각하게 하시옵소서.

농아들을 위한 사명

내가 이방인인 너희에게 말하노라 내가 이방인의 사도인 만큼 내 직분
을 영광스럽게 여기노니. 롬 11:13

토머스 갤로데트는 사람을 섬기기 위해서 목회자가 되었다. 어느
날, 4살짜리 아기를 둔 부모가 그를 찾아왔는데 선천성 농아가 틀림
없었다. 수심과 근심에 가득 찬 부모와 철부지 4살의 아기를 쳐다보
면서 그는 농아 아이가 대학에 들어가서 직장을 가지게 되는 비전을
꿈꾸었다. 그래서 이 아이를 교육시키고자 자신의 교회에 학교를
열었다.

교회 내에 코네티컷 농아학교라고 간판을 내걸고 농아학교를 시
작했다. 학생이라고는 이 4살 된 아이와 소문을 듣고 온 두 명의 어
린이였다. 교사는 목사 한 사람이었다.

농아학교는 학생 한 명으로 시작되었지만 갤로데트에게는 하나님
의 사명 그 자체였다. 하나님의 부르심 앞에 비전과 사명을 느낀 그
의 농아학교는 훗날 세계적인 농아종합대학교가 되었다.

본문의 묵상을 위한 주제어

1. 이방인: 하나님의 구속경륜에 따라 세상의 모든 이들을 바라보자.
2. 이방인의 사도: 구원 받아야 할 불신자들의 생명을 사랑해야 한다.
3. 영광스럽게: 하나님의 뜻에 순종하는 삶에 영광스러움이 있다.

기도: 나의 할 일과 하지 않으면 안 될 일을 보게 하시옵소서.

하나님의 영광을 나타내는 사명

내가 달려갈 길과 주 예수께 받은 사명 곧 하나님의 은혜의 복음을 증언하는 일을 마치려 함에는 나의 생명조차 조금도 귀한 것으로 여기지 아니하노라. 행 20:24

행크스Hanks는 광산에서 부상을 당해 두 눈이 멀고, 두 손이 다 떨어져 불구가 되었다. 그는 매우 절망하여 '금식 자살'을 계획했다. 그때, 한 교수로부터 설교를 들었다. "사람마다 하나님께 받은 사명이 있다."

설교가 끝난 후에, 그 교수를 만나 "나같이 눈도 없고 손도 없는 사람에게 무슨 사명이 있겠습니까"라고 물었다. 그러자 그 교수가 말했다. "당신에게는 아직 입과 귀와 발이 있지 않습니까? 눈과 손은 없을지라도 있는 것을 가지고 하나님의 영광을 나타낼 수 있습니다."

행크스는 이 말에 희망을 가지게 되었고 하나님을 믿고 자기에게 입과 귀와 발을 남겨 준 것에 감사하며 스텐포드 대학에서 열심히 공부하여 미국의 유명한 강연자가 되었다.

본문의 묵상을 위한 주제어

1. 달려갈 길: 오늘도 쉼 없이 내가 해야 할 일을 주목하자.

2. 받은 사명: 나에게 부여된 하나님의 뜻에 목숨을 걸어야 한다.

3. 귀한 것으로: 하나님의 소유가 되었으니 하나님께 나를 거절한다.

기도: 저에게도 하나님께 사명이 있음을 잊지 않게 하시옵소서.

그리스도의 사랑

택함을 입어 문지기 된 자가 모두 이백열두 명이니 이는 그들의 마을에 서 그들의 계보대로 계수된 자요 다윗과 선견자 사무엘이 전에 세워서 이 직분을 맡긴 자라. 대상 9:22

허드슨 테일러James Hudson Taylor는 중국의 내륙에서 복음을 전할 때, 주님의 사랑을 한시도 잊지 못하였다. 한 번은 아프리카에 있는 선교사로부터 이런 질문을 받았다. "당신이 하는 일을 진실로 좋아 하십니까?"

그때 허드슨 테일러의 대답은 충격적이었다.

"아닙니다. 나와 처는 먼지와 이 고생을 좋아하지 않습니다. 우리 는 초라한, 냄새가 나는 이런 오두막집에서 사는 것을 좋아하지 않 아요. 그러나 우리가 좋아하지 않는다고 주님을 위하여 아무것도 하지 않으면 되겠습니까? 우리는 가라는 명령을 받았고, 그리스도 의 사랑이 우리를 강권하시기 때문이지요."

본문의 묵상을 위한 주제어

1. 택함을 입어: 천국 확장의 일꾼으로 선택 받았음을 다시 감사한다.
2. 전에 세워서: 하나님의 교회에서 일꾼으로 세워졌음을 묵상한다.
3. 직분을 맡긴: 이 날, 한 날을 보내면서 직분을 감당하기에 충성하자.

기도: 강권하시는 주님의 사랑에 순종으로 나아가게 하시옵소서.

사명 10
평생의 직업

마침 사가랴가 그 반열의 차례대로 하나님 앞에서 제사장의 직무를 행
할새. 눅 1:8

존 워너메이커John Wanamaker는 대통령으로부터 장관직을 제의 받
았다. "당신의 탁월한 경영솜씨를 발휘해서 체신부장관직을 맡아주
시오."

그때, 워너메이커는 한 마디로 거절했다. "나는 교회학교 교사라
는 일을 무엇보다 소중하게 생각합니다. 만약 장관을 맡아서 내 아
이들을 가르치지 못한다면 이것은 정말 큰일입니다."

대통령이 교회학교 교사직을 수행할 수 있도록 해주겠다고 약속
하자 그는 장관직을 수락하였다. 그리고 매주 토요일이면 비행기를
타고 고향에 내려가 어린이들을 가르쳤다.

한번은 기자들이 그에게 장관직이 교회학교 교사직만도 못하냐고
물었을 때, 이렇게 대답했다. "교회학교 교사직은 내가 평생 동안
해야 할 본업입니다. 그러나 장관직은 한 두 해 하다가 그만 둘 부업
이지요."

본문의 묵상을 위한 주제어

1. 반열의 차례대로: 오늘, 나에게 맡겨져 있는 사명을 감당해야 한다.

2. 하나님 앞에서: 집중해야 할 생각은 하나님 앞에서 살아감이다.

3. 직무를 행할새: 나에게 맡겨진 거룩한 일을 기쁨으로 수행하자.

기도: 한 날을 살아가는 시간을 성실함으로 지내기 원합니다.

세 딸을 잃은 부인과 고아원

아론에게 거룩한 옷을 입히고 그에게 기름을 부어 거룩하게 하여 그가
내게 제사장의 직분을 행하게 하라. 출 40:13

미국에서 어떤 돈 많은 부인이 딸 삼형제를 데리고 여행을 떠났
다. 그런데 그 배가 바다에서 파선을 당해 많은 사람이 물에 빠져 죽
게 되었고, 지나가던 배가 구조를 해주었으나 많은 이들은 생명을
잃었다.

다행스럽게도 이 부인은 구원을 받았지만 그녀의 딸 삼형제는 대
서양의 한복판에서 다 죽고 말았다. 이에, 부인은 처음에는 어떻게
할 줄 모르고 많은 고통을 받았다.

그러나 그 슬픔을 통해서 이 세상에는 자기 부모가 없어서 바로
자라나지 못하는 아이들도 많다는 생각을 하게 되었다. 그녀는 자
신의 딸들 대신에 다른 사람의 자녀들을 기르겠다는 생각을 가지고
이스라엘로 갔다. 예수님께서 십자가에 못 박히셨던 예루살렘에 자
기의 사재 전부를 다 들여 '아메리칸 캐론' 이라는 고아원과 탁아소
를 세웠다.

본문의 묵상을 위한 주제어

1. 거룩한 옷을: 오늘, 하나님의 자녀로서 세상에서 구별되어야 한다!
2. 기름을 부어: 하루의 삶을 하나님의 보내심으로 지내도록 하자.
3. 직분을 행하게: '성도'라는 직분을 행하는 삶으로 오늘을 보내자.

기도: 갑자기 경험하게 될 하나님의 시간에 민첩하기 원합니다.

사명 12
사명의 사람

그러나 너는 모든 일에 신중하여 고난을 받으며 전도자의 일을 하며 네 직무를 다하라. 딤후 4:5

데이빗 리빙스턴David Livingstone이 아프리카 오지의 부족에게 복음을 전하기 위해 밀림 속을 지나는 긴 여행을 하던 중에, 큰 사자를 만났다. 날카로운 이빨을 번득이며 달려드는 굶주린 사자와 맞서 사력을 다해 싸워 겨우 그 사자를 쫓아 보냈다.

그러나 이미 그의 온몸은 날카로운 사자의 이빨 자국과 발톱 자국으로 피투성이가 되었다. 그때 그를 도와 일하던 원주민 소년이 그를 부축하며 말했다. "선생님, 그만 포기하고 가시지요, 이러다가 돌아가시겠습니다."

리빙스턴은 뚝뚝 떨어지는 피를 닦으며 비장한 음성으로 말했다.

"자, 어서 복음을 전하러 가자. 나에게는 아직 복음 전파의 사명이 남아 있다. 사명의 사람은 결코 죽지 않는다."

본문의 묵상을 위한 주제어

1. 그러나 너는: 외톨이가 되어도 불신자와는 반대의 길을 가야 한다.

2. 고난을 받으며: 오늘, 복음을 따라 사는 삶이 어렵더라도 감사한다.

3. 직무를 다하라: 주님께서 오실 때까지 최선을 다해 주님을 섬긴다!

기도: 사명의 완수를 끝내기 전까지는 생명을 던지게 하시옵소서.

랍비의 목욕과 선행

내 하나님이여 내가 이 백성을 위하여 행한 모든 일을 기억하사 내게 은혜를 베푸시옵소서. 느 5:19

유대의 랍비 힐렐Hillel이 빨리 걸어가고 있는 모습을 보고는 한 학생이 그에게 물었다. "선생님, 무슨 일로 그렇게 서두르고 계십니까?" "선한 일을 하기 위해서 서두르고 있다."

그러자 이 학생은 힐렐의 말이 궁금해졌다. 과연 랍비에게 선한 일은 무엇인가를 알아보고 싶어서 그의 뒤를 따라갔다. 그런데 뜻밖에도 힐렐은 공중목욕탕에 들어가서 자기 몸을 씻는 것이 아닌가? 이 학생은 목욕탕에 들어가 자기의 몸을 씻는 그의 행동이 이해되지 않았다.

"선생님, 이것이 선생님이 말씀하신 선한 일입니까?"

힐렐은 조금 엄숙한 말로 대답하였다. "사람이 자신을 청결케 하는 것은 매우 선한 일이다. 로마인은 많은 동상들을 깨끗이 씻지만 동상을 씻기보다는 자신을 깨끗이 씻어야 한다. 이것이 선한 일의 시초니까."

본문의 묵상을 위한 주제어

1. 이 백성을 위하여: 마땅히 하나님의 백성을 위해 수고해야 한다.

2. 모든 일을 기억하사: 하나님을 속인다거나 거짓된 행실은 거절하라!

3. 내게 은혜를: 내가 살아가고 있는 시간이 선한 행실이 되도록 한다.

기도: 오늘, 종일 내내 하나님의 은혜를 기다리게 하시옵소서.

하나님의 섭리를 사모하다

하나님과 우리 주 예수를 앎으로 은혜와 평강이 너희에게 더욱 많을지
어다. 벧후 1:2

리 이젤은 어두운 골목길에서 성폭행을 당했는데, 그 상처에도 하
나님의 뜻이 있음을 묵상하고서 아기를 낳기로 하였다.

리 이젤은 10 개월 후에 딸을 낳아 입양시켰다. 그녀는 자신이 겪
어야만 하는 것들에 대하여 하나님의 섭리가 있음을 사모하였다.
그리고 신학을 공부하여 목사가 되었다.

26년이 지난 어느 날, 리 이젤 목사는 여러 경로를 통해서 생모의
소재를 파악한 딸로부터 어머니를 만나고 싶다는 편지 한 통을 받았
다

딸은 리 이젤을 만난 자리에서 울면서 말했다. "어머니, 그 어려운
상황에서도 낙태시키지 않은 것을 감사해요. 내가 믿는 예수를 어
머니도 꼭 영접해서 구원받으세요."

그 말을 듣는 순간에, 리 이젤 목사의 마음에 남아 있던 자신을 성
폭행한 그 남자에 대한 증오가 녹아내렸다.

본문의 묵상을 위한 주제어

1. 앎으로: 구원의 확증은 하나님과 예수님에 대한 지식에 있다.

2. 은혜와 평강: 구원이 약속된 자에게 영생에 이르는 지식을 주신다.

3. 더욱: 구원에 이르는 지식의 완전함을 갖기 위하여 자기를 살핀다.

기도: 어떤 상황에서도 사람의 견해보다 하나님의 뜻을 찾기 원합니다.

위대함보다 먼저 은혜가 있어야

많은 백성과 강대한 나라들이 예루살렘으로 와서 만군의 여호와를 찾고 여호와께 은혜를 구하리라. 슥 8:22

세기적인 흑인 가수 마리아 앤더슨Marian Anderson은 어려서부터 노래를 잘 불러 친구들도 많았지만 피부의 색이 검다하여 친구들로부터 따돌려져야 하였다.

그녀가 뉴욕의 메트로폴리탄 무대에 서게 되었다. 백인들은 그녀에 악평을 서슴지 않았다. 앤더슨은 마음이 아팠고, 실의에 빠질 지경에 이르렀다. 그녀를 지켜보던 어머니가 조용히 한 마디의 말을 하였다.

"애야, 위대함보다 먼저 은혜가 있어야 한다. 오늘 네가 여기까지 온 것은 은혜 아니냐? 그 은혜에 감사해야 한다."

앤더슨의 어머니는 그녀에게 하나님의 은혜를 묵상하도록 권면하였다. 앤더슨은 이에 용기를 얻어 다시 노래를 불렀다. 그 후, 사람들은 그녀에게 백년에 하나 나올까말까 하다는 세기적인 가수라고 칭찬하였다.

본문의 묵상을 위한 주제어

1. 예루살렘으로 와서: 오늘, 하나님을 중심으로 한 날의 생활을 하자.
2. 여호와를 찾음: 하루를 지내면서 관심의 목표를 하나님께 둔다!
3. 은혜를 구함: 자신을 의지하지 말고, 하나님의 자비로우심을 구하자.

기도: 은혜를 은혜로 알 때 위대해진다는 것을 기억하기 원합니다.

권총 대신에 성경 한 권

대저 나를 얻는 자는 생명을 얻고 여호와께 은총을 얻을 것임이니라.
잠 8:35

톰슨Thompson 목사는 부흥회를 인도하면서, 집회의 마지막 시간이 되면 구원초청을 하였다. "이제 그리스도를 모시고 새로운 인생으로 살 사람은 앞으로 나와서 주님을 영접하시오." 성령의 감동을 받은 한 사람이 말씀에 순종하여 강단 앞으로 나왔다.

그는 자신의 품에 품고 온 권총을 꺼내서 목사에게 주었다. "저에게는 죽이지 않고는 견딜 수 없는 한 사람이 있습니다. 오늘 밤에 그 한 사람을 쏘아 죽이려고 총을 품에 품고 나온 악한 사람입니다."

그가 계속해서 말을 하였다.

"하나님께서 저를 새 사람으로 만들어 주셨습니다. 이제부터 새롭게 살 것을 다짐합니다. 사랑하며 살겠습니다. 오늘 이후로, 저는 권총을 들고 가는 것이 아니라 하나님의 말씀인 성경을 들고 나를 감옥에 보냈던 사람을 계속 찾아다니겠습니다."

본문의 묵상을 위한 주제어

1. 나를 얻는 자: 진리의 말씀을 생명으로 여겨 간직하는 오늘이 되자.

2. 생명을 얻고: 진리가 나에게 생명이 되어 준다는 것을 깨닫는다.

3. 은총을 얻을: 진리는 나에게 하나님의 은혜를 누리도록 인도해준다.

기도: 구원을 받았음에 대한 표식이 있는지를 확인하게 하시옵소서.

주님께 15센트를 드린다면

하나님의 성령으로 봉사하며 그리스도 예수로 자랑하고 육체를 신뢰하지 아니하는 우리가 곧 할례파라. 빌 3:3

존 록펠러John Rockfeller가 부자라는 소문에 어떤 사람이 그를 만났다. 그는 록펠러와 대화를 하다가 그에게 십일조를 하는지 물었다.

"실례인 줄 알지만, 궁금해서인데, 십일조를 하시는지요?"

록펠러는 미소를 띠우면서 그에게 친절히 입을 열었다.

"제가 어렸을 적에, 처음으로 일을 해서 번 돈이 1달러 50센트였습니다. 저는 일주일 동안 일하고 받은 돈을 집으로 가져가서 어머니에게 드렸던 기억이 납니다. 어머니는 그 돈을 앞치마로 감싸면서 제 눈을 바라보셨지요. 그러면서 이렇게 말씀했습니다.

"얘야, 네가 주님께 십일조, 그러니까 15센트를 드린다면 아주 자랑스러울 게다."

록펠러는 말을 이어갔다. "저는 난생 처음으로 번 돈의 십일조를 하나님께 드렸고, 그 후, 지금까지 빠짐없이 십일조를 드렸습니다."

본문의 묵상을 위한 주제어

1. 하나님의 성령으로: 오늘, 성령의 뜻을 따라 살아가고 있는가?
2. 육체를: 거듭난 사람으로서 나의 소속은 하늘에 속한 사람이다.
3. 우리가 곧 할례파: 마음에 할례를 받은 자들이 진정한 할례파이다

기도: 저의 소유가 하나님께로부터 온 것임을 잊지 않기 원합니다.

조지 뮬러의 고백

그러므로 우리는 긍휼하심을 받고 때를 따라 돕는 은혜를 얻기 위하여
은혜의 보좌 앞에 담대히 나아갈 것이니라. 히 4:16

모든 사람이 잘 알고 있는 그대로 무일푼한 가난뱅이인 뮬러
George Muller이지만 하나님의 은혜로 말미암아 그는 과거 50년 동안
에 20만 불의 구제를 해왔다.

어느 해에는 1만 5천 달러까지 구제하였다. 그는 하나님의 은혜
안에서 가난한 사람이 되기를 원하였다. 한 조각의 토지도 없는 그
야말로 가난뱅이, 이 외에 그가 되고 싶은 것이라곤 없었다. 그리하
여 날마다 사용되는 것들, 심지어 자신이 입는 옷까지도 하나님께
의탁하는 생활을 원해 왔고 앞으로도 원한다고 하였다.

그는 모든 것을 하나님께 의존하는 적수공권의 생애를 살아왔다.
그러나 하나님께서는 그에게 고아들을 위하여 과거 50년 동안에 20
만 불의 구제를 하게 하셨다. 1830년부터 적은 액수로 시작하였던
그의 구제사역이 언제부터인가 한해에 15만 달러를 베풀 수 있게
되었다.

본문의 묵상을 위한 주제어

1. 긍휼하심을: 연약하여 수시로 죄를 지으므로 긍휼을 받아야 한다.
2. 돕는 은혜를: 하나님은 시기적절하게 도움의 은혜를 베풀어 주신다.
3. 은혜의 보좌: 보좌는 자기 백성에게 은혜를 베푸시는 자리이다.

기도: 하나님의 사랑과 자비를 나타내는 통로가 되게 하시옵소서.

나와 함께 하시는 하나님

여호와여 우리에게 은혜를 베푸소서 우리가 주를 앙망하오니 주는 아
침마다 우리의 팔이 되시며 환난 때에 우리의 구원이 되소서. 사 33:2

한 젊은 육상 선수가 올림픽에서 명성을 얻은 뒤에 소감을 말하라
는 질문을 받고서 이렇게 대답하였다. "하나님께서 발을 내딛는 순
간마다 나와 함께 달려주셨기 때문에 제가 최선을 다할 수 있었습니
다."

이에, 그의 대답을 들은 스포츠 해설가는 믿을 수 없다는 듯이 "하
나님께서 오늘, 당신이 이기도록 도우셨다는 말은 아니지요"라고
물었다. 젊은 육상 선수는 잠시 생각하다가 다음과 같이 말하였다.

"하나님께서 계시지 않았더라면 내가 오늘 이 자리에 설 수도 없
었을 것입니다. 훈련하는 데 필요한 준비도 못했을 것이고, 이 분야
에 최고가 되어야 할 필요성도 깨닫지 못했을 것입니다. 이런 이유
들 때문에 하나님께서 나와 함께 달려 주셨다고 한 것입니다. 하나
님께서 계시지 않았더라면 나는 오늘 경기에서 이기지 못했을 것입
니다."

본문의 묵상을 위한 주제어

1. 은혜를 베푸소서: 은혜를 구하지 않고서는 하루를 시작하지 말라!
2. 팔이 되시며: 내 힘으로만 아닌, 하나님의 함께 해주심을 기대한다.
3. 구원이 되소서: 하나님의 구원을 보는 한 날이 되도록 앙망한다.

기도: 제가 무엇을 했다기보다 하나님의 손길에 집중하기 원합니다.

오르막길과 내리막길

그의 노염은 잠깐이요 그의 은총은 평생이로다 저녁에는 울음이 깃들
일지라도 아침에는 기쁨이 오리로다. 시 30:5

헨리 나우웬은 많은 보수와 명예를 보장하는 하버드 대학의 교수직을 사임하고, 정신지체아 보호시설인 데이브레이크의 직원으로 취직하였다. 그가 하는 일은 정신지체아들의 대소변을 받아내고 목욕시키는 일이었다.

사람들은 그에게 물었다. "대학자가 왜 제자들을 가르치지 않고 엉뚱한 짓을 하십니까?"

그때 나우웬은 빙그레 웃으며 대답하였다.

"나는 그동안 '성공'과 '인기'라는 이름의 꼭대기를 향해 오르막길만 달려왔습니다.

그러나 한 장애인을 만난 후에, 내리막길을 통해 예수 그리스도를 만날 수 있다는 사실을 깨달았습니다.

오르막길에서는 '나'만 보일 뿐이었지요."

본문의 묵상을 위한 주제어

1. 그의 노염은: 죄에 대한 하나님의 진노는 잠사, 회개를 두려워 말라.

2. 그의 은총은: 나를 회복시켜 주시는 하나님의 자비를 찬송하자.

3. 아침에는: 이 밤에는 피곤하고 지쳤어도 내일 새롭게 하신다.

기도: 이웃에 대하여 축복의 통로로서 살아가기 원합니다.

보이지 않는 인도자

이는 보좌 가운데에 계신 어린 양이 그들의 목자가 되사 생명수 샘으로 인도하시고 하나님께서 그들의 눈에서 모든 눈물을 씻어 주실 것임이라. 계 7:17

존 플렛처John Fletcher는 호기심이 넘쳐서 브라질에 가보고 싶어 하였다. 그러나 화상으로 발을 데어서 방에 갇혀 있어야 하였다. 그는 브라질로 가지 못하게 된 것을 안타까워했다. 창밖을 내다보면서 그는 배들이 지평선 너머로 사라지는 것을 지켜보았다.

그가 화상을 치료하는 동안에 복음운동을 펼치고 있던 존 웨슬레를 만나게 되었다. 그리고 웨슬레가 전해주는 복음에 의해서 회심하게 되었다. 그리고 웨슬레의 복음운동에 한 동지가 되었다.

그리하여 웨슬레와 함께 영국 전역을 다니며 회심운동을 주도하였다. 하나님께서는 그를 사용하셔서 당시의 형식주의적이었던 신자들과 교회에 회심의 불길이 타오르도록 하셨다.

본문의 묵상을 위한 주제어

1. 보좌-어린 양: 오늘, 나의 목자가 되어 주시는 주님을 바라보자.
2. 생명수 샘: 갈한 나의 영혼을 생수로 시원하게 하심을 기대하자.
3. 눈물을 씻어주실: 나의 고통과 아픔을 희락으로 바꾸어 주신다.

기도: 상황에 주눅들지 않고, 상황 위에 계신 하나님을 보기 원합니다.

하나님께서 주시는 기회

우리 주의 은혜가 그리스도 예수 안에 있는 믿음과 사랑과 함께 넘치도록 풍성하였도다. 딤전 1:14

지휘자 아르투로 토스카니니Arturo Toscanini는 본래 첼로 연주자였다. 그는 심한 근시로 인해 연주 중에는 악보를 제대로 볼 수 없었다. 그래서 그는 연주 때마다 연주할 악보를 모두 외워서 연주를 하였다.

그러던 어느 날 연주회를 앞두고, 지휘자가 갑자기 병원에 입원하게 되어 누군가에게 지휘를 대신 부탁해야 할 입장이었다. 그런데 단원들은 모두 악보를 보고 연주를 하던 사람들이라 지휘를 할 수 없었다. 이미 단원들 중에 어떤 이들은 토스카니니가 악보를 외워서 연주한다는 것을 알고 있었다. 이로써 그들은 그에게 지휘할 것을 부탁하였다. 그렇게 하여 토스카니니가 선발되어서 임시 지휘를 했던 것이 인연이 되어 세계적 대지휘자의 길을 걷게 되었다. 만약, 그가 그토록 시력이 나쁘지 않았다면 유럽의 한 첼로 연주자에 불과했었을 것이다.

본문의 묵상을 위한 주제어

1. 주의 은혜: 은혜를 베푸셔서 예수님을 믿고 구원에 이르게 하신다.

2. 믿음과 사랑: 구원의 은혜가 나타나 믿음과 사랑이 넘치게 하신다.

3. 풍성하였도다: 하나님의 은혜는 구원의 역사라 풍성하게 나타난다.

기도: 제가 겪는 상황이 결코 불리하지 않음을 기억하게 하시옵소서.

용감한 보이스카웃

너는 여호와를 기다릴지어다 강하고 담대하며 여호와를 기다릴지어다.
시 27:14

　　어떤 초등학교 학생이 유난히 겁이 많고 유약하였다. 당시에는 학교에서 학생들의 보건관리로 예방주사를 실시하였다. 그 학생은 학교에서 예방주사를 맞을 때마다 울고 피하고 안 맞으려고 하였다.
　　그런데 어느 날에는 주사를 맞는데 너끈하게 맞았다.
　　그래서 담임선생이 물었다.
　　"얘, 너 왜 오늘 안 우냐? 너 왜 오늘 그렇게 주사를 잘 맞니?"
　　그 학생은 빙그레 웃으면서 겁이 안 난다고 했다. 그 아이의 손에는 '보이 스카웃은 용감하다' 라는 글이 적혀 있는 종이가 들려있었다.
　　이 아이가 보이스카웃에 들어가 훈련을 받다 보니, 주사를 맞는 것은 아무것도 아닌 것이었다.
　　'보이스카웃은 용감하다' 라는 훈련이 겁쟁이를 바꾸어 놓았다.

본문의 묵상을 위한 주제어

1. 여호와를 기다릴지어다: 은혜와 돌보심이 오늘을 살게 한다!
2. 강하고: 환경을 보지 말고, 하늘에 소망을 두어 마음을 강하게 하자.
3. 담대하며: 하나님의 응답이 있을 것을 확신하고, 비굴하지 않는다.

기도: 하나님의 은총을 기다려 넉넉하게 살아가기 원합니다.

예배에 자주 참석하는 사람은

만일 우리가 우리 죄를 자백하면 그는 미쁘시고 의로우사 우리 죄를 사하시며 우리를 모든 불의에서 깨끗하게 하실 것이요. 요1 1:9

해럴드 쾨니히 박사는 "예배에 자주 참석하는 사람은 사망률도 그렇지 않은 사람보다 46%나 낮았다."라고 밝혔다.

미국의 국립건강연구센터의 데이빗 라슨 박사는 인간의 건강에 미치는 종교의 영향에 대하여 관심을 갖고 연구하였다. 그에 의하면, "예배에 참여하는 것이 고혈압이나 뇌일혈 등의 발병률을 줄이고, 또한 약물의 처방을 잘 받아들이게 하며 장수에 이바지하는 것"이라고 말했다.

버클리에 있는 인간연구소(HPL)의 윌리엄 J. 스트로브리지 박사 팀이 지난 30년간의 연구에 의하여 예배에 참석하는 사람들이 불신자들 보다 사망률이 낮다는 조사를 하게 되었다.

영국의 일간지 더 타임스는 주일 예배에 매주 나가는 사람이 그렇지 않은 사람보다 훨씬 장수한다고 보도했다.

본문의 묵상을 위한 주제어

1. 우리 죄를: 죄에 대하여 소홀히 여기지 말고, 구체적으로 살핀다.
2. 사하시며: 하나님은 신실하시고, 공의로우시기에 죄를 용서하신다.
3. 깨끗하게 하실: 용서와 함께 거룩하게 해주시는 은혜를 경험하자.

기도: 은총은 매일 반복되는 일상에서 비롯됨을 알게 하시옵소서.

하나님의 사랑과 섭리

이는 하나님이 우리를 위하여 더 좋은 것을 예비하셨은즉 우리가 아니
면 그들로 온전함을 이루지 못하게 하려 하심이라. 히 11:40

샤르니Charny라 하는 한 프랑스인이 나폴레옹의 노여움에 감옥에
갇혀 세월을 보냈다. 고독과 절망에 빠진 그는 작은 돌 조각 하나를
들어, 그 쓸쓸한 독방 벽에다가 이렇게 새겼다.

"아무도 돌보지 않는다."

그런데 어느 날 그 토굴 감옥 바닥에 깔렸던 돌들 틈에서 푸른 새
싹이 돋아나 창문으로 새어 들어오는 빛을 향해 뻗어가기 시작했
다. 샤르니는 간수가 매일 넣어 주는 물을 조금씩 남겨 푸른 잎사귀
에 부어 주니, 마침내 아름다운 파란 꽃을 피우는 꽃나무가 되어 탐
스러운 꽃송이를 터뜨렸다.

그는 전에 벽 위에 새겼던 글귀를 지우고 그 위에 다시 "하나님이
돌보신다."라고 새겨 넣었다.

본문의 묵상을 위한 주제어

1. 더 좋은 것: 주님을 믿는 믿음 안에서 온전케 되는 구원에 이른다.

2. 우리가 아니면: 신약 시대, 성도의 구원은 오직 주님께 달려 있다.

3. 그들로 온전함을: 주님 안에서 구약 시대의 사람도 구원에 이른다.

기도: 오늘, 받은 사랑만큼 이웃을 대하는 은혜를 주시옵소서.

황금률의 성공비결

내가 이미 얻었다 함도 아니요 온전히 이루었다 함도 아니라 오직 내가
그리스도 예수께 잡힌 바 된 그것을 잡으려고 달려가노라. 빌 3:12

존 맥코넬John McConnell은 혼자서 회사를 세워 획기적인 성장을
거듭, 연간의 수입으로 오백만 달러나 되는 액수를 벌어들이게 되
었다. 그의 사업에 주변 사람들의 관심이 높아갔다.

맥코넬이 이토록 놀랍게 성공을 거두자 행정 관료들까지도 그에
게 관심을 가졌다. 그들은 맥코넬로부터 성공 비결을 배워서 정책
의 자료로 삼고자 그의 공장을 빈번히 방문하였다.

"우리 회사는 황금률을 그대로 실천하는 회사입니다. 황금률은 내
삶의 방식이기도 합니다.

황금률의 핵심은 남의 처지를 나의 처지로 바꾸어 생각할 줄 아는
생활방식이라고 생각합니다. 때로는 그렇게 하기 어렵기도 하지만,
그럴지라도 실행하면 어떤 문제라도 사라지게 될 것입니다."

본문의 묵상을 위한 주제어

1. 이미: 지금까지 지내온 삶의 궤적을 늘 살피는 은혜를 구해야 한다.

2. 아니요 - 아니라: 자신을 돌아보아 부족한 부분을 발견해야 한다.

3. 잡으려고: 미래에 성취될 비전을 향해서 달음질치는 은혜를 바란다.

기도: 주님의 마음과 손이 되어 이웃을 섬기게 하시옵소서.

지혜를 구한 치즈 왕

내가 주의 법도들과 증거들을 지켰사오니 나의 모든 행위가 주 앞에 있음이니이다. 시 119:168

제임스 크래프트James L. Kraft는 시카고에서 조그만 치즈 도산매 회사로 시작하였다. 3년 뒤에, 동생 찰스와 함께 지역 소매업자들에게 공급하는 치즈를 가공하기 시작하였다. 그는 마차에 치즈를 싣고 다니면서 팔았다.

그러나 자신이 치즈를 팔아 살아갈 수 있음에 감사하였다. 매일 아침 치즈를 팔러 나가기 전에, 하나님께 기도드리고 나서 떠났다.

그런데 하나님의 은혜가 그에게 지혜로 나타났다. 기도를 드리고 나서는 사업적인 지혜가 생겨 사업이 점점 번창하게 되었고, 나중에는 수많은 트럭으로 치즈를 보급하는 '치즈 왕'이 되었다.

기자들이 그를 찾아와서 "당신이 성공한 비결이 무엇이냐?" 라고 묻자, "하나님께 지혜를 구하는 기도를 하고 모든 일을 처리하게 되자, 하나님은 이처럼 복을 주셨다." 라고 그는 고백했다.

본문의 묵상을 위한 주제어

1. 주의 법도·증거들: 성경에서 오늘을 사는 지혜와 방법을 배운다.
2. 지켰사오니: 성경은 오늘도 나에게 순종하고, 따를 계명이다.
3. 주 앞에: 하나님 앞에서 나의 행실이 제물로 드려지도록 한다.

기도: 없음으로 인하여 낙심하기 전에, 기도로 구하게 하시옵소서.

이제는 필요 없는 것들

곧 그가 여호와께 연합하여 그에게서 떠나지 아니하고 여호와께서 모세에게 명령하신 계명을 지켰더라. 왕하 18:6

스탠리 존스E. Stanley Jones 목사가 노상에서 전도를 하고 있을 때, 몸을 지팡이에 의지한 절름발이 주정꾼이 몹시 소란을 피웠다. 그래서 그를 조용히 시키려고, 그의 어깨 위에 손을 얹고서 말씀을 전했다.

길가에서의 전도 후에 존스는 주정뱅이를 보며, "주님은 주정뱅이인 당신도 구원하십니다."

그러자 그거 대답을 하였다. "목사님이 그렇게 말씀하시면 그대로 되겠지요."

두 사람은 기도하기 위해 무릎을 꿇었다. 존스 목사가 기도를 시작하려 하자, 그가 주머니에서 술병을 꺼내 건네주었다. 그는 지팡이도 건네주며 말했다.

"목사님, 이제는 지팡이가 필요 없게 되었습니다."

본문의 묵상을 위한 주제어

1. 여호와께 연합: 오늘, 나의 삶에서 하나님과 함께 함을 확인하자.

2. 떠나지 아니하고: 나에게 요구하시는 하나님의 뜻 안에 머문다.

3. 계명을 지켰더라: 하나님의 말씀에 순종하는 하루가 되게 하자.

기도: 여기에서 하나님의 나라를 즐기게 하시옵소서.

생각을 바꾸면?

이와 같이 너희도 명령 받은 것을 다 행한 후에 이르기를 우리는 무익한
종이라 우리가 하여야 할 일을 한 것뿐이라 할지니라. 눅 17:10

한 농부가 타작을 하고 있었다. 농사가 잘 되어 소출이 풍성하였
다.

"올해에 나의 채소 농사는 망했어. 이제 어떻게 하지?"

농부는 그만 울상이 되고 말았다. 그는 채소밭이 보기도 싫어졌
다. 이런 생각 때문에 몹시 심상해 있는 것을 본 이웃 친구가 물었
다.

"자네, 감자 농사도 망했는가?" "아니."

"벼 농사는?" "아니."

"그럼, 옥수수 농사는?" "아니야. 그건 잘 됐다네."

"그럼, 됐구먼." 이웃 친구가 말했다.

"왜 자네는 자네가 성공한 일, 감사히 여겨야 할 기쁜 일에서 먼저
시작하지 않는 건가." 그리하여 그 불쌍한 농부는 생각을 고쳐먹고
표정도 바꿀 수가 있었다.

본문의 묵상을 위한 주제어

1. 다 행한 후에: 내가 감당해야 될 일에 충성을 다한다.

2. 무익한 종: 더 잘 할 수 있었음에 반성으로 무익하다고 해야 한다.

3. 한 것뿐이라: 어떤 경우에도 칭찬을 받을 만하지 못하다고 여긴다.

기도: 생명을 주시고, 살게 하셨음에 감사하게 하시옵소서.

십일조의 씨앗

이를 위하여 우리가 수고하고 힘쓰는 것은 우리 소망을 살아 계신 하나님께 둠이니 곧 모든 사람 특히 믿는 자들의 구주시라. 딤전 4:10

록펠러John Davison Rockefeller는 친구의 권유로 광산업을 시작했는데 사기를 당해 원금을 모두 날렸다. 광부들은 폭도로 변해 밀린 임금을 요구했다. 록펠러는 황량한 폐광에 엎드려 기도했다.

"저는 지금까지 온전한 십일조를 드려왔습니다. 하나님이 살아 계심을 보여 주십시오."

그때, 마음에서 위로의 음성이 들려왔다. "때가 되면 열매를 거두리라. 더 깊이 파라."

록펠러는 이 말씀을 믿고 인부들을 독려해서 폐광을 더 깊이 파기 시작하였다. 사람들은 록펠러가 제 정신이 아니라고 수군거렸다. 그때, 갑자기 검은 물이 분수처럼 공중으로 솟구쳤다. 그것은 바로 석유였다. 록펠러는 유전을 발견해 일약 거부가 되었다.

본문의 묵상을 위한 주제어

1. 수고하고 힘쓰는: 오늘의 삶에서 성숙한 신앙인이 되도록 노력한다.
2. 하나님께 둠이니: 하나님의 하나님이 되심이 나의 가치인지 묻자.
3. 구주시라: 하나님께서는 오늘도 나의 구원을 위해 은혜를 베푸신다.

기도: 오늘, 주님께 드릴 것이 있는지를 살피게 하시옵소서.

인생에 더 나은 무엇인가가 있기를

이로써 그 보배롭고 지극히 큰 약속을 우리에게 주사 이 약속으로 말미암아 너희가 정욕 때문에 세상에서 썩어질 것을 피하여 신성한 성품에 참여하는 자가 되게 하려 하셨느니라. 벤후 1:4

빌 하이벨스Bill Hybels는 그의 나이 20살 때, 사귀던 자매와 헤어지고 남미 여행을 하게 되었다. 그가 리우데자네이루의 코파카바나 해변 식당에서 식사할 때, 근처에 앉은 한 노부부의 대화가 들렸다.

"아, 좋다! 여태껏 안 먹고, 안 쓰고, 고생하다가 지금 이렇게 휴가를 누리니 고생 할만 해!"

그때, 노부부의 말이 그에게는 그토록 어리석게 들렸다. "평생 안 먹고 안 쓴 결과가 고급 식당에서 저녁 한 끼 먹는 것이란 말인가?"

그는 방으로 돌아와 무릎을 꿇었다. "하나님, 저를 보아주십시오. 저의 인생에 더 나은 무엇인가가 있기를 원합니다!"

그러한 삶의 자각을 통해서 빌 하이벨스는 목회를 하게 되었다.

본문의 묵상을 위한 주제어

1. 지극히 큰 약속: 오늘, 새 하늘과 새 땅에 들어갈 약속을 기억하자.

2. 세상에서 썩어질 것: 잠시 있다가 없어질 것을 영원과 바꾸지 말자.

3. 신성한 성품에: 종일을 지내며 그리스도와 더불어 살아가도록 한다.

기도: 제가 누구인가를 끊임없이 추적하게 하시옵소서.

코코아 차를 나르는 대통령

심는 이와 물 주는 이는 한가지이나 각각 자기가 일한 대로 자기의 상을 받으리라. 고전 3:8

제 2차 세계 대전이 일어나자, 젊은이들에게 군대로부터 영장이 발부되었다. 영장을 받은 젊은이들은 큰 도시로 집결하여 기차를 타고 훈련소로 갔다. 워싱턴의 기차역에도 수백 명의 장정들이 몰려들었고, 시민들은 그들의 편의를 도와주고 있었다.

그 시민들 가운데, 다리를 절면서 뜨거운 코코아 잔을 쟁반에 들고 늦은 밤까지 봉사를 하고 있던 한 사람이 있었다. 어떤 때는 친히 코코아를 끓이기도 했다. 어느 장정 하나가 그 노인을 자세히 보니 그는 다름 아닌 프랭클린 루즈벨트Franklin Roosevelt 대통령이었다.

그는 나라를 위하여 전쟁터로 나가는 청년들에게 뜨거운 고마움을 가졌다. 루즈벨트는 육체의 불편을 무릅쓰고 밤마다 기차역에 나와 훈련소로 떠나는 청년들에게 뜨거운 코코아를 나르며 봉사를 했다.

본문의 묵상을 위한 주제어

1. 심는 이물 주는 이: 각 사람에게 맡겨진 일이 다름을 인정하자.
2. 일한 대로: 하나님께 받은 은혜대로 충성을 다해야 한다.
3. 자기의 상을: 수고의 대가로 상급이 주어짐을 기억하고 충성한다.

기도: 이웃에게 하나님의 사랑으로 나아가게 하시옵소서.

천국의 상급 2

그 장로에 그 목사

이것이 장래에 자기를 위하여 좋은 터를 쌓아 참된 생명을 취하는 것이
니라. 딤전 6:19

어떤 교회의 목사는 목회에 열심이라, 거의 매일을 예배당에서 기도하다가 잘 정도였다. 그는 교회요람의 첫 페이지부터 펼치면서 거기에 기록된 이들의 이름을 보면서 기도를 했다.

어느 날에는 아침 늦게까지 기도하는데 한방 의사인 장로가 아파서 고통을 당하는 환상을 보게 되었다. '무슨 어려움이 있으신가?' 목사는 장로가 염려스러워졌다. 목사는 서둘러 기도를 마치고 장로가 한약방을 찾아갔다.

그때, 약을 짓고 있던 장로는 놀라면서 반가이 맞았다.

"목사님, 어떻게 오셨습니까? 제가 오늘 아침에 일어나니 목사님께서 편찮으시다는 생각이 들어서 지금 약을 짓고 있습니다."

그때, 장로의 눈과 목사의 눈에 눈물이 가득하게 고였다.

본문의 묵상을 위한 주제어

1. 장래에: 예수님께서 다시 오시는 날을 대비하면서 살아가야 한다.

2. 좋은 터를: 보물을 하늘에 쌓아두라는 상급과 일치한다.

3. 취하는: 오늘, 한 날의 삶에서 주님의 재림을 준비하도록 한다.

기도: 사랑을 할 말한 힘이 있을 때, 사랑으로 섬기게 하시옵소서.

짐을 운반하는 나귀

스스로 속이지 말라 하나님은 업신여김을 받지 아니하시나니 사람이
무엇으로 심든지 그대로 거두리라. 갈 6:7

스티브 린튼Stephen W. Linton은 지난 수년 동안에 걸쳐 사랑의 구호
품을 싣고 북한으로 가서 그곳 사람들에게 전달하는 나귀와 같은 역
할을 기쁨으로 감당하였다. 선교사는 주인이 실어주는 짐을 싣고,
주인이 원하는 곳으로 가서 전달하는 나귀의 일을 수행하는 삶이
다.

사실, 그가 하나님께서 쓰시는 충실한 나귀로 만들어지는 데에는
100여 년의 세월이 걸렸다. 그의 외고조부인 유진 벨 목사 부부가
미국 남장로교 선교사로 한국에 와서 선교하다가 이 땅에 묻혔던 것
이다.

벨 선교사 부부의 딸인 사로트 역시 선교사로 한국에서 보냈다.
그들 2세대 선교사 부부에게는 네 아들이 있었는데, 그 중의 하나가
스티브의 부친인 휴 린튼이었다. 그의 어머니 로이스는 한국에서
평생 결핵환자들을 돌보며 살았다.

본문의 묵상을 위한 주제어

1. 속이지 말라: 자신을 미혹하는 것이 자기에게 있음을 잊지 말라!
2. 업신여김을; 이기적인 본성에 의하여 저질러진 행위를 두려워하자.
3. 무엇으로 심든지: 오늘, 나의 생각과 행동이 내일의 나를 만든다.

기도: 어려운 이들을 돌아보는 한 날의 기쁨을 주시옵소서.

도둑에게 물건을 내어준 사랑

땅은 그것의 열매를 내리니 너희가 배불리 먹고 거기 안전하게 거주하리라. 레 25:19

어느 날 이상재 선생이 늦도록 책을 읽는데 도둑이 들었다. 도둑은 이 방, 저 방 다니며 한 보따리 싸 들고 드디어 선생이 있는 방문을 열었다. 이때, 깜짝 놀란 도둑에게 선생은 여유 있게 "안녕하십니까?" 하고 인사를 했다.

이상재 선생은 안절부절 못하는 도둑에게 안심을 시켰다. 그리고 말하기를, "필요한 것이 있으면 염려 말고 가져가라"고 하였다.

도둑은 얼떨결에 고맙다고 인사를 하고 나갔다. 그런데 집 밖으로 나가던 길에, 그만 순경에게 붙들렸다. 순경은 도둑을 끌고 다시 선생의 댁으로 와서 도둑을 잡았으니 물건을 받으시라고 했다.

이때, 이상재 선생은 "내가 가지고 가라고 주었는데 어찌 도둑이냐, 우리 집에 온 손님이오."라고 태연히 말하였다.

본문의 묵상을 위한 주제어

1. 열매를 내리니: 오늘, 열매를 얻게 하시는 하나님께 소망을 둔다.

2. 배불리 먹고: 오늘도 소득으로 만족하게 하시는 하나님을 찬양한다.

3. 안전하게 거주함: 오직 하나님이 나의 평안이 되심을 기억하자.

기도: 저의 소망이 하나님으로 말미암는지를 확인하게 하시옵소서.

천국에 있는 부자의 집

이는 기업의 상을 주께 받을 줄 아나니 너희는 주 그리스도를 섬기느니라. 골 3:24

한 부자가 죽어 천국에 가게 되자, 천사가 그를 마중 나왔다. 천사는 부자가 앞으로 살게 될 집으로 안내하겠다고 했다. 그는 천사를 따라가면서 으리으리한 집들을 보자, 가슴이 뛰었다. 그런데 천사는 대저택이 늘어선 거리를 지나가면서도 발걸음을 멈출 생각을 하지 않았다.

거리가 모두 끝나고, 아주 허름한 집에 이르러서야 천사가 말을 했다. "당신은 앞으로 이 집에서 생활하셔야 합니다."

당황한 부자가 억울하다는 듯이 물었다. "천사님, 이 집에서 살라는 겁니까? 저쪽에 있는 대저택들은 주인도 없는 것 같은데 내버려 두고 어째서 이런 허름한 집을 주시는 겁니까?"

천사가 말을 하였다. "죄송합니다. 당신이 세상에 살아있을 때 올려 보낸 재료로는 아무래도 이런 집 밖에 지을 수밖에 없었습니다."

본문의 묵상을 위한 주제어

1. 기업의 상: 주인에게 순종하는 자에게 하시는 주님의 약속이다.

2. 주께 받을 줄: 사람의 수고에 대한 보상은 하나님께 달려 있다.

3. 주 그리스도를: 예수님은 믿는 자들에게 영적인 기업이 되신다.

기도: 나를 위하여 예비해 주신 하늘의 상을 바라보기 원합니다.

성경을 읽지 않고 보내온 생애

내가 하나님을 의지하여 그의 말씀을 찬송하며 여호와를 의지하여 그의 말씀을 찬송하리이다. 시 56:10

어느 주일의 설교에서 목사가 사람들의 성경을 읽지 않음에 대하여 질책하였을 때, 위키Wiki에게는 자기에게 말씀하시는 하나님의 음성으로 들려왔다. 성경을 읽지 않고 보내온 생애에서 어떤 허탈감을 느끼게 되었다.

위키는 성경을 하루에 3페이지 반씩 읽고, 말씀을 명상하기 위해 10분을 추가하기로 계획하여 시계의 자명종을 30분 앞당겨 놓았다. 그는 19년 전에 이 일을 시작해서 이제 성경을 20번째 읽고 있다.

성경을 읽는 소감을 이렇게 말하였다. "처음 성경을 읽을 때보다 지금은 그 20배를 성경에서 배울 수 있게 되었다. 그리고 아침 이른 시간이 성경읽기에 가장 좋은 시간이다." 위키에게 있어서 성경은 하나의 일기장이 되었다. 그는 평생을 성경을 가까이 하면서 살았다.

본문의 묵상을 위한 주제어

1. 의지하여: 오늘, 하루의 시간을 하나님을 의지하는 삶으로 채우자.
2. 그의 말씀을: 오직, 성경으로 하나님을 찾고, 성경으로 응답한다.
3. 찬송하며: 하나님의 약속이 나에게 찬송의 원인이 되기를 소망하자.

기도: 저의 삶이 언제나 하나님을 의뢰하는 시간이 되기 원합니다.

거룩한 갈망

무릇 나 여호와는 정의를 사랑하며 불의의 강탈을 미워하여 성실히 그들에게 갚아 주고 그들과 영원한 언약을 맺을 것이라. 사 61:8

인도 관청의 관리였던 부스 터커Booth Tucker는 주님을 만난 후에, 자기 자신을 보게 되었다. 그는 지금까지 살아왔던 자기중심의 삶이 공허하다는 것을 느끼게 되었다.

예수님의 인류를 위한 삶을 묵상하면서 새로운 눈을 뜨게 하셨는데, 주위의 도덕적, 영적으로 빈곤한 사람들을 위해 보다 많은 일을 할 수 있기를 갈망했다.

그는 이웃에게 주님의 삶을 나누어 주고 싶어 하였다. 그래서 동료와 함께 원주민들의 마을 향해 갔다.

어느새 그들의 발에 물집이 많이 생겨 발을 옮길 때마다 고통을 느끼게 되었다. 그래도 그들은 원주민들의 영혼을 생각하면서 고통을 참았다.

본문의 묵상을 위한 주제어

1. 정의를: 하나님의 공의를 주목해 의와 성실함으로 한 날을 보내자.

2. 불의의 강탈을: 하나님께서 미워하시는 생각이나 행동은 거절한다.

3. 영원한 언약을: 나의 보상은 여기에 있지 않고, 오로지 천국에 있다!

기도: 그리스도의 흔적을 갖고 어디든 보내어지게 하시옵소서.

가난한 과부의 이름

눈물을 흘리며 씨를 뿌리는 자는 기쁨으로 거두리로다. 시 126:5

한 왕이 자기의 명예를 위하여 자신을 기념하는 예배당을 지어 하나님께 봉헌하고자 하였다. 사실, 왕의 의도는 하나님보다 자신에게 있었다. 그는 예배당을 크게 지으면서 아무에게도 헌금을 못하게 명령하였다.

예배당의 건축이 완성되고, 머릿돌에 자신의 이름을 새겨 넣었다. 그런데 그날 밤의 꿈에 한 천사가 나타나 자기의 이름을 지우고 그 위에 한 가난한 과부의 이름을 새겨 놓는 것이었다.

꿈에서 깨어난 왕은 불쾌히 여기면서 과연 꿈에서 본 이름의 과부가 실재하는 지를 알아보라고 신하들에게 시켰다. 신하들이 수소문을 해서 그 과부를 왕에게로 데려 왔다.

왕은 과부에게 예배당을 지을 때 무엇을 했느냐고 물었다. "벽돌을 나르는 말들에게 건초먹이를 주었을 뿐이었습니다." 왕은 교회의 머릿돌에서 자기 이름을 긁어내고 과부의 이름을 기록하게 하였다.

본문의 묵상을 위한 주제어

1. 눈물을 흘리며: 오늘, 한 날의 삶을 통해서 나의 미래를 심는다.
2. 씨를 뿌리는: 오늘, 어떤 경우에라도 행하는 수고는 씨를 뿌림이다!
3. 거두리로다: 사람이나 일의 관계에서 거둘 때를 바라보고 인내하자.

기도: 오늘에 있어지는 모든 일들이 예배가 되게 하시옵소서.

부끄러운 일

경기하는 자가 법대로 경기하지 아니하면 승리자의 관을 얻지 못할 것이며. 딤후 2:5

앤드류 카네기Andrew Carnegie는 어려서부터 갖은 고생을 하면서 세계 최대의 철강회사를 운영했다. 그런데 회사를 매각하고, 인생 후반부에는 자선사업에 몰두했다.

그는 2,509개의 공공도서관, 카네기공과대학, 카네기교육진흥재단, 각종 평화재단 건립 등에 전 재산의 90%를 기부했다. 평소에 그는 이렇게 말했다.

"부자인 채로 죽는다는 것은 부끄러운 일이다."

카네기는 그 말대로 되지 않기 위해서 자신의 것을 남에게 다 나누어 주었다. 그는 인간의 일생을 2기로 나누어서, 전기에는 부를 축적하고, 후기에는 축적된 부를 사회복지를 위해서 투자해야 한다는 신념으로 삼고, 그 신념을 실천했다.

본문의 묵상을 위한 주제어

1. 경기하는 자: 나의 사명을 감당하기 위해서 경기하는 자의 심정을!
2. 법대로: 하나님의 말씀을 사랑하고 유일의 법칙으로 삼는다.
3. 승리자의 관: 나를 위하여 예비해 두신 상급을 기억해야 한다.

기도: 아쉬울 것을 모르게 하시는 은혜를 주시옵소서.

버려지지 않는 전도지

보라 내가 속히 오리니 내가 줄 상이 내게 있어 각 사람에게 그가 행한 대로 갚아 주리라. 계 22:12

한 선교사가 아시아의 힌두교 나라에서 어느 크리스천 여인과 이야기를 나누고 있었다.

그들이 대화를 하는 시간에, 한 쪽 다리를 저는 지체장애인 행려자가 와서 동냥했다. 선교사는 동전과 함께 그들의 언어로 된 전도지를 주었다.

크리스천 여인이 말했다. "전도지를 그에게 허비하지 마세요. 저 사람은 결코 크리스천이 될 수 없어요."

그러나 이 선교사가 놀랄 모습이 보였다. 사실, 선교사는 거지에게 전도지를 주었으나 그가 예수님을 믿으리라는 기대는 별로 안 했다.

그런데 3일 후에 지체장애인 행려자가 예수님을 영접하겠다고 하면서 선교사의 집 문 앞에 나타났다.

본문의 묵상을 위한 주제어

1. 내가 줄 상이: 행한 대로 보응하시고, 나에게 정해진 상급이 있다.

2. 각 사람에게: 나에게 정해져 있는 상급을 생각하고, 열심을 낸다.

3. 갚아 주리라: 오늘, 천국에서의 상급을 바라보고, 믿음을 지킨다.

기도: 주님의 소망을 부지런히 나누는 은혜를 주시옵소서.

재림의 신앙

보라 주 여호와께서 장차 강한 자로 임하실 것이요 친히 그의 팔로 다스리실 것이라 보라 상급이 그에게 있고 보응이 그의 앞에 있으며.
사 40:10

1세기의 그리스도인들은 사형장에서 야수의 먹이가 되고, 돌에 맞아 죽기도 하고, 사지가 찢겨 죽거나 거꾸로 십자가에 달려 죽기도 했다. 그리고 칼에 목을 베어 죽기도 하고, 얼음 속에 집어넣어져 얼어 죽기도 하였다.

그러나 그들은 순교의 행렬 속에서도 하나님을 향한 사랑과 신앙의 색깔을 변색시키지 않았다. 그들은 집에서 쫓겨나고, 신앙 때문에 굴 속에 살면서도 고통과 박해를 기쁨으로 환영하면서 "마라나타(Maranatha!)"라는 인사를 서로 하였다.

이는 "주께서 다시 오십니다!"라는 말로서 주님의 다시 오심을 기다리는 희망 때문에 주님을 위하여 순교하였다.

본문의 묵상을 위한 주제어

1. 강한 자로: 주님께서 다시 오실 때, 세상의 심판주가 되신다!
2. 그의 팔로 다스림: 오늘도 심판주로 오시는 예수님을 기다린다.
3. 보응이 그의 앞에: 그날이 오면 흑암의 세력이 패퇴당할 것이다.

기도: 오직 나의 소망을 하늘에 두는 은혜를 주시옵소서.

06

하늘에
속한 사람

구두를 닦는 소년

종들아 두려워하고 떨며 성실한 마음으로 육체의 상전에게 순종하기를
그리스도께 하듯 하라. 엡 6:5

런던의 한 길모퉁이에서 구두를 닦는 소년이 있었다. 그는 아버지
가 빚 때문에 감옥에 갇혔기 때문에 집안 살림을 꾸려나가기 위해서
구두를 닦아야 했다.

새벽부터 나와서 밤늦게까지 길거리를 지나가는 사람들의 구두를
닦으면서도, 그 소년은 얼굴에 밝은 웃음을 잃지 않았다. 늘 노래를
부르는데 밝은 노래만 불렀다.

사람들은 그에게 물었다. "구두를 닦는 일이 뭐가 그리 좋니?"

그때마다 소년은 이렇게 대답했다. "즐겁지요. 저는 지금 구두를
닦는 게 아니라, 저만의 희망을 닦고 있기 때문이에요."

이 소년이 바로 성인이 되어 영국을 대표하는 최고의 작가가 된
찰스 디킨스Charles Dickens이었다.

본문의 묵상을 위한 주제어

1. 두려워하고 떨며: 실수하지 않으려고 자신을 지켜 조심해야 한다.

2. 육체의 상전: 세상에 있는 동안에 섬겨야 할 질서이다.

3. 그리스도께 하듯: 성도의 세상에서의 행실의 기준은 예수님이시다.

기도: 베풀어 주신 은혜에 감사하면서 내일을 기다리게 하시옵소서.

제일 좋은 소고기만을

성실하게 행하는 자는 구원을 받을 것이나 굽은 길로 행하는 자는 곧 넘어지리라. 잠 28:18

데이브 토마스Dave Thomas는 작은 레스토랑을 열어서 그 딸의 이름을 따 윈디라고 지었다. 그는 음식을 만들어 파는 장사에 시작했으나 자신이 가족에게 먹인다는 각오로 임하였다.

자연히 그의 레스토랑은 호평을 얻게 되었다. 최고의 고기만을 고집해서 사람의 입맛을 사로잡은 데이브 토마스의 햄버거는 좋은 반응을 얻었다. 윈디스 햄버거가 문을 열자, 손님이 점점 늘어나기 시작했다.

그는 언제나 햄버거를 만들 때 제일 좋은 소고기만을 사용했다. 끊임없이 새로운 모양을 만들고 가장 깨끗한 레스토랑으로 만들었다.

그는 이 사업에 그의 훌륭한 마음씨와 강한 믿음을 더해 윈디 체인을 3,200 개의 레스토랑으로 확장시켰다. 그래서 이러한 유형의 식료품 업계에서 단연 1위를 차지했다.

본문의 묵상을 위한 주제어

1. 행하는 자: 오늘, 하나님께서는 내가 어떻게 행하는가를 주목하신다!
2. 성실하게: 정당한 결과는 성실한 수고를 대가로 지불해서 얻어진다.
3. 굽은 길로: 보다 쉽게 이익을 얻고자 꾀를 부려서는 안 된다.

기도: 하나님의 형통케 하심의 은혜를 기다리게 하시옵소서.

시간과 기회

또 너희가 열심으로 선을 행하면 누가 너희를 해하리요. 벧전 3:13

연말이 되자 아버지가 아들을 불렀다. 아버지는 아들에게 기대를 품고 있었다. 그래서 그에게서 최소한의 기대를 구하려 하였다. "벌써 한 해가 다 갔구나. 그동안 어떻게 한 해를 보냈는지 말해 보아라."

아들이 우울한 표정으로 입을 열었다.

"일 년 동안 아무 일도 없었습니다. 그러나 사실, 연초부터 무언가를 해 보려고 생각은 많이 했지만, 아직도 시작을 하지 못하고 있지요. 이제 한 해가 다 지나고 보니 아무런 결실도 없어 그저 세월이 아까울 뿐입니다."

아들의 이 말에, 아버지는 침통한 표정이 되더니 깊은 한숨까지 내쉬며 이렇게 말하는 것이었다.

"너는 정말 한 해를 잘못 보냈구나. 이 세상에서 무엇보다 값지고 소중한 시간을 아무것도 하지 않고 보냈으니 말이다."

본문의 묵상을 위한 주제어

1. 열심히: 하나님은 모든 일에, 성취하시기까지 열심이시다.
2. 선을 행하면: 선의 기준은 하나님이시니 그분의 뜻을 좇아야 한다.
3. 해하리요?: 하나님의 뜻을 좇으면 하나님께서 악인을 막아주신다.

기도: 하나님께 거룩하게 세워지기를 결단하는 은혜를 주시옵소서.

언제나 성취를 향해

부지런하여 게으르지 말고 열심을 품고 주를 섬기라. 롬 12:11

아모스 패리쉬Amos Parish는 미국에서 세일즈 아이디어 전문가로 활약했는데, 다른 사람이 볼 때, 크게 성공한 사람이었으나 그 자신은 한 번도 자기가 성공했다고 생각하지 않았다. 그는 나이가 들어감에 따라 정신이 점점 기민해졌고 끊임없이 새로운 아이디어를 창출해 냈다. 94세의 나이로 세상을 떠나려 할 때도 그는 새로운 아이디어에 몰두해 있었다. 그는 자신의 임종 전에 찾아온 친구에게 이렇게 말했다.

"여보게, 여기 새로운 아이디어가 있어. 이것은 정말 기발한 거야." 그는 자신이 절대로 다 이루었다고 자부한 사람은 아니었다. 그는 언제나 성취를 향해 나아갔으며 목표를 이루는 과정을 누렸다. 그가 한 말이다. "진정한 리더는 자신보다 더 훌륭한 사람들로 참모진을 구성하며 그들이 자신보다 더 나은 사람들이라는 사실을 인정하며 그들에게 해당하는 보수를 지급하는 일을 게을리 하지 않는다."

본문의 묵상을 위한 주제어

1. 부지런: 공생애의 사역에서 보여주신 주님의 부지런하심을 배우자.

2. 열심을: 시간을 다투는 마음으로 하나님의 뜻을 구해야 한다.

3. 주를 섬기라: 오늘, 나의 하루가 하나님을 섬기는 것이 되도록 한다.

기도: 소망을 주신 것을 마음에 뿌려 간직하게 하시옵소서.

1등으로 경기장에 들어온 선수

내가 성실한 길을 택하고 주의 규례들을 내 앞에 두었나이다.
시 119:30

런던에서 열린 올림픽 경기의 마지막 날에, 황당한 상황이 벌어졌다. 관중들은 올림픽의 꽃이라 할 마라톤을 관람하면서 누가 1등으로 들어올지를 기다리고 있었다.

드디어 이탈리아의 도란도 피에트리Dorando Pietri가 주경기장에 제일 먼저 도착하였다. 그런데 그는 자신의 몸을 가누지 못하고 머리와 팔다리를 흔들거리면서 트랙의 반대쪽으로 걸어가더니 주저앉아 버렸다.

체력을 전부 소모해 버린 듯 이내 허물어지듯이 쓰러져 버렸다. 그가 초주검이 되어 결승선의 몇 미터 앞에 쓰러져 있었을 때, 경기의 임원진이 달려가서 그를 부축하여 결승선을 통과했으나 실격되었다.

그러나 다음날, 그는 시상식에서 금메달은 못 땄지만, 금메달 보다 더 값진 영국 여왕이 특별히 마련한 금 컵을 받았다.

본문의 묵상을 위한 주제어

1. 성실한 길을: 오늘, 낙심에 처하게 되어도 하나님께 신실해야 한다.
2. 규례들을: 유혹에서 자신을 지키려고 하나님의 말씀을 붙잡는다.
3. 두었나이다: 어떤 유혹에서도 진리의 삶을 살고자 기도한다.

기도: 하나님께 합당하지 않은 습관은 버리게 하시옵소서.

국가를 구한 겸손

너는 마음을 다하고 뜻을 다하고 힘을 다하여 네 하나님 여호와를 사랑하라. 신 6:5

필리핀의 대통령이었던 라몬 막사이사이Ramon Magsaysay는 겸손하고 성실한 사람이었다. 그는 어릴 때부터 자신의 나라 필리핀에 대하여 안타까워했다. 그래서 자신이 보고 겪고 느끼는 필리핀 민족의 슬픔과 불행을 어떻게 해서든지 없애야 하겠다는 생각을 잊지 않았다.

자기 혼자만이라도 거짓이 없고 올바른 사람이 되겠다는 결심을 굳혔다. 그래서 그는 자동차 운전사 노릇을 하는 동안에도 겸손한 자세로 성실하게 임하였다.

그의 겸손과 근면성이 인정되어 양코 버스회사의 지배인이 되었고, 제2차 대전 후에는 국방장관, 대통령이 되었다. 그러나 그는 전과 조금도 다름이 없었다. 소박하고, 겸손했다.

"나의 직책은 대통령이지만, 나의 마음은 이 나라의 한 병사이다." 이것은 그가 늘 품은 신념이었다.

본문의 묵상을 위한 주제어

1. 너는: 오늘도 하나님께서는 나에게 주목하고 계심에 집중하자.
2. 마음, 뜻, 힘을: 오늘, 하나님 앞에서 전인격적으로 살아야 한다.
3. 여호와를 사랑하라: 한 날의 삶이 하나님을 사랑함의 표현이다!

기도: 하나님 앞에서 자신을 낮추는 은총을 주시옵소서.

연주에 일생을 바친 사람

유덕한 여자는 존영을 얻고 근면한 남자는 재물을 얻느니라. 잠 11:16

어느 유명한 피아노 연주가가 있었다. 그의 연주를 들은 사람이면 누구나 뛰어난 사람의 가슴을 적시는 그의 연주력에 감탄하곤 하였다.

그의 연주 솜씨는 나라 안에 큰 뉴스거리가 되었다.

어느 날에는, 그 나라의 대통령 부인도 그의 연주를 듣고자 하였다. 그녀는 그의 연주회에 와서 연주를 듣고 찬사를 보냈다.

"당신은 정말 천재군요. 당신처럼 연주할 수만 있다면 나는 일생을 바치겠어요."

그때, 연주자는 고개를 크게 저으면서 말하였다. 그 찬사가 자신에게 어울리지 않다는 것을 강조, 자신은 결코 천재가 못 된다고 하였다.

"아닙니다. 부끄럽습니다. 제가 천재가 아니라는 것을 저 자신이 먼저 알고 있지요. 그래서 제가 택한 것은 끊임없이 연습에 몰두한 것입니다. 저는 실제로 연주에 나의 일생을 바쳤습니다."

본문의 묵상을 위한 주제어

1. 유덕한 여자는: 오늘, 하나님께 사랑스러운 행실로 한 날을 살자.

2. 근면한 남자는: 모든 일에 덕을 끼침이 없이 근면해서는 부족하다.

3. 얻고-얻느니라: 자신의 행위에 대한 열매를 얻음을 기억하자.

기도: 왕으로 오신 예수님께 충성을 다하게 하시옵소서.

불평하지 않고 묵묵히

이를 위하여 나도 내 속에서 능력으로 역사하시는 이의 역사를 따라 힘을 다하여 수고하노라. 골 1:29

부모가 양육하는 것을 귀찮게 여겨, 어린 나이에 장기 사관학교에 보내진 하이램Hiram은 늘 난쟁이로 놀림을 받았다. 그는 신체적으로 왜소함 때문에 육군 장교로 임관되지 못하였다. 그는 군복을 벗자 고향으로 내려가 농사를 지었다.

그러던 중에 남북전쟁이 터져 그는 다시 군대로 소집되었다. 북군의 장교로 싸우게 되었다. 그는 자신의 왜소한 외모 때문에 부대에서도 대우를 받지 못했지만 불평하지 않고 묵묵히 온 힘을 다했다.

마침내 그의 성실한 삶의 모습은 많은 사람으로부터 존경과 신뢰를 얻어 미국 최초의 육군 대장이 되었다. 그리고 미국의 제18대 대통령에도 당선되었다. 그가 바로 율리시스 그랜트 대통령Ulysses S. Grant이었다.

본문의 묵상을 위한 주제어

1. 이를 위하여: 나의 오늘은 무엇을 위하는 것인가?

2. 역사하시는 이: 내 안에서 성령으로 역사하시는 주님을 주목한다.

3. 힘을 다하여: 하나님께서 원하시는 것은 최고가 아니라 최선이다.

기도: 하나님을 기다리는 삶을 배우며 지내도록 이끌어주시옵소서.

교회를 가장 오랫동안 다닌 사람

이 사람 여로보암은 큰 용사라 솔로몬이 이 청년의 부지런함을 보고 세워 요셉 족속의 일을 감독하게 하였더니. 왕상 11:28

살아생전 교회를 가장 신실하게, 또 가장 오랫동안 다닌 사람은 누구일까? 약간 오래된 수치이기는 하지만 1976년 당시의 통계에 의하면 미국의 린퀴스트 여사다.

그녀는 88년 동안 꾸준히 주일 예배에 참석하였다. 그 88년 동안 그녀는 교회의 목사가 15번 바뀌는 것을 보았으며, 4천 번 이상의 기도회에 참여했다.

또한, 린퀴스트 여사는 50년 동안 이상을 주일학교 교사로 봉사하였다. 주일학교에서 그녀의 제자들 중에 많은 사람들이 목회자가 되어 있었다. 그녀가 젊은이들에게 전하는 말이다.

'열매를 맺는 삶은 어떤 것인가? 성실하며, 신실하게 온 힘을 다해 신앙생활을 하는 것이다. 나는 그렇게 지내왔다.'

본문의 묵상을 위한 주제어

1. 큰 용사라: 하나님 앞에서 나의 사명과 책임을 다하는 하루가 되자
2. 부지런함을: 오늘이라는 시간 안에 내가 해야 될 일들을 감당한다.
3. 요셉 족속의 일을: 하나님의 쓰임에 합당하도록 자신을 준비하자.

기도: 하나님께 대하여 부지런하게 살아가도록 이끌어주시옵소서.

한 통에 4달러 스탠다드 석유

게으르지 아니하고 믿음과 오래 참음으로 말미암아 약속들을 기업으로
받는 자들을 본받는 자 되게 하려는 것이니라. 히 6:12

아치볼드Archibald에게는 유별나게도 회사를 사랑하는 마음이 깊었
다. 그는 록펠러가 운영하는 스탠다드 석유회사에 다니고 있었는데
남들이 생각해도 귀찮을 것 같지만 그는 회사에 대한 행동이 자연스
러웠다.

회사의 용무로 호텔에서 숙박을 하게 되면 숙박부에 자기의 이름
을 쓰지 않고 "한 통에 4달러 스탠다드 석유"라고 자기 회사의 석유
가격과 이름을 적곤 하였다.

그래서 사람들은 그를 "한 통에 4달러 스탠다드 석유"라고 불렀
다. 이 소문을 들은 사장 록펠러는 그가 얼마나 회사를 위해서 열심
히 충성하는지 알고 나서는 마음에 감격하였다.

록펠러는 그를 회사에 없어서는 안 될 인물이라고 생각하였다. 아
치볼드는 후에 록펠러의 뒤를 이어 세계 최대의 석유회사 사장이 되
었다.

본문의 묵상을 위한 주제어

1. 게으르지: 오늘, 하나님의 자녀로 성장하는 삶에 부지런해야 한다.

2. 믿음과 오래 참음: 하나님의 약속에 대해 오래참고 기다려야 한다.

3. 기업으로 받는: 인내로 하나님께서 약속하신 기업-구원을 소유한다.

기도: 맡겨진 일에 마음으로 최선을 다하는 기질이 되게 하시옵소서.

고아들의 아버지 조지 뮬러

부지런한 자의 경영은 풍부함에 이를 것이나 조급한 자는 궁핍함에 이를 따름이니라. 잠 21:5

조지 뮬러George Mueller는 영국의 브리스톨에서 불쌍한 고아들을 위해 봉사하였다. 그는 주님을 향한 자신의 헌신을 통해 수많은 고아를 돌보는 놀라운 결실을 거두었다.

그는 기도하여 고아들이 살 수 있는 집을 얻었으며 고아들을 돌보는 데 필요한 것들을 공급받았다. 그는 한 번도 어떤 특정한 사람에게 그가 필요한 돈이나 물건을 달라고 요청해 본 적이 없었다.

다만 그는 하나님께만 간절히 구했다. 하나님께서는 세계 각처에서 선한 사람의 마음을 감동시켜 필요한 것과 봉사할 일꾼들을 공급해 주셨다.

그는 자기의 전 생애를 통해 3천 명 이상의 고아들을 양육했으며 700만 달러 이상을 모금했다.

본문의 묵상을 위한 주제어

1. 부지런한 자: 오늘, 한 날의 시간을 오직 성실함으로 채우자.
2. 풍부함에 이름: 나의 행동에 하나님께서 응답해주실 것을 기대한다.
3. 조급한 자: 하나님 앞에서 수단과 방법을 가리는 은혜를 구하자.

기도: 하나님의 일하심을 생각하며 게으르지 않기 원합니다.

평범한 진리

내 아들들아 이제는 게으르지 말라 여호와께서 이미 너희를 택하사 그
앞에 서서 수종들어 그를 섬기며 분향하게 하셨느니라. 대하 29:11

시골에 있는 한 물방앗간의 심부름꾼이었던 소년이 부자가 되었
다. 그의 이름은 깁슨Gibson이었는데, 갖은 고생을 겪으면서도 낙심
하지 않았다. 그는 자신의 삶에 하나님의 도우심이 있을 것을 믿고
기다렸다.

마침내 산림 20만 에이커와 철도 280 마일을 소유하는 부자가 되
었다. 그가 부자가 되자, 사람들이 그를 주목하기 시작하였다. 깁슨
에게 인터뷰를 하러 온 기자가 그의 성공의 비결을 묻자, 이렇게 대
답했다.

"저는 세 가지를 꼭 지켰습니다.

첫째는 절대로 술을 마시지 말 것,

둘째는 수고하는 것을 싫어하지 말고 부지런히 일할 것,

셋째는 하나님을 믿고 매사에 염려하지 않는 것이었지요.

이 세 가지가 오늘의 저를 있게 만든 것입니다."

본문의 묵상을 위한 주제어

1. 게으르지 말라: 오늘, 십자가의 군병으로 사는 삶의 긴장을 조여라!

2. 너희를 택하사: 영적 전투를 위하여 전사로 부름을 받은 하루이다.

3. 수종들어 그를 섬기며: 내가 감당해야만 하는 일은 내가 한다.

기도: 열매를 맺도록 순종하는 마음을 주시옵소서.

나는 정직과 성실로 미국을 정복했다

여자들도 이와 같이 정숙하고 모함하지 아니하며 절제하며 모든 일에
충성된 자라야 할지니라. 딤전 3:11

재미 사업가인 백영중은 현재 미국의 '강철왕'이라고 별명이 주
어졌다. 그가 쓴 책, 『나는 정직과 성실로 미국을 정복했다』가 있
다. 그는 패코스틱이라고 하는 큰 회사의 회장으로 아이빔(I-beam)을
생산 판매해서 연 매출액이 2억 불이나 된다.

백영중은 이북의 선천에서 났고, 홀홀 단신 혼자서 월남을 해 가
지고 남한에서 살아보려고 하다가 잘 안 돼서 그는 미국으로 갔다.
거기에서 고생을 하여 자수성가하여 오늘에 이르렀다.

그는 너무 고달프고 어려울 때, 식당에서 일을 할 때, '북에서 쫓겨
나 남에서 못 살고 미국에 왔는데, 이 이상 더 물러설 수 없다.'는 생
각으로 자기를 이겨왔다.

"하나님께서 내게 은혜를 주어서 좋은 분들을 만나게 해 주었습니
다. 좋은 기회를 주신 것을 늘 감사하며 살았습니다."

본문의 묵상을 위한 주제어

1. 모함: 거짓으로 고발하는 것을 의미, 교회(성도)는 정직해야 한다.
2. 절제: 쾌락을 거절하고 영적으로 깨어있는 상태를 유지해야 한다.
3. 충성: 성도는 하나님 앞에서 자신의 직분과 사명에 충실해야 한다.

기도: 하나님께 오늘이라는 삶에 충성된 자로 세워지게 하시옵소서.

바느질삯으로 드린 헌금

충성된 사자는 그를 보낸 이에게 마치 추수하는 날에 얼음 냉수 같아서
능히 그 주인의 마음을 시원하게 하느니라. 잠 25:13

한국에서의 선교 사업을 위해 많은 액수의 돈을 헌금한 외국의 어느 부인이 있었다. 그녀는 한국을 방문하여 자신이 하나님의 선교에 더욱 한걸음 가까워지고 싶어졌다.

선교단체에서는 그 부인이 한국을 방문한다는 이야기를 듣고, 안내를 맡은 간사가 그녀를 만나 일류 호텔로 안내하게 되었다. 그런데, 그녀는 극구 사양하며 수수한 호텔로 가 달라고 부탁했다. 간사는 이렇게 말했다. "어찌해서 저희의 성의를 마다하십니까?"

그녀는 미안하다고 하면서 자신이 살아온 삶에 대해 짧게 얘기를 해주었다.

"결코, 제가 부유해서 이 헌금을 한 것은 아닙니다. 저는 평생 군복을 깁는 생활을 하였습니다. 먹을 것과 입을 것을 아껴가며, 군복을 깁는 바느질삯을 모아 헌금한 것입니다."

본문의 묵상을 위한 주제어

1. 충성된 사자: 오늘, 하나님의 보내심으로 삶의 현장에 서야 한다!
2. 그를 보낸 이에게: 나의 시간이 결코 내 것이 아님에 유의하자.
3. 주인의 마음을: 내가 하려는 모든 일을 통하여 하나님께 집중하자.

기도: 여호와께 드림이 즐거운 한 날이 되게 하시옵소서.

하나님이 찾으시는 사람

주인이 이르되 잘하였다 착한 종이여 네가 지극히 작은 것에 충성하였으니 열 고을 권세를 차지하라 하고. 눅 19:17

성 프란시스코Saint Francisco에게 제자가 물었다.

"선생님, 선생님이 기도할 때는 하나님의 영광이 드러납니다. 그리고 선생님의 생애에는 놀라운 기적이 나타납니다. 그 비밀이 무엇입니까?"

프란시스코는 이렇게 말했다.

"그것은 간단한 거야. 하나님께서는 이 세상을 보시며 사람을 찾으셨어. 가장 추한 사람이 누군지, 가장 불결한 사람이 누군지, 고통 가운데 고민하는 사람이 누군지, 가장 병든 인생이 누군지 찾고 계셨어.

그 하나님의 눈길이 나에게 머물러서 나를 보신 난 후에,

'저 사람을 붙들어 내가 한 사람의 생애를 어떻게 변화시킬 수 있는가를 보여줘야지.' 라고 생각하신 거야."

본문의 묵상을 위한 주제어

1. 주인이 이르되: 주인 되신 하나님께서는 오늘도 나를 보고 계신다!

2. 지극히 작은 것: 작은 일에 충성할 때, 칭찬과 보상으로 위로하신다.

3. 차지하라: 모든 것의 권리가 하나님께 달려 있음을 기억해야 한다.

기도: 나를 위해서 예비하신 하늘의 기적을 베풀어 주시옵소서.

내적 평안을 찾은 노인

누가만 나와 함께 있느니라 네가 올 때에 마가를 데리고 오라 그가 나의 일에 유익하니라. 딤후 4:11

허드슨 테일러James Hudson Taylor가 중국의 영파에서 전도할 때, 그를 도운 구씨 성을 가진 사람의 노모가 전도가 되어 그 노모가 신실한 성도가 되었다.

구 씨의 노모는 혼자 사는 진 씨 노인을 전도하였다. 그는 허랑방탕한 아들들이 집의 가산을 탕진해서 홀로 어렵게 살아가는 처지가 되었다. 진 씨 노인은 바늘과 실 등을 팔아 근근이 살아가니, 구씨 노모의 마음은 더욱 아팠다.

구 씨 노모가 이 노인을 설득하여 테일러의 집회에 데리고 왔는데, 그곳에 모인 사람들의 얼굴에 모두 행복함을 본 진 씨 노인이 감동을 받았다. 시간이 지난 후에, 진 씨 노인도 그들처럼 자신의 무거운 짐을 하나님 앞에 내어 맡기고, 바늘과 실을 팔면서 복음을 전했다.

본문의 묵상을 위한 주제어

1. 나와 함께: 오늘, 내가 살아가는 삶의 현장에서 성령님과 함께 하자.

2. 마가를: 하나님께서 자기를 위하여 나를 찾으시도록 기도해야 한다.

3. 유익하니라: 하나님과 이웃에게 유익을 주는 사람으로 오늘을 살자.

기도: 오늘, 모든 일에서 여호와삼마를 고백하게 하시옵소서.

콜린 파월 美 국무장관의 비밀

나의 반석이시요 나의 구속자이신 여호와여 내 입의 말과 마음의 묵상
이 주님 앞에 열납되기를 원하나이다. 시 19:14

콜린Colin L. Powell은 학교에서의 성적이 C급이어서, ROTC를 지
원하여 군대로 나갔다. 군대는 그의 적성에 맞았다. 그가 월남전 최
전방에서 근무할 때 그의 사단장은 그의 졸업 성적을 보고 그를 작
전 참모로 불러들였다. 참전 후에도 그는 자신의 임무를 충실히 수
행하던 중에, 1989년에, 부시 대통령의 명으로 미국의 합참의장에
임명되었다. 콜린은 그가 세례 받을 때, 담임목사가 그의 머리에 손
을 얹고, "오, 주여, 이 아이를 보호하시고, 주님의 은총을 받고, 주
님의 성령 안에서 자라나, 마침내 영원한 나라에 이르게 하소서. 아
멘!"이라고 하였던 그 기도를 잊지 못하였다.

그는 교회에서 세례식에 참여하여 이 기도 소리를 들을 때마다 자
신의 세례 때 받았던 기도를 기억하였다. '누군가 나를 지켜보고 있
구나!' 그리고 '하나님께서도 나를 지켜보고 있구나!' 라고 느꼈으
며, 더 열심히 잘 해야지 하는 마음으로 살아왔다.

본문의 묵상을 위한 주제어

1. 내 입의 말과:

2. 마음의 묵상이:

3. 주님 앞에 열납되기를:

기도: 하나님의 것을 하나님께 드리는 즐거움을 주시옵소서.

최선의 방법은

무릇 의인들의 길은 여호와께서 인정하시나 악인들의 길은 망하리로다. 시 1:6

어떤 섬유회사의 작업실 벽에는 다음과 같은 글이 붙어 있었다.

"만일 실이 헝클어져서 풀 수 없을 때 현장주임에게 도움을 구하시오."

어느 날 새로 입사한 여직원이 일하다가 실이 헝클어졌다. 그녀는 당황하게 되었고, 헝클어진 실을 풀어보려고 애썼지만 허사였다. 계속해서 기계는 돌아가고, 결국은 일을 모두 망치고 말았다.

현장주임이 달려왔다. 기계를 멈추고 헝클어진 실을 풀어내는데 몇 시간이나 걸렸다. 그녀는 현장주임에게 자신이 온 힘을 다해 실을 풀어보려고 노력했다고 하였다.

이 말에, 현장주임은 그녀에게 말했다.

"아닙니다. 당신은 온 힘을 다하지 않았어요. 당신이 온 힘을 다하는 것은 나에게 와서 도움을 청하는 것이었지요."

본문의 묵상을 위한 주제어

1. 의인들의 길: 복 받기를 원함이 아니라 복 있는 자로 걸어야 한다.

2. 인정하시나: 사람의 인정보다 하나님께서 인정하시는 삶을 살자.

3. 악인들의 길: 하나님께서 동행을 거절하시는 길로 가지 말라!

기도: 하나님 앞에서 의인이 되는 한 날로 이끌어 주시옵소서.

후회 없는 삶

내가 너희에게 말하노니 불의의 재물로 친구를 사귀라 그리하면 그 재물이 없어질 때에 그들이 너희를 영주할 처소로 영접하리라. 눅 16:11

월리엄 보덴은 고등학교를 졸업하던 해에 벌써 백만장자가 되어 있었다. 그는 대학에 진학하기 전에 자신의 생각을 좀 더 넓히려고 세계를 보고자 하였다.

그리하여 세계 일주를 하였는데, 여행을 하는 동안에 고통을 받는 사람들을 보고는 마음에 큰 짐을 지게 되었다. 그래서 집으로 보내는 편지에 "나는 일생을 전도사업과 그 일에 대한 준비에 바치겠습니다."라고 썼다. 그리고 자신의 성경책에는 '지체할 수 없음' 이라고 썼다.

그는 신학교에서 공부를 마치고 중국에 있는 회교도들에게 전도하기 위해 항해하던 중에 선교 준비를 하려고 이집트에 들렀는데, 그만 뇌막염에 걸려 한 달도 못되어 주님의 나라로 갔다.

그의 성경책 뒤표지에는 '후회 없음' 이라고 써 두었다.

본문의 묵상을 위한 주제어

1. 불의의 재물: 불의한 것에 사용될 재물도 선한 일에 사용해야 한다.
2. 친구를 사귀라: 오늘, 누릴 수 있는 것으로 이웃과 나누도록 하자.
3. 영주할 처소로: 재물을 선하게 사용하면 하나님께서 갚아주신다.

기도: 결단을 통해서 나의 믿음이 있음을 보이게 하시옵소서.

훌륭한 사서

옳다 인정함을 받는 자는 자기를 칭찬하는 자가 아니요 오직 주께서 칭찬하시는 자니라. 고후 10:18

미국에서 평소에 국회 도서관의 귀중한 가치에 대해 역설해온, 한 하원 의원이 있었다. 그는 어느 날, 그를 찾아온 사람에게서 이런 질문을 받았다.

"의원님 같이 바쁘신 분이 연구와 조사에 많은 시간을 들이지 못하면서 어떻게 그렇게 도서관을 효과적으로 이용하는 방법을 알고 계시며, 주어진 논의 주제가 어느 책의 몇 페이지에 있는지를 그렇게 잘 찾으십니까?"

그는 이렇게 대답했다.

"아, 그것은 아주 쉬운 일입니다. 아주 훌륭한 우리의 사서 덕분이지요. 우리는 다만 필요한 주제와 관련된 권위 있는 책을 찾아달라는 메모를 써서 사무실의 어린 사환을 시켜 그에게 보내기만 하면 됩니다."

본문의 묵상을 위한 주제어

1. 옳다 인정함을: 오늘 하루를 살게 하시는 분에게 인정을 받도록!
2. 자기를 칭찬하는: 자신을 내세우는 허세와 교만을 물리치도록 한다.
3. 주께서 칭찬하시는: 주님께 인정받기를 원하는 기도로 하루를 살자.

기도: 하나님의 영으로 이끌려서 충성을 다하게 하시옵소서.

벽돌 한 수레

각각 그 마음에 정한 대로 할 것이요 인색함으로나 억지로 하지 말지니
하나님은 즐겨 내는 자를 사랑하시느니라. 고후 9:7

존 워너메이커John Wanamaker는 가난 때문에 어린 시절에 벽돌 공장에서 직공으로 일했다. 그러나 주일을 지키고 예배를 드리는 생활에는 일등이었다. 하루는 목사가 설교를 마치고 "우리 예배당이 낡아서 개축해야 되겠으니 모두 정성껏 연보해 달라"고 광고했다.

워너메이커는 '나도 교회를 위해서 무언가 하고 싶은데 돈이 없으니 어떻게 하면 좋을까?' 하고 고민하다가 돈 대신에 벽돌을 바쳐야겠다고 작정을 했다. 그래서 그는 벽돌공장의 주인에게 예배당의 개축을 위해서 벽돌을 주시라고 부탁하였다.

그의 요청을 기특하게 여기던 벽돌공장의 주인은 벽돌을 한 수레 내주었다. 워너메이커는 벽돌을 수레에 가득 싣고 목사를 찾아갔다. 목사는 어린 소년의 마음에 감동해서 뜨겁게 축복기도를 해주었다.

본문의 묵상을 위한 주제어

1. 마음에 정한 대로: 생각으로 준비하여 결심에 의해 드려야 한다.
2. 인색함으로: 헌금은 하나님께 드리는 것이므로 사랑이어야 한다.
3. 즐겨 내는 자를: 하나님께 즐겁게 드리는 자가 하나님의 사랑한다.

기도: 여호와께 복을 받는 행실을 즐거워하게 하시옵소서.

1페니 헌금의 겨자씨

그런즉 너희의 마음을 우리 하나님 여호와께 온전히 바쳐 완전하게 하
여 오늘과 같이 그의 법도를 행하며 그의 계명을 지킬지어다. 왕상 8:61

영국의 한 교회에서 5살 된 소년이 1페니를 헌금하면서 신약성경
을 사서 인도에 보내 달라고 하였다. 이 소년의 뜻을 귀중하게 여겨,
목사는 돈을 조금 보태어 성경 한 권을 샀고, 소년이 사인해, 인도로
보냈다.

20년이 지나고 나서 이 목사가 인도에 들러 어떤 마을을 방문하게
되었다. 그런데 연, 동네와는 달리, 그 마을에서는 많은 사람이 예
수님을 믿고 있었다.

그가 그 마을에 복음이 전해내려 온 동기를 물으니, 작은 성경 한
권 때문이었다고 하였다. 그러면서 그 성경을 목사에게 가져왔다.
목사는 다 떨어지고 남루한 신약성경의 마지막 표지에서 20년 전에
자기 교회의 소년이 사인한 것을 발견할 수가 있었다.

본문의 묵상을 위한 주제어

1. 너희 마음을: 오늘, 하나님께서 내 마음의 자리에 좌정하시게 하자.

2. 여호와께 온전히 바쳐: 한 날의 삶은 고스란히 하나님께 드려진다!

3. 그의 법도-계명: 하나님의 말씀에서 좌로나 우로 치우치지 말자.

기도: 제가 주님께 드릴 것이 있는가를 찾아보게 하시옵소서.

아름다운 헌신의 기준

그가 또 그의 아버지가 구별한 물건과 자기가 구별한 물건 곧 은과 금과
그릇들을 하나님의 전에 드렸더니. 대하 15:18

전도자 무디Dwight L. Moody의 말은 서투르거나 문법적으로 틀린
부분이 많았다. 그것은 그가 문장을 작성하는 것에 대하여 공부가
부족했기 때문에서다.

무디가 대중전도를 마쳤을 때, 한 사람이 그에게로 다가왔다.

"당신의 강연은 문법적으로 틀리는 게 많습니다. 대중연설은 좀
삼가시는 것이 좋겠는데요."

그러자 무디는 대답했다. "예, 미안합니다. 저는 그렇게 부족하지
요. 문법공부를 하지 못해서요. 그래서 말하는 것도 서투르고 많이
틀립니다. 그러나 저는 제가 가진 것은 무엇이든 주님을 위해 쓰이
도록 온 힘을 다하고 있습니다. 선생의 그 좋은 지식과 통찰력과 판
단력이 참 부럽습니다. 선생은 그것들을 주님을 위해 어떻게 사용
하시는지요?"

본문의 묵상을 위한 주제어

1. 그의 아버지가: 오늘, 부모나 선조가 보여준 믿음의 길을 따라가자.

2. 자기가: 하나님께서 내게 주신 은혜에 합당하게 하루를 살아간다.

3. 하나님의 전에: 한 날의 내 행실이 하나님께 드려짐이 되도록 한다.

기도: 봉헌하는 심정으로 오늘의 일을 감당하게 하시옵소서.

예수님께 드리는 헌금

이르시되 그런즉 가이사의 것은 가이사에게, 하나님의 것은 하나님께
바치라 하시니. 눅 20:25

주일 아침에, 모르간Morgan이라는 어린 소녀는 하나님께 드릴 헌
금으로 25센트를 챙겨왔다.

"엄마, 이 돈은 예수님께 드릴 거예요. 예수님께 드리려고 따로 모
았어요."

소녀는 교회로 오면서 다시 한 번 말한다.

"이 25센트는 예수님을 위한 거예요."

모르간은 자기가 드리는 돈이 꼭 예수님께 가야 한다고 생각했다.
그녀의 어머니는 어린 딸에게 그 돈이 예수님의 복음을 국내외에 전
하기 위해 여러 용도로 사용된다고 설명해 주었다.

모르간은 헌금 접시가 가까이 오기를 기다리더니 25센트를 넣고
는 어머니를 슬픈 얼굴로 바라보며 물었다. "헌금 접시에 담긴 돈이
모두 예수님을 위한 것이라면 왜 저것 밖에 없어요?"

본문의 묵상을 위한 주제어

1. 가이사의 것: 하나님께서는 세상의 질서를 위해 권위를 허락하신다.

2. 하나님의 것: 하나님은 권위의 원천이시며, 권위로 섭리하신다.

3. 바치라: 권위에 순복하고, 원칙적으로 복종하기를 즐거워해야 한다.

기도: 하나님의 것을 구별하여 드림에 넘쳐나도록 하시옵소서.

당나귀 헌금

여호와의 이름에 합당한 영광을 그에게 돌릴지어다 예물을 들고 그의
궁정에 들어갈지어다. 시 96:8

한국 교회 선교 초기에 선교사들이 황해도 해주 지방에서 예배당
을 건축했다. 신자들은 예배당의 건축을 위해서 자기들의 헌물을
가져다가 교회에 쌓아놓았다.

이 교회에는 당나귀에 물건을 싣고 장사하는 성도가 있었다. 그에
게는 재정이 넉넉하지 못하여 예배당을 짓는데 헌금을 하지 못하고
있었다. 당나귀는 그의 가장 중요한 재산이었다.

그는 아내에게 당나귀를 교회 건축을 위해서 드리자고 말했다. 아
내는 남편의 말에 순종하였다.

아내는 아름다운 화관을 만들어서 당나귀의 목에 씌웠다. 남편은
그 당나귀를 끌고 예배당에 들어왔다. 자신의 전 재산을 헌물로 드
린 것이다.

본문의 묵상을 위한 주제어

1. 여호와의 이름에: 오늘, 한 날에 여호와의 이름을 높여드려야 한다.

2. 합당한 영광을: 나의 생각이나 사견을 거절하고, 영광을 드린다.

3. 예물을 들고: 오늘, 나의 생활이 하나님께 드릴 예물이 되어야 한다.

기도: 오늘의 삶이 그대로 봉헌되는 제물이 되게 하시옵소서.

영의 눈을 뜨도록 돕는 일

이것이 곧 적게 심는 자는 적게 거두고 많이 심는 자는 많이 거둔다 하는 말이로다. 고후 9:6

주일 낮 예배 때, 헌금을 하는 순서였다. 초라한 차림의 한 맹인이 거액의 수표를 세 장이나 헌금 접시에 넣었다. 예배 후에, 헌금을 계수하는 회계 집사는 거액의 수표에 놀랐다. 그는 수표의 주인인 맹인에게 왜 그렇게 많은 돈을 헌금했느냐고 물었다.

"저라고 헌금하지 말라는 법 있나요? 지난번, 이 교회 사무원한테 한 달 전기료가 얼마냐고 물어보았어요.

보시다시피 저는 시각장애인입니다. 볼 수 없으니 전깃불도 필요 없지요. 하지만, 다행히 하나님의 은혜로 영의 눈을 떴어요.

교회에서는 사람들에게 하나님을 볼 수 있는 영의 눈을 뜨게 돕는 일을 하고 있지 않습니까? 영적 어둠을 밝혀주는 교회의 일을 위해서 조금씩 절약해 모은 돈으로 그만큼이라도 하려고요."

본문의 묵상을 위한 주제어

1. 이것이: 추수의 원리는 자연의 법칙으로 하나님의 섭리임을 깨닫자.
2. 적게 심는 자: 하나님께 인색하면 인색한대로 보상을 받는다.
3. 많이 심는 자: 남을 대접하는 원리에 따라 하나님을 대접해 드린다.

기도: 하나님께는 최선을 다하게 하는 삶을 누리기 원합니다.

복이 내리도록

여호와께서 이르시되 네 아들 네 사랑하는 독자 이삭을 데리고 모리아
땅으로 가서 내가 네게 일러 준 한 산 거기서 그를 번제로 드리라.
　창 22:2

　안산시 A교회에서 교육관을 지을 때, 여 집사가 예배당의 청소를
하다가 결혼 예물로 받은 반지를 잃었다. 그 순간, 성령의 감동으로
그녀는 교육관 건축에 인색했던 자신의 모습을 회개하였다.

　회개 후, 3일이 지나 교회의 관리 집사가 반지를 찾아주었는데, 그
녀는 반지를 무명으로 건축 헌금으로 드렸다. 당회에서는 드려진
반지의 처리 문제를 놓고 회의를 하였다.

　그런데 결혼반지의 의미에 대해서 아주 귀하게 생각하는 장로 한
사람이 나섰다. "어떻게 결혼반지를 바치느냐?"

　장로는 자신이 그것을 사겠다고 했다. 그녀의 반지를 바치는 믿음
에 감동되어서 1억 원을 내어놓았다.

본문의 묵상을 위한 주제어

1. 네 사랑하는 독자: 오늘, 나에게 귀한 것으로 하나님을 사랑하자.
2. 모리아 땅으로: 하나님을 섬김은 원하시는 방법으로 한다.
3. 번제로 드리라: 오늘의 삶이 곧 오늘 하나님께 번제가 되어야 한다.

기도: 하나님께 드릴 것이 무엇인지를 찾게 하시옵소서.

영혼을 구하려는 감사헌금

너희의 처음 익은 곡식 가루 떡을 거제로 타작 마당의 거제 같이 들어
드리라. 민 15:20

고훈 목사의 교회에서는 해마다 가을에 추수전도를 한다. 불신자
를 초청해서 예수님을 영접하도록 결신 시키고, 영혼을 구원하는
총력전도 잔치다. 어느 해에도 온 교우들이 열심히 초청하였다.

이 때, 한 서리 집사 부부가 전도 감사헌금을 드리면서 에물을 드
린 봉투에 이렇게 썼다. "하나님, 우리 아버지의 영혼을 이번 전도
주일에 구원하여 주시옵소서."

월급생활을 하는 40대 부부로서 어렵지 않으나 넉넉지도 않는 생
활에 영혼을 아직 구원 못한 것이 한이 되어 큰 액수의 헌금을 한 것
이다.

그 헌금은 목사의 가슴을 뭉클하게 하였다. 영혼은 천하의 재물로
도 살 수 없지만, 영혼을 구원해달라고 하나님께 가장 값진 재물을
드릴 수는 있다.

본문의 묵상을 위한 주제어

1. 처음 익은: 수확의 첫째, 좋은 것으로 하나님을 인정해드리자.

2. 거제로: 나에게 귀한 것으로 여겨지는 것을 예물이 되게 하자.

3. 들어 드리라: 오늘, '무엇이든지' 하나님께 드림'에 초점을 맞추자.

기도: 잃은 자를 찾으시는 하나님의 심정으로 증인되게 하시옵소서.

어린 소녀 가정부의 헌신

처음 익은 것으로는 그것을 여호와께 드릴지나 향기로운 냄새를 위하
여는 제단에 올리지 말지며. 레 2:12

한 소녀가 집이 너무 가난하여 어렸을 때부터 가정부로 지냈다. 그런 형편에서도 그녀는 주인에게 양해를 구하여 주일에는 빠짐없이 예배에 참석하는 아가씨였다.

그때, 그가 다니던 교회는 예배당을 건축하는 중이었는데, 재정이 모자라 건축이 중단될 위기에까지 이르렀다. 목사는 난감한 지경에 이르렀다. 인부들은 지급되지 않은 인건비로 목사를 고발하겠다고 하였다.

이 말을 들은 처녀에게 성령님께서 감동해주셨다. 그녀는 5년 동안에 가정부 생활을 하며 쓰지 않고, 모아둔 돈을 몽땅 찾아서 목사에게 주었다. 목사는 헌금을 받았으나 그 어린 것이 갖은 고생을 하며 소중히 모은 돈이라 생각하니 마음이 아팠다. 그래서 자매와 함께 눈물로 기도하였다. 이렇게 해서 건축은 계속되었다.

본문의 묵상을 위한 주제어

1. 처음 익은 것: 오늘, 첫 시간의 것을 하나님께로 구별해야 한다.
2. 여호와께 드릴지나: 하나님의 것으로 구별된 것을 탈취하지 말라!
3. 제단에 올리지 말지며: 하나님께서 금지하신 것은 행하지 말자.

기도: 무엇에든지 여호와께 드림의 은혜를 누리게 하시옵소서.

목화 십일조

그 소제물 중에서 기념할 것을 가져다가 제단 위에서 불사를지니 이는
화제라 여호와께 향기로운 냄새니라. 레 2:9

시골 마을의 어느 교회에서 교회의 형편이 어렵다 보니 제직회 회
계를 그 누구도 맡으려 들지 않았다. 마침내 연말이 되어 한 사람을
지명하게 되었다.

그런데 그가 교회의 살림을 맡은 뒤로는 눈에 띄도록 재정이 넉넉
해졌고, 예배당도 수리하게 되었다. 연말이 되어 재정 보고를 하는
자리에서, 그는 이렇게 대답했다.

"저는 목화로 솜을 만드는 제면소를 운영하고 있습니다. 올해에는
우리 교인들이 면을 타러 오면, 갖고 온 목화 뭉치 중에서 십 분의
일을 떼고 나머지 면을 타 주었습니다. 그리고 손실이 거의 없이 솜
을 만들어 드렸습니다. 그러니까 그 떼어놓은 십 분의 일은 십일조
헌금이 되어 교회의 재정에 들어간 것입니다. 감사합니다."

본문의 묵상을 위한 주제어

1. 소제물 중에서: 나의 모든 일들이 하나님께 드림이 되어야 한다.

2. 불사를지니: 행실이 '종교적'이 아닌, 하나님을 사랑함이 되게 하자.

3. 향기로운 냄새: 하나님께서 받으시는 것은 나 자신임을 기억하자.

기도: 드려야 할 때, 핑계하지 않는 은혜를 주시옵소서.

청구서와 십일조

심는 자에게 씨와 먹을 양식을 주시는 이가 너희 심을 것을 주사 풍성하게 하시고 너희 의의 열매를 더하게 하시리니. 고후 9:10

어느 신혼부부에게 새 살림을 꾸미느라 비용이 많이 들어, 그들의 가계에 심각한 압박을 받고 있었다. 그들 부부에게 물건 값을 요구하는 청구서가 쌓여가고 있는데, 그들의 마음속으로부터 십일조를 드리라는 강한 도전을 받았다.

그러나 지금 당장 십일조를 챙긴다면 살림이 눈에 뜨이게 어려워질 것이 뻔하다. 그래서 두 사람은 함께 기도했는데, 하나님의 명령에 순종하여 기쁘시게 해드리기로 작정하였다. 그래서 아무리 어려워도 규칙적이고도 성실하게 십일조를 드리는 일을 가장 중요하게 생각하였다.

처음에는 굉장히 힘들었으나 몇 달이 지나자, 두 사람은 처음에 자기들이 수입 전액을 가지고 살던 것보다 10분의 9만 가지고도 더 잘 가계를 꾸려 나갈 수 있었다는 사실에 놀라게 되었다.

본문의 묵상을 위한 주제어

1. 주시는 이가: 나에게 있어야 할 것을 주시는 하나님을 기대한다.
2. 심을 것을 주사: 하나님이 아닌 다른 데서 도움을 구하지 않는다.
3. 더하게 하시리니: 오늘, 나의 삶을 넉넉하게 하심에 감사한다.

기도: 하나님께서 책임을 져 주시는 인생이 되게 하시옵소서.

모든 것을 다 드려도 부족하다

네 하나님 여호와 앞에 칠칠절을 지키되 네 하나님 여호와께서 네게 복을 주신 대로 네 힘을 헤아려 자원하는 예물을 드리고. 신 16:10

미국에 사는 어느 한 과부의 세 아들은 모두 주님께 헌신된 자들이었다. 주님께서는 먼저 큰 아들을 아프리카로 보내 복음을 전하게 하였다. 얼마 후, 아들은 아프리카 식인종에게 잡혀 죽고 말았다. 그녀는 자신의 아들이 주님을 위해 순교한 것에 대해 기도와 찬미를 드렸다.

이어서, 주님께서 둘째 아들을 또 아프리카로 보내 복음을 전하게 하셨다. 둘째도 큰 아들과 마찬가지로 식인종에 의해 죽게 되었다. 막내인 셋째 아들도 아프리카로 보냈고 역시 죽게 되었다.

어느 날 그녀의 친구가 찾아와 "너는 세 아들이 복음 사역을 하다가 모두 죽었는데 후회하지 않니?"라고 묻자, 그녀는 "넷째 아들이 없는 것이 너무 후회스럽다"라고 대답했다. 그녀는 "주님! 온 세상을 모두 주님께 드려도 여전히 부족함을 느낍니다."라고 기도하였다.

본문의 묵상을 위한 주제어

1. 칠칠절을 지키되: 하나님께서 거룩하게 구별하신 것을 지켜야 한다.

2. 네게 복을 주신 대로: 위로부터 받은 은혜의 분량에 따라 응답한다.

3. 네 힘을 헤아려-예물: 베풀어 주신 은혜에 자원하여 감사한다.

기도: 상급과는 관련이 없더라도 거룩한 행실에 주목하게 하시옵소서.

주님의 사람으로 다듬어지다

예수께서 이르시되 오히려 하나님의 말씀을 듣고 지키는 자가 복이 있느니라 하시니라. 눅 11:28

새무얼 브랭글Samuel Brengle이 구세군에 지원하였을 때, 그를 면담한 윌리엄 부스는 마지못해서 허락하였다. 브랭글에게는 하나님을 사랑함에 대한 뜨거움은 있었으나 인격적으로 구비되지 못했기 때문이었다.

부스는 그에게 겸손한 마음을 키워 주기 위해 다른 훈련생들의 군화를 닦으라고 지시하였다. 이에, 낙심한 브랭글은 투덜거렸다.

"내가 군화나 닦으려고 내 꿈을 좇아 대서양을 건너왔단 말인가?"

그러던 중, 어느 날 환상 중에 예수님께서 무식한 어부들의 발위로 허리를 굽히시는 모습을 보게 되었다. 주님께서 제자들의 발을 씻기시는 모습은 브랭글에게 말이 없는 깨달음이 되어 주었다.

"주님께서는 그들의 발을 씻기셨습니다. 저는 그들의 구두를 닦겠습니다." 그는 동료들의 군화를 닦으면서 주님의 사람으로 다듬어져 갔다.

본문의 묵상을 위한 주제어

1. 말씀을 듣고: 하나님의 말씀을 듣는다는 것 자체가 복이다.
2. 지키는 자: 말씀에 순종할 때, 말씀이 갖고 있는 능력이 임한다.
3. 복이 있다: 성경에서의 복은 영적인 것의 결과로 말미암는다.

기도: 하나님의 말씀을 순종하여 지켜드리는 한 날이기를 빕니다.

하나님을 만나려면

주께서 하신 말씀이 반드시 이루어지리라고 믿은 그 여자에게 복이 있
도다. 눅 1:45

한 어린 소년이 여행길에 나서 한참을 걸었을 때, 소년은 길에서 지치고 배가 고파 보이는 할머니 한 분을 만났다. 그는 초콜릿을 꺼내 할머니에게 드리자, 고맙게 받아 드시고 소년에게 웃음을 지어 보이셨다.

할머니와 소년은 가끔씩 서로를 바라볼 뿐 다른 말은 한 마디도 하지 않았다. 날이 어두워지자 소년은 집으로 돌아가려고 자리에서 일어섰다. 소년은 몇 걸음 걸어가다 말고 달려가 할머니를 꼭 껴안아드렸다.

집으로 돌아온 소년의 얼굴에는 행복이 넘쳐흘렀다. 소년의 어머니는 소년의 행복한 표정을 보고 소년에게 물었다.

"오늘, 무엇을 했기에 그렇게 행복해 보이니?"

"엄마, 하나님과 함께 점심을 먹었어요. 엄마도 아세요? 하나님은 내가 여태껏 본 중에서 가장 아름다운 미소를 가지셨어요."

본문의 묵상을 위한 주제어

1. 주께서 하신: 하나님의 말씀에는 하나님의 권위와 능력이 있다.

2. 믿은: 주님께서 말씀을 하셨으므로 이루어진다는 것을 믿어야 한다.

3. 복이 있도다: 믿음에 대한 보상은 약속의 성취를 보게 하심이다.

기도: 오늘, 주님께서 저를 찾아오심에 주목하기 원합니다.

개에게서 깨달은 진리

너희는 의인에게 복이 있으리라 말하라 그들은 그들의 행위의 열매를
먹을 것임이요. 사 3:10

루터Martin Luther는 자신의 행동을 따라 눈을 옮기는 개에게 주목하
였다. 개는 식사하는 루터를 쳐다보고 있었다. 그의 손이 컵으로 가
면 개의 눈이 컵으로 옮겨가고, 그의 손이 접시로 가면 개의 눈이 접
시로 옮겨가고, 그가 빵을 입으로 가져가자, 개의 눈도 그의 입으로
왔다.

그때 루터는 하나님의 은혜 안으로 들어가면서 한 가지를 깨닫게
되었다. 자신의 행동을 하나도 놓치지 않으려고 눈을 옮기는 개에
게서 사모함의 의미를 깨닫게 된 것이다.

루터는 작은 소리로 중얼거렸다. "개가 내 손을 쳐다보는 것처럼
나도 하나님만 바라보았더라면 하나님은 내게 더 크게 감동하셨을
것이다."

"나의 삶의 순간, 순간마다 하나님을 바라보며, 시선을 하나님께
로부터 떼지 않는다면 얼마나 하나님께 감동이 되어 있을까?"

본문의 묵상을 위한 주제어

1. 의인에게: 오늘, 하나님 앞에서 의롭다 인정을 받는 것에 주목하자.
2. 복이: 하나님께서 약속하신 복을 붙잡는 한 날이 되어야 한다.
3. 행위의 열매: 오늘, 내가 살아가는 삶에 하나님의 응답하심이 있다.

기도: 오늘을 지내는 중에 하나님께로부터 눈을 떼지 않기 원합니다.

언제나 성취를 향해

찬송하리로다 하나님 곧 우리 주 예수 그리스도의 아버지께서 그리스
도 안에서 하늘에 속한 모든 신령한 복을 우리에게 주시되. 엡 1:3

아모스 패리쉬Amos Parrish에게는 생각하는 버릇이 있었다. 순간적
으로 머리에 떠오르는 것이 있어, 잠시만 생각을 하면 꼬리에 꼬리
를 무는 생각이 이어지곤 하였다. 그는 백화점 업계에서 크게 성공
하였다.

그는 끊임없이 새로운 아이디어를 창출해 내었다. 그를 칭찬하는
사람이 있을 때 그는 그것을 대수롭게 생각하지 않았다. 그리고 이
렇게 말을 하곤 하였다. "이 아이디어를 들어보세요. 나는 지금 이
러한 구상을 하고 있습니다. 이것은 훌륭한 생각입니다."

페리쉬가 94세의 나이로 세상을 떠나려 할 때, 가까운 친구가 그
를 찾아갔더니, "여보게, 여기에 새로운 아이디어가 있어. 이것은
정말 기발한 거야"라고 말하였다. 그는 언제나 성취를 향해 나아갔
으며, 목표를 이루는 과정을 누렸다.

본문의 묵상을 위한 주제어

1. 찬송하리로다: 오늘, 찬양을 받으시기에 합당하신 분을 찬양하라!
2. 그리스도 안에서: 왕의 자녀로서 나의 존재성은 주님 안에서이다.
3. 하늘에 속한: 하나님의 나라에 소망을 두고 살아가는 한 날이 되자.

기도: 하나님이 저에게 축복이심을 찬송하며 지내게 하시옵소서.

나와 함께 하시는 하나님

주의 집에 사는 자들은 복이 있나니 그들이 항상 주를 찬송하리이다 (셀라). 시 84:4

한 젊은 육상 선수가 올림픽에서 명성을 얻은 뒤에 스포츠 해설가가 인터뷰를 요청해서, 성공을 거둔 소감을 말하라는 질문을 받고서 이렇게 말하였다. "하나님께서 발을 내딛는 순간마다 나와 함께 달려주셨기 때문에 제가 최선을 다할 수 있었다고 생각합니다."

이에, 그의 대답을 기다리고 있던 스포츠 해설가는 믿을 수 없다는 듯이 물었다.

"하나님께서 오늘, 당신이 이기도록 도우셨다는 말은 아니지요?"

젊은 육상 선수는 잠시 생각하다가 다음과 같이 대답하였다.

"하나님께서 계시지 않았더라면 내가 오늘 이 자리에 설 수도 없었을 것입니다. 훈련하는 데 필요한 준비도 못했을 것이고, 내가 하고 있는 일에서 최고가 되어야 할 필요성도 깨닫지 못했을 것입니다."

본문의 묵상을 위한 주제어

1. 주의 집에 사는 자들: 오늘, 나의 하루를 하나님께 맡기도록 한다.

2. 복이 있나니: 하나님의 소유가 되었기에, 안식과 평안을 누린다.

3. 찬송하리이다: 하나님께서 나의 입술에 찬송을 담아주신다!

기도: 하나님께 주목하고, 하나님의 지켜주심에 감사하게 하시옵소서.

하나님의 돌보아주심에 대한 확신

내가 그들에게 복을 내리고 내 산 사방에 복을 내리며 때를 따라 소낙비
를 내리되 복된 소낙비를 내리리라. 겔 34:26

프로 골퍼 스타 폴 에이징거Paul Azinger에게 암이라는 선고가 내
려졌다. 병원에서 의사가 전해주는 말을 들었을 때, 충격을 받았다.
완치가 될 가능성이 전혀 없던 그는 두려움과 절망을 이겨내기가 힘
들었다.

암의 두려움이 그의 영혼을 쓰러뜨리려 할 때, 하나님의 은혜가
한 줄기의 빛으로 내라쬐어졌다. 그는 기도 중에 하나님께서 주시
는 평안을 느꼈고, 하나님께서 함께 하심을 느끼게 된 것이다. 하나
님의 은혜는 그에게서 두려움과 절망을 벗겨내셨다.

"무슨 일이 일어날 것인지 하나님께서 말씀해 주신 것도 아니고,
암이 다 없어질 것이라고 가르쳐 주신 것도 아니었지요. 다만 어떤
경우에라도 하나님께서 나를 사랑으로 돌봐주실 것이라는 사실을
뼈저리게 느꼈습니다."

본문의 묵상을 위한 주제어

1. 복을 내리고: 오늘, 나를 위하여 예비 된 복이 내려짐을 기대하자.
2. 산 사방에: 예배 생활을 중심으로 임하는 하나님의 은혜를 바라자.
3. 때를 따라: 적절한 때에 필요한 만큼 복을 베푸시는 하나님이시다!

기도: 자기 백성을 돌아보시는 하나님을 신뢰하게 하시옵소서.

강하고 담대할 수 있었던 이유

너는 하나님과 화목하고 평안하라 그리하면 복이 네게 임하리라.
욥 22:21

코리 텐 붐Corrie ten Boom은 나치 수용소에 갇혀 있을 때, 공포에 질려서 크게 소리를 질렀다. "주님, 견딜 수 없어요. 이제는 믿음도 없습니다." 그녀가 울부짖을 때였다. 개미 한 마리가 나타나 걸음을 옮기다 고여 있는 물을 보고 급히 벽의 조그만 구멍으로 달려 들어가 숨겼다.

그때 마치 주님께서 말씀하시는 것 같았다.

"저 개미를 보아라. 바닥에 물이 있는 것을 보고는 숨을 곳으로 달려가지 않느냐. 코리, 너의 약한 믿음을 보지 말라. 내가 바로 너의 피난처이다. 저 개미와 같이 너는 나에게로 달려오너라."

성령님께서 들려주시는 말씀에 비로소 용기를 얻었다. 방금 전까지도 움츠러들던 몸이 펴지면서 그녀는 용기를 회복하였다. 하나님께서 지켜주신다는 그 확신으로 수용소 생활을 무사히 끝낼 수 있었다.

본문의 묵상을 위한 주제어

1. 하나님과 화목하고: 하나님이 아닌 것을 하나님으로 삼지 말라!
2. 평안하라: 지금, 잠시 어려워도 영혼의 평안을 막는 일은 거절한다.
3. 복이 네게: 하나님께서 함께 해주실 것을 기대하고 견디자.

기도: 성령님께서 일으켜주시는 은혜를 경험하도록 이끌어주시옵소서.

남을 행복하게 해주는 사람

네가 네 하나님 여호와의 말씀을 청종하면 이 모든 복이 네게 임하며 네 게 이르리니. 신 28:2

헨리 클레이Henry Clay는 사람들 사이에서 기쁨이 넘치는 은혜를 받았다. 그는 사람들과의 만남과 그들을 즐겁게 해주는 데서 삶을 즐거워하는 은혜를 누렸다.

그가 한번은 구두를 사려고 상점에 들렀는데 점원이 아주 피곤한 모습으로 매상 전표를 쓰고 있었다. 점원의 얼굴에서는 기쁨이라고 는 조금도 찾아볼 수 없었다. 그래서 제가 그 점원에게 이렇게 말했 다. "글씨를 정말 잘 쓰시는군요. 감탄했어요." 그러자 그 점원은 아 주 밝게 웃으면서 '고마워요. 정말 고마워요' 라고 했다.

그를 만나는 사람들은 기쁨을 선물로 받고, 고마워하였다. 그러자 클레이도 덩달아 즐거웠다. 이렇게 하루를 보내고 나니 그의 하루 는 즐거움으로 넘쳤다.

본문의 묵상을 위한 주제어

1. 네가: 오늘을 지내며 하나님께 복을 받을 것인가를 선택해야 한다.

2. 말씀을 청종하면: 설령 손해가 되어도 하나님의 말씀을 따른다.

3. 모든 복이 네게: 합력하여 선이 되는 과정으로 복이 됨을 기대하자.

기도: 삶의 한 날에, 하나님의 언약을 기다리게 하시옵소서.

잊을 수 없는 은혜

여호와를 경외하며 그의 길을 걷는 자마다 복이 있도다. 시 128:1

1950년, 한국 전쟁이 일어나자, 가족을 잃고, 혼자의 몸이 되어 남쪽으로 내려 온 전쟁고아가 있었다. 소년은 매일매일 허기진 배를 채우느라 쓰레기통을 뒤지기 일쑤였다.

소년은 빌리라는 이름의 미군 사병의 눈에 뜨였다. 소년을 가엾게 여긴 빌리는 그에게 자신의 잔심부름을 시키면서 먹을 것과 잠자리 등을 마련해 주었다. 비로소 의식주의 염려 없는 날들을 보내게 되었다.

1953년 길고도 끔찍했던 한국전쟁이 끝나자 빌리는 고국으로 돌아갔다. 빌리와 헤어진 소년은 모자를 만드는 공장에 취직하게 되었다. 소년은 착실하게 기술을 배웠고 세계적인 모자회사를 일구었다. 그는 광고를 내 빌리를 찾았고, 드디어 36 년만에 뜨거운 만남을 가졌다. 그는 빌리에게 은혜를 갚고 싶었기 때문이었다. 이 사람은 바로 모자 판매량의 35%를 차지하는 영안모자의 백성학 회장이다.

본문의 묵상을 위한 주제어

1. 경외하며: 한날의 삶이 하나님을 예배하는 시간이 되도록 챙긴다.

2. 그의 길을 걷는: 하나님이 말씀이 나의 생활에서 이루어져야 한다.

3. 복이 있도다: 하나님과 동행하는 삶에서 복의 의미를 깨닫는다.

기도: 오늘, 한 날의 삶에서 하나님을 경외함을 유지하게 하시옵소서.

보이지 않는 손길

나는 경건하오니 내 영혼을 보존하소서 내 주 하나님이여 주를 의지하는 종을 구원하소서. 시 86:2

어느 날, 원 형제에게 성령께서 세 번씩이나 나타났다. "너를 나의 증인으로 삼았으니 서쪽과 남쪽으로 가 복음을 전하라." 그는 복음 전도자가 되어서 첫 해에만 2천여 명의 사람들을 하나님께로 인도하였다. 그렇게 약 10년 간 동안에 중국의 여러 지역에서 지하교회의 성도들에게 복음을 전하다가, 중국 공안원들에게 붙잡혀 전기봉과 곤봉, 채찍과 바늘 고문 등 수없이 많은 죽음의 골짜기들을 거쳤다. 모진 고문을 받을 때마다 하나님의 보이지 않는 손길이 그의 생명을 지켜주셨다.

뼈에 가죽만 남은 너무 쇄약해진 그의 몸을 보고 감방 안에 있던 동료 죄수들은 그가 오늘 죽을 것인지 내일 죽을 것인지 내기까지 할 정도였다. 그러나 하나님의 보이지 않는 손길은 그를 떠나지 않고 늘 지켜주셨다. 그의 육체는 쇠하여졌지만 하나님께서 지켜 주셨다.

본문의 묵상을 위한 주제어

1. 경건하오니: 세상에서 하나님의 사람으로 살아가기를 기도하자.
2. 보존하소서: 오늘도 나의 삶이 세상으로부터 구별되기에 주목한다.
3. 주를 의지하는: 구원은 하나님께 있음을 깨닫고 그분을 의지한다.

기도: 환경에 마음을 빼앗기지 않고, 하늘을 바라보게 하시옵소서.

어머니의 말씀

누구든지 내게 들으며 날마다 내 문 곁에서 기다리며 문설주 옆에서 기다리는 자는 복이 있나니. 잠 8:34

한 호텔 방에서 한참 동안을 괴로워하며 몸부림을 치던 젊은이가 한 줄기의 빛을 발견한 것처럼 침대에서 내려와 무릎을 꿇었다.

"하나님, 저를 용서해주십시오. 어릴 적 어머니께서 '하나님은 널 잊지 않으시고, 너에게 참 피난처, 요새가 되신다'고 가르쳐 주셨습니다. 제가 그동안 피난처 되신 하나님을 잊고 살았습니다."

그는 눈물범벅으로 밤이 새도록 회개를 하였다.

그는 무엇인가 결심한 듯 두 주먹을 꽉 쥔 채 방문을 열고 나갔다.

그리고 자신에게 투자를 했던 이들에게로 가서 용서를 빌었다.

"투자자 여러분, 한 번만 용서하시고 상환을 유예해 주시면 원금과 이자 모두를 쳐서 갚겠습니다."

투자자들 가운데서도 가장 큰 피해를 본 두 투자자가 다시 사업을 시작할 수 있도록 해주었다. 그의 새 사업은 대성공을 거두게 되었다.

본문의 묵상을 위한 주제어

1. 내게 들으며: 천국 시민으로서 하늘에 마음을 두고 살아야 한다.
2. 내 문·문설주 옆에서: 잠시라도 하나님에게서 떠나지 않도록 하자.
3. 기다리는 자: 오늘, 은혜가 언제 임할지 몰라 주의하는 심정이 되자.

기도: 하나님을 기다리는 한 날의 은총을 내려주시옵소서.

필사적인 서원기도와 응답하시는 하나님

천사와 겨루어 이기고 울며 그에게 간구하였으며 하나님은 벧엘에서 그를 만나셨고 거기에서 우리에게 말씀하셨나니. 호 12:4

한 주식회사의 대표 이○○ 장로는 33살 나이의 1969년에 갑자기 피를 토하였다. "가망이 없습니다." 의사의 한 마디에 그는 충격을 받았다. 그는 간절히 기도하였다.

"하나님, 한번만 살려 주시면 결핵 환자들을 위하여 이 생명을 바치겠습니다." 생명을 건 필사적인 서원기도였다. 하나님께서 응답하시는 기적이 일어나 병을 고침 받아 완쾌되었다.

하나님께서 자신을 살려주신 체험을 한 후에, 그는 사업 전선에 뛰어 들었다. 그에게 사업을 하는 데는 오직 하나의 목적이 있었다.

"하나님, 이 사업의 이익금은 모두 결핵환자들을 위해 쓰겠습니다."

그는 사업을 통해서 이익을 남기고, 결핵환자를 돕기 위하여 재물을 모았다. 그렇게 열심히 사업을 하니 어느 정도의 재정이 마련되어 결핵환자들을 돕기 위한 조직으로 베데스다 선교회를 만들었다.

본문의 묵상을 위한 주제어

1. 천사와 겨루어: 오늘, 씨름을 하여 이기듯이 기도하며 부르짖자.

2. 벧엘에서 그를 만나셨고: 나를 만나주시는 나의 하나님을 경험하자.

3. 거기에서 우리에게: 내게 말씀하시는 하나님의 음성을 사모하자.

기도: 위기의 순간에, 하나님께의 결단으로 도전하기 원합니다.

스스로 죄인임을 고백한 죄수

보라 내가 속히 오리니 이 두루마리의 예언의 말씀을 지키는 자는 복이
있으리라 하더라. 계 22:7

알렉산더Alexander 대왕이 노예선을 방문했다. 많은 죄수가 끌려와
서 쇠사슬에 묶여 노를 젓는 비참한 노예선이었다.

노예들은 왕에게 자기의 억울함과 죄 없는 것을 변명하고 자기의
결백을 호소하였다.

그들은 자기들은 죄가 없는데 억울하게 누명을 썼다고 항변하였
다. 그런데 그중에 한 사람만이 말이 없었다.

"자네는 왜 말이 없나?" 라고 왕이 물었다.

"나는 여기에서 고생해야 마땅한 죄인입니다."라고 대답했다.

그 말을 들은 알렉산더 대왕이 군인들에게 명령하였다.

"여기, 모든 사람이 죄 없는 사람들인데, 왜 의인들 속에 이 죄인
을 함께 있도록 하느냐? 어서 돌려보내라."

그는 노예선에서 풀려나 집으로 갔다.

본문의 묵상을 위한 주제어

1. 속히 오니리: 예수님께서 지체하지 않으시고 오실 것을 강조하신다.

2. 예언의 말씀: 요한이 예수님께로부터 받은 계시를 의미한다.

3. 지키는 자: 고난 가운데 인내하여 승리한 자들에게 복을 주신다.

기도: 죄를 고백하는 회개의 은혜로 자유하게 하시옵소서.

하나님의 얼굴을 바라볼 뿐-유일한 행복

마음에 간사함이 없고 여호와께 정죄를 당하지 아니하는 자는 복이 있
도다. 시 32:2

나뭇짐으로 근근이 살아가는 나이 많은 노인이 있었다. 그는 혼자 살면서도, 입에서는 찬송이 떠나는 날이 없었다. 산에 가서 나무를 해가지고 내려올 때에는 언제나 교회 앞에 나뭇짐을 세워 놓고 성전에 들어가서 기도를 드린 뒤에 기쁜 얼굴로 나오곤 했다.

날마다 이 모습을 지켜보고 있던 목사가 하루는 그에게 물었다.

"무슨 소원이 그렇게 많아서 늘 기도를 하십니까?"

노인이 대답한다.

"아닙니다. 저는 특별히 무엇을 달라고 기도하는 것이 아닙니다. 그다지 필요한 것도 없습니다. 저는 다만 이 성전에 나와서 하나님의 얼굴을 바라볼 뿐입니다. 그러면 하나님께서도 저를 내려다보십니다. 이렇게 하나님과 마주보는 것만이 저의 유일한 행복입니다. 이제 시간이 얼마 남지 않았으니까요."

본문의 묵상을 위한 주제어

1. 간사함이 없고: 오늘, 나의 마음에 거짓이 없도록 자신을 지킨다.

2. 정죄를 당하지 않음: 고의로 하나님 앞에서 죄를 선택하지 않는다.

3. 복이 있도다: 복은 구한다고 받는 게 아니고, 복이 있는 자가 되자.

기도: 하나님이 자신에게 복이라는 것을 한시도 잊지 않게 하시옵소서.

만원으로 누라는 행복

여호와께서 우리를 생각하사 복을 주시되 이스라엘 집에도 복을 주시고 아론의 집에도 복을 주시며. 시 115:12

남편이 만 원짜리 지폐 한 장을 꺼내어 아내의 손에 쥐어주었다. 요즘 지쳐 보인다며 고기라도 먹고 오라고 말했다. 아내는 만원을 받아들고, 말하였다. "여보, 나 하나도 힘들지 않아요."

며칠 뒤에, 아내는 시아버지에게 만원을 드리며 이렇게 말했다. "아버님. 제대로 용돈 한 번 못 드려서 죄송해요."

시아버지는 그날 노인정에서 며느리 자랑에 하루가 갔다. 그리고 명절에 손녀의 세배를 받고서 만원을 손녀에게 세뱃돈으로 주었다. 세뱃돈을 받아든 손녀는 상을 차리는 엄마에게 달려가 만원을 내밀며 이렇게 말했다. "엄마, 이 돈으로 나 책가방 사줘, 응? 엄마."

순간 아내는 요즘 들어 무척 힘들어 하는 남편이 떠올랐다. 그의 주머니에 쪽지와 함께 만원을 넣어두었다.

"여보, 내일 좋은 것 사드세요."

본문의 묵상을 위한 주제어

1. 우리를 생각하사: 오늘, 하나님을 의지하는 삶으로 그에게 응답한다.
2. 이스라엘 집: 자기 백성으로 삼은 자들에게 복을 약속하셨다.
3. 아론의 집: 하나님을 위하여 특별히 구별된 이들에게도 약속하셨다.

기도: 주님께서 나를 생각해주시는 오늘이라는 것을 알게 하시옵소서.

부유함과 부요함의 차이

삼가 말씀에 주의하는 자는 좋은 것을 얻나니 여호와를 의지하는 자는
복이 있느니라. 잠 16:20

영국의 남극 탐험가 쉐클턴Ernest H. Shackleton은 남극 정복에 나섰
지만, 식량부족으로 돌아와야 했다. 최후의 할당량 건빵을 대원들
에게 나누었다. 몇몇 대원들은 눈을 녹여 차를 끓여서 마지막 건빵
을 먹었지만, 몇몇 대원들은 음식 백에 그것을 집어넣었다.

마지막 힘이 소진될 때, 먹으려고 저축했다. 대원들은 각자 슬리
핑백으로 들어가서 잠을 청하였다. 한참 후에 쉐클턴은 인기척 소
리를 듣게 되었고, 샛눈을 떴다. 그의 눈에 두리번거리는 사람이 보
였다.

그가 가장 신뢰하던 대원이 일어나서 주변을 살피는 것이었다. 그
는 여기저기 둘러보다 자기 옆 대원의 음식 보따리를 열고, 자신의
건빵을 넣어주는 것이었다. 자기의 생명에 대한 보장이었는데 그
모습은 쉐클턴에게 충격이었다. 그는 그때의 그 장면을 평생 잊지
못하였다.

본문의 묵상을 위한 주제어

1. 말씀에 주의하는: 오늘, 하나님의 율례와 계명으로 자신을 다스리자.

2. 좋은 것을 얻나니: 하나님의 말씀이 오늘 하루에도 나를 지켜준다.

3. 여호와를 의지하는: 한 날의 삶은 하나님께 맡김으로 성취된다.

기도: 마음을 바쳐 자신에게 충성을 다하기를 경험하기 원합니다.

진정한 행복을 누린 사람

예수께서 이르시되 오히려 하나님의 말씀을 듣고 지키는 자가 복이 있
느니라 하시니라. 눅 11:28

장 바니에Jean Vanier라는 사람이 있다. 그는 캐나다 외교관의 아들
로 태어나서 해군 장교로 복무했고, 철학을 공부해서 토론토 대학
에서 철학을 가르치다가, 이웃을 위한 부르심을 받고 교수직을 그
만두었다.

장 바니에는 신부로 서품을 받고, 1964년에 프랑스의 트로즐리 브
뢰이에서 정신지체 장애인 두 사람을 섬기는 공동체, 일명 '라르슈'
를 세웠다. 이 이름은 방주를 뜻하는 것이었다. 라르슈는 현재 34개
국에 134곳이 넘는 네트워크를 형성하고 있다.

세상 사람들은 장애인들을 다 무관심하고 버렸지만, 그는 두 명의
장애인과 함께 살고 섬기면서, 오히려 그들 안에서 예수님을 발견
하고 진정한 행복을 누리고 있다. 장 바니에의 이런 희망과 긍휼의
영성이 후에 헨리 누웬에게 정신적으로 큰 영향을 주었다.

본문의 묵상을 위한 주제어

1. 하나님의 말씀을: 나를 움직이고 있는 것은 하나님의 말씀인가?

2. 듣고 지키는: 경험해야 될 생명의 삶은 말씀을 듣고, 지킴이다.

3. 복이 있느니라: 내가 받아 누릴 복은 하나님의 말씀에 약속되었다.

기도: 오늘, 종일의 시간을 하나님의 말씀으로 살기 원합니다.

자기를 내어주는 행복

그러나 의를 위하여 고난을 받으면 복 있는 자니 그들이 두려워하는 것을 두려워하지 말며 근심하지 말고. 벧전 3:14

한 청년이 자살 직전에 삐에르 신부를 찾아왔다. 그는 자신의 가정적인 문제와 경제파탄과 사회적인 지위관계, 그리고 이런저런 상황으로 해서 지금 자살할 수밖에 없다고 하소연을 하였다. 그는 자신이 자살을 선택하지만 그 죄를 조금은 덜어보려고 신부에게 온 것이었다.

삐에르 신부는 그 청년의 이야기를 귀담아듣고 나서, 깊이 동정 어린 말로 위로해주었다. "듣고 보니 그러네. 충분히 자살할 이유가 돼지." 그러더니, 죽기 전에 자기를 조금 도와달라고 하였다.

청년은 어차피 죽을 몸이니 자신이 죽기 전에 신부를 돕겠다고 하면서, 집 없는 사람을 위해서 집을 짓는 일과 불쌍한 사람들을 도와주는 일을 열심히 했다. 얼마의 시간이 흐른 뒤에, 청년은 남들을 섬기고 하는 사이에 나는 살아야 할 이유를 분명히 찾았다.

본문의 묵상을 위한 주제어

1. 고난을 받으면 : 주 예수님의 이름이 오늘, 나에게 고난인가?
2. 두려워하는: 사람들이 두려워하는 것은 두려움의 대상이 아니다.
3. 근심하지 말고: 우리의 근심은 세상에 속한 것이 아니어야 한다.

기도: 주님의 넉넉하게 하심으로 환경을 이기게 하시옵소서.

물질과 행복

여호와의 궤가 가드 사람 오벧에돔의 집에 석 달을 있었는데 여호와께
서 오벧에돔과 그의 온 집에 복을 주시니라. 삼하 6:11

사람들은 물질이 많으면 행복할 것으로 생각하는데 절대 그렇지
않다. 물질과 행복은 별개다. 독일의 유명한 일간지 타게스 슈피겔
지가 영국 런던 정치경제대학의 보고서를 인용해서 물질적 풍요와
행복은 관계가 없을 뿐만 아니라 오히려 반비례하는 경향이 있다고
보도하였다.

영국 런던 정경대의 로버트 우스터Robert Worcester는 세계 54개국
을 대상으로 국민 행복지수를 조사한 적이 있다. 그런데 조사 결과
놀랍게도 미국을 비롯해 일본, 캐나다, 독일 등 이른바 선진국 일곱
개 국가 중 어느 나라도 40위 안에 포함되지 못하였다.

방글라데시, 아제르바이잔, 나이지리아 등 제 3세계 가난한 나라
들의 국민에게서 행복지수가 높게 나타났다. 물질적으로 풍요로운
G7 국가인 미국과 일본, 캐나다, 독일 등이 행복하지가 못하다.

본문의 묵상을 위한 주제어

1. 여호와의 궤: 오늘, 하루의 삶이 예배를 중심으로 이루어지게 하자.
2. 오벧에돔의 집에: 과연 우리 집에 하나님이 계시는지를 확인하자.
3. 온 집에 복을: 우리가 누리를 수 있는 부요는 하나님의 주심이시다!

기도: 성전에서 흐르는 은혜로 만족한 날이 되게 하시옵소서.

예배와 행복

야곱의 하나님을 자기의 도움으로 삼으며 여호와 자기 하나님에게 자기의 소망을 두는 자는 복이 있도다. 시 146:5

나폴레옹 1세 황제가 워털루 전쟁에서 참패하여 세인트 헬레나 섬에서 유배생활을 하고 있을 때였다.

한 기자가 그에게 찾아와 이렇게 물었다.

"평생에 있어서 가장 행복한 순간이 있었다면 언제였습니까?"

그는 한참 눈을 감고 있더니 대답을 했다.

"전투가 치열하던 어떤 주일이었죠. 그때 나는 졸병이었지만 아침에 철모를 벗고 교회에 가서 하나님께 감사하고 눈물을 흘리며 예배를 드린 때가 있었지요.

바로 그때가 내게 있어서 가장 행복했던 때였습니다. 그러나 나는 어느 날부터인가 예배에 빠지기 시작하였고, 지금 전쟁에서 패배하여 이처럼 유배생활을 하고 있습니다."

본문의 묵상을 위한 주제어

1. 자기의 도움으로: 오늘, 사람은 나의 도움이 될 수 없음을 인정한다.

2. 자기 하나님에게: 종일 동안 여호와를 나의 하나님으로 고백한다.

3. 자기의 소망을: 하나님께 나를 맡기고, 소망을 그분에게 둔다.

기도: 오늘, 나의 말과 행위가 예배로 드려지게 하시옵소서.

불행을 행복으로 바꾼 수도자

그러나 주께 피하는 모든 사람은 다 기뻐하며 주의 보호로 말미암아 영원히 기뻐 외치고. 시 5:11상

어떤 마을에 큰불이 나자, 사람들은 염려와 탄식에 이르렀다. 그들은 마을에 있는 수도자를 찾아갔다. 수도자가 신비한 능력을 부려 불을 꺼주기를 바란 것이다.

수도자는 그들의 바람과 달리, "지금쯤 마을이 몽땅 타 없어졌으니 각자 집으로 돌아가서 숯을 긁어모으시오" 라고 하였다. 사람들은 화가 나서 소리 질렀다. "당신 지금 우리를 놀리는 거요?"

그는 말을 이었다. "이미 겨울이 되었으니, 인근의 마을에서 숯이 절실하게 필요할 거요. 그들에게 숯을 팔아서 돈을 버시오. 그 돈이면 훨씬 크고 멋진 집을 지을 수 있을 거외다."

사람들은 돌아와 수도자가 시키는 대로 하여 숯을 주워 팔아 번 돈으로 한결 크고 멋진 집을 지을 수 있었다.

본문의 묵상을 위한 주제어

1. 주께 피하는: 오늘, 하나님께로 돌아서서 그이 보호하심을 기대하자.

2. 주의 보호로: 하나님께서는 이유를 묻지 않으시고, 나를 받아주신다.

3. 주를 즐거워함: 종일, 나의 기쁨과 소망은 하나님이심을 경험하자.

기도: 오늘로서 인생에 만족한, 한 날을 보내게 하시옵소서.

하나님과의 관계

너희가 그리스도의 이름으로 치욕을 당하면 복 있는 자로다 영광의 영 곧 하나님의 영이 너희 위에 계심이라. 벧전 4:14

레프 톨스토이Leo Tolstoy는 원래 귀족 출신으로 온갖 부귀와 영화를 누리며 살았다. 그러나 사실, 그가 누렸던 삶은 거드름을 즐기며, 악하게 행동한 것이다. 이에, 죄에 대한 공포와 불안한 마음으로 지냈다.

그러던 어느 날, 한적한 시골길을 걸어가던 중 한 농부를 만났는데, 그 얼굴에는 유난히도 평화가 깃들어 있었다. 그는 그 농부에게 가서 평화스런 삶의 비결이 무엇이냐고 물었다.

그러자 그는 "하나님을 의지하고 살기 때문에 언제나 내 마음은 기쁠 뿐이다."라고 했다. 그 말은 들은 그는 진지하게 하나님을 찾아 하나님을 만나게 되었고, 과거의 불안과 공포는 사라지게 되었다.

그래서 "하나님을 아는 것이 바로 사는 길이다."라고 까지 고백하게 되었다.

본문의 묵상을 위한 주제어

1. 치욕을: 불신자들에게 비방이나 능욕을 받는 것을 두려워하지 말라!
2. 영광의 영: 오늘을 지내면서 하나님의 영광을 사모해야 한다.
3. 너희 위에: 하나님의 영이 임하는 것을 주목하며 오늘을 살아간다.

기도: 여호와께 순종하므로 사람들을 대하게 하시옵소서.

회개의 선물로 받은 복

이르되 내게 복을 주소서 아버지께서 나를 남방으로 보내시니 샘물도
내게 주소서 하매 갈렙이 윗샘과 아랫샘을 그에게 주었더라. 삿 1:15

주유소에서 지배인으로 일하고 있는 알 존슨Al Jolson은 20세 되던
해, 두 친구와 함께 켄사스의 한 은행을 털었다. 그런데 그날 밤, 두
친구는 교통사고로 목숨을 잃었고, 당시에 사건을 목격한 은행원들
의 잘못된 진술로 존슨은 범인으로 지목을 받지도 않게 되었다. 사
건은 그대로 묻혀 버리고 세월이 흘렀다. 어느 날, 그에게 '하나님의
구원 계획'이라는 제목의 책을 읽으면서 과거에 지었던 자신의 범죄
를 깨닫고, 깊이 뉘우쳤다. 이제야말로 용서받을 때인 것을 알게 되
었다.

그날 이후에, 그는 새로워졌다. 그리하여 죄지은 과거를 고백하고
자 자수를 하였다. 주 당국에서는 범죄자가 자수를 해온 데 대하여
깜짝 놀랐다. 처벌을 받을 줄 알았던 그는 캔사스 주의 '효력정지
법령' 에 의해 석방되었고, 단지 그가 훔쳤던 돈만 다시 갚으면 되었
다.

본문의 묵상을 위한 주제어

1. 복을 주소서: 하나님께서 나에게 약속하신 것을 간절히 구하자.

2. 샘물도 내게 주소서: 오늘, 내게 꼭 소용되는 것을 하나님께 구한다.

3. 그에게 주었더라: 하나님은 구하는 자에게 주시는 아버지이시다!

기도: 하나님께 강청하는 습관을 새롭게 갖기 원합니다.

인고의 1만 시간을 견디어야

또 형제들아 너희를 권면하노니 게으른 자들을 권계하며 마음이 약한 자들을 격려하고 힘이 없는 자들을 붙들어 주며 모든 사람에게 오래 참으라. 살전 5:14

요네하라 마리米原万里는 러시아어 전문 통역사였다. 그녀는, 죽기 전에 '슈칸분슌(週刊文春)'에 이런 글을 쓴 적이 있다.

한창 통역사로 뛰던 시절, "그 정도 통역을 하려면 어느 정도의 어학 실력을 갖춰야 합니까"란 질문을 종종 받았다고 한다. 그때마다 그는 "그 나라의 소설을 즐길 수 있을 정도면 되지 않을까요"라고 대답했다는 것이다. 그야말로 우문(愚問)에 현답(賢答)이다.

그 나라의 소설을 제대로 즐길 수 있다는 것은 사실상 반쯤은 그 나라 사람이 됐다는 뜻이다. 한두 해 반짝 노력해서 될 일이 아니다. 대니얼 레비틴 박사에 따르면 특정 분야에서 최고 수준의 전문가가 되려면 최소한 1만 시간은 그 분야에 쏟아 부어야 한다고 한다.

본문의 묵상을 위한 주제어

1. 권면하노니: 하나님의 말씀을 대할 때마다 권고를 받아야 한다.

2. 권계, 격려, 붙듦: 연약함은 비난의 대상이 아니라 위로해야 한다.

3. 오래 참으라: 성도의 사랑과 교제는 피차 오래 참음에서 완성된다.

기도: 연약한 지체를 비난하기 전에, 그들을 격려하게 하시옵소서.

교사의 인내와 사랑

인내를 온전히 이루라 이는 너희로 온전하고 구비하여 조금도 부족함
이 없게 하려 함이라. 약 1:4

스코틀랜드의 한 교회에, 고아로 성격이 난폭한 말썽꾸러기 소년
이 있었다. 교회학교 교사가 그에게 옷을 선물했는데 며칠이 못 가
찢어서 쓰레기통에 버리곤 하였다.

사람들은 교사에게 충고했다.

"저 아이는 구제불능입니다. 더는 사랑을 쏟을 필요가 없어요."

그러나 교사는 소년에게 세 번째로 좋은 옷을 선물하며 속삭였다.

"네가 옷을 버리는 것은 용서한다. 그러나 교회 출석은 계속한다
고 약속해다오."

결국, 이 말썽꾸러기 소년은 예수님을 영접하고, 새사람이 되었
다. 이 소년이 후에 중국 선교사가 된 로버트 모리슨Robert Morrison
목사였다.

본문의 묵상을 위한 주제어

1. 인내를: 신앙의 삶은 중도에서 포기하지 말고, 끝까지 견딤이다.

2. 구비하여: 신앙의 덕목에서 갖추어져야 할 것을 온전히 이룸이다.

3. 부족함이 없게: 주님의 형상을 닮겠다는 각오로 자신에게 도전하자.

기도: 우리에 대하여 참으시는 주님의 인내를 배우게 하시옵소서.

거미에게서 인생을 배운 왕

너희에게 인내가 필요함은 너희가 하나님의 뜻을 행한 후에 약속하신 것을 받기 위함이라. 히 10:36

잉글랜드와 스코틀랜드는 오랫동안 전쟁을 벌여왔다. 잉글랜드의 침입을 받은 스코틀랜드의 군사들이 패전했고, 나중에는 스코틀랜드 왕 한 사람만이 남게 되어 잉글랜드의 군인들을 피하여 움막에 몸을 숨겼다.

그때, 한 마리의 거미가 천정에서 부지런히 작업을 하고 있었다. 거미는 지붕 밑 서까래에서 거미줄을 늘어뜨리다가 떨어지고 말았다. 거미는 원래의 처음 자리로 다시 돌아가더니 그 작업을 계속하였다. 거미는 무려 일곱 번째 시도를 하더니 멋지게 목표지점에 몸을 착 붙여 집을 짓기 시작하였다.

왕은 자신도 모르게 일어나 거미에게 최대의 경의를 표했다. 그리고 그는 산에서 내려와 자신도 일곱 번째로 전열을 가다듬어 싸워 큰 승리를 거두게 되었다.

본문의 묵상을 위한 주제어

1. 인내가: 성도에게 다른 이름이 있다면 하나님을 기다리는 사람이다.
2. 하나님의 뜻: 인내하는 시간을 통해서 하나님의 뜻을 배워야 한다.
3. 약속을: 하나님의 자녀에게 맺은 약속이 나의 보상이 되어야 한다.

기도: 자신을 내세우지 않도록 주의하게 하시옵소서.

다빈치의 어린 시절

하물며 하나님께서 그 밤낮 부르짖는 택하신 자들의 원한을 풀어 주지
아니하시겠느냐 그들에게 오래 참으시겠느냐. 눅 18:7

탁월한 재능의 레오나르도 다 빈치Leonardo da Vinci도 어렸을 때는
주위 사람들의 따돌림을 받던 소극적인 아이에 불과했다. 그의 어
린 시절은 부모 없이 자란 고아 소년이었다.

그는 집 밖으로 나가는 것 자체를 싫어하였다. 나중에는, 무슨 일
이든지 해보기도 전에 지레 포기하는 버릇까지 생겼다.

이때, 그를 말 한마디로 건져준 사람이 있었다. 부모를 대신해서
그를 맡아 키우고 있던 그의 할머니였다. 할머니는 그가 아침에 집
을 나설 때마다 귀에 대고 속삭여 주었다.

"너는 무엇이든지 할 수 있어. 할머니는 너를 믿는다."

할머니는 숨을 거두던 날까지 다 빈치에게 그 말을 단 하루도 거
른 적이 없었다.

본문의 묵상을 위한 주제어

1. 밤낮 부르짖는: 하나님은 소원을 들어주시려고 부르짖게 하신다.

2. 원한을: 오늘, 하나님 앞에서 나의 기도가 원한이 되기를 간구하자.

3. 그들에게: 하나님의 자녀에게는 응답이 보장되어 있음을 확신한다.

기도: 성령님의 감동하심이 있는 데까지 참게 하시옵소서.

1미터 철학

그러므로 너희는 하나님이 택하사 거룩하고 사랑 받는 자처럼 긍휼과
자비와 겸손과 온유와 오래 참음을 옷 입고. 골 3:12

어떤 청년이 일확천금의 꿈을 안고 자신의 재산을 다 쏟아 금광을
샀다. 그는 산을 파면 금덩어리가 나올 것을 기대하고 채굴하였다.
그러나 기대하던 금이 나오지 않자 금광을 팔았다. 그런데 새로 인
수한 사람이 1미터쯤 더 파자 노다지가 터져 나왔다.

금광을 판 청년은 억울해서 견디기 힘들어 하였다. 그렇지만 그는
여기에서 귀한 교훈을 얻었다. 최후의 1미터까지 온 힘을 다해야 성
공할 수 있다는 것을 깨달았다.

맨손으로 다시 시작해야 하는 그는 보험회사 영업사원으로 일하
며, 고객을 대할 때마다 내가 여기에서 포기하면 이때까지 기울인
모든 수고가 헛것이 된다는 생각으로 끝까지 온 힘을 다해 보험 가
입을 성사시켰다. '1미터 철학'이 결국 그를 거부로 만들었다.

본문의 묵상을 위한 주제어

1. 하나님이 택하사: 오늘, 하나님께서 택하신 자처럼 살려 해야 한다.

2. 긍휼-오래 참음: 예수님께서 보여주셨던 성품을 본받도록 소망하자.

3. 옷 입고: 옛사람과 대비해서 새사람으로서 자기를 나타낼 행동이다.

기도: 오늘, 자신에게 맡겨진 역할에 최선을 기울이게 하시옵소서.

언제까지라도 참아야

이제 인내와 위로의 하나님이 너희로 그리스도 예수를 본받아 서로 뜻이 같게 하여 주사. 롬 15:5

중국에서 한 젊은이가 벼슬자리를 얻어 임지로 떠나게 되었다. 그가 고향에서 떠나는 날, 함께 지냈던 친구들이 전송을 나와 주었다. 한 친구가 그에게 부탁어린 조언을 하였다.

"친구여, 벼슬자리에서 일하려면 무엇이건 참아야 하네."

젊은이는 그에게 고맙다는 마음을 전하며, "아무렴, 참아야지."라고 응답했다. 그런데 칭찬도 세 번 하면 듣기가 싫다고 한다는데, 네 번씩이나 충고를 하자 젊은이는 화를 내었다.

"한두 번 말했으면 됐지? 네 번씩이나 누구를 조롱하는 것인가?"

그러자, 그 친구가 말을 하였다. "친구여, 보게나. 내가 네 번을 말했다고 자네가 화를 내면 쓰겠나? 인내라는 것은 이렇게도 힘든 일이라네. 나는 자네가 잘 참아낼 줄로 믿네."

본문의 묵상을 위한 주제어

1. 인내와 위로: 나그네로 잘 살기 위해서 인내와 위로가 요구된다.

2. 예수를 본받아: 나의 삶의 방향은 그리스도를 따름이어야 한다.

3. 서로 뜻이 같게: 예수 안에서 지체들은 모든 것에 같도록 인내한다.

기도: 주님을 생각하고, 주님을 본받는 한 날로 지내기 원합니다.

실패가 아닌 성공을 위한 계획

좋은 땅에 있다는 것은 착하고 좋은 마음으로 말씀을 듣고 지키어 인내로 결실하는 자니라. 눅 8:15

어떤 청년이 정치에 관심을 갖고 있었다. 22세에 인생의 첫 번째 사업에 실패한 후에 정치가 자신의 길이라고 생각하였다. 이듬해부터 지방의회 선거에 세 번 입후보했으나 실패하였다. 그 후에 38세 때, 하원의원선거에 도전했으나 떨어졌다.

43세에 재차 하원의원선거에 도전했으나 또 낙선했다. 그는 계속해서 실패하다가 미국의 대통령에 당선되었다. 그의 이름은 에이브러함 링컨이다. 많은 이들이 당선축하 인사를 하였다.

"그렇게도 많이 실패하시더니 드디어 성공하셨군요?" 그러자 링컨은 미소를 지으며 이렇게 대답하였다.

"실패라고요. 저는 전혀 실패한 적이 없습니다. 그동안 마신 고배는 성공을 위한 하나님의 계획이었습니다."

본문의 묵상을 위한 주제어

1. 착하고 좋은: 나의 삶이 하나님의 뜻에 맞추어드리기를 기도하자.
2. 말씀을 듣고: 하늘의 말씀이 나의 생각과 행동을 지배하고 있는가?
3. 결실하는: 인내는 열매를 기대하기는 하나님의 방법이다.

기도: 주님의 평안을 나누는 메신저가 되게 하시옵소서.

목숨을 끊은 아내

오래 참으면 관원도 설득할 수 있나니 부드러운 혀는 뼈를 꺾느니라.
잠 25:15

1815년 6월, 프랑스는 연합군과 워털루에서 치열하게 전투를 벌였다. 이 전쟁에서 프랑스는 패하였다. 이 전쟁에서 한 젊은 아내는 자신의 남편이 전사했다는 소식을 신문 보도로 알게 되었다.

그녀는 절망한 나머지 타락하여 길거리에서 웃음을 파는 매춘부로 전락하고 말았다. 그런데 어느 날, 죽었다는 남편이 돌아온다는 소식을 들었다. 남편은 전사한 것이 아니었고 신문의 보도가 잘못된 것이었다.

남편은 사랑하는 아내를 만나려는 기쁨과 희망에 부풀어 선물을 한 아름 안고 집으로 돌아왔으나 자기를 기쁘게 맞아야 할 아내는 없었다. 그는 빈 집에 들어서며 낙심에 빠지고 말았다.

젊은 아내는 자기가 인내심이 없었음을 후회하며, 남편에게 자기의 더럽혀진 몸을 보이고 싶지 않아서, 스스로 목숨을 끊어버렸던 것이다.

본문의 묵상을 위한 주제어

1. 오래 참으면: 모든 일에, 당장 결과를 보려 말고, 기다리도록 하자.
2. 설득할 수 있나니: 적도 나의 편이 되기까지 기다리면서 상대하자.
3. 부드러운 혀: 이웃에게는 공격이 아니라 설득으로 다가간다.

기도: 주님과 동행하는 삶에서 벗어나지 않게 하시옵소서.

절대 굽힐 줄 모르는 사람

그의 영광의 힘을 따라 모든 능력으로 능하게 하시며 기쁨으로 모든 견 딤과 오래 참음에 이르게 하시고 골 1:11

1940년에 제스턴 칼슨Carlson은 하나의 아이디어를 개발하여, 상품화할만한 회사를 찾아다녔지만 누구도 그의 아이디어를 받아주지 않았다. 그는 무려 7년 동안 20개 회사를 찾아다녔다. 그는 실망하지 않고, 자신을 인정해줄 사람이 나타날 것이라는 생각을 버리지 않았다.

어느 날, 그는 뉴욕의 해로이드 컴퍼니라고 하는 회사의 사장과 만나서 자기 아이디어를 이야기하기 시작하였다.

"사장님, 나에게 기회를 주십시오. 조금만 도와주면 할 수 있습니다."

그의 말에 사장은 감동을 받고 시범적으로 그 제품을 만들어보게 했다. 그의 아이디어가 제품으로 만들어지자 이 제품은 전 세계로 날개 달린 듯이 퍼져나가기 시작했고 이 두 사람은 엄청난 돈을 벌어서 돈방석 위에 앉게 되었다. 이 제품이 바로 복사기였다.

본문의 묵상을 위한 주제어

1. 능하게 하시며: 하루를 사는데 필요한 능력은 위로부터 임한다.
2. 모든 견딤: 하나님은 유혹과 저항을 물리치고 정진하기를 원하신다.
3. 오래 참음: 혹시 실패하였다 하더라도 좌절하지 않고 밀고 나가자.

기도: 끝날 때까지는 마지막이 아니라는 것을 기억하기 원합니다,

간호사의 기타로 바뀐 운명

이기는 자와 끝까지 내 일을 지키는 그에게 만국을 다스리는 권세를 주리니. 계 2:26

　오래 전에, 마드리드에서 한 축구 선수가 교통사고로 심각한 상처를 입어, 축구 영웅이 되는 꿈을 접어야 하였다. 그는 병상에서 치료하면서 지낼 때, 인생을 포기한 듯이 우울한 날들을 보내야 하였다.
　이때, 한 간호사가 그를 안타깝게 생각해서 기타를 가져다주었다. 그는 간호사가 건네주는 기타를 받아 들었고, 이날부터 전혀 새로운 길에 들어서게 되었다.
　병원에서 퇴원을 한 후에, 그는 기타를 치면서 아름다운 음성으로 전 세계의 사람들을 사로잡았다. 그는 성공을 거둔 가수가 되었다.
　그리하여 사람들은 그를 축구 선수가 아닌 가수 훌리오 이글레시아스Julio Iglesias로 기억하게 되었다. 한 간호사의 환자를 일으켜보겠다는 인내가 훌륭한 가수를 탄생시켰다.

본문의 묵상을 위한 주제어

1. 이기는 자: 주님의 권면에 순종하는 승리자가 되기를 다짐한다.
2. 내 일을 지키는: 주님께서 다시 오시는 그날까지 사명을 감당한다.
3. 만국을 다스리는 권세: 세상의 종이 되지 말고, 다스리도록 하자.

기도: 오직 인내로서 하나님의 영광을 보게 하시옵소서.

도벽을 치료하는 약

또 너희가 내 이름으로 말미암아 모든 사람에게 미움을 받을 것이나 끝까지 견디는 자는 구원을 받으리라. 막 13:13

도벽이 심한 학생이 교목에게 상담하였다. 목사는 그의 행실을 비난하지 않고, 그에게 하나님의 은총이 임하기를 원하였다.

"도적질을 안 하려고 하지 말고, 가지려던 것과는 반대로 베푸는 일을 시작해보게. 학비가 모자라거나 학용품이 부족한 친구들에게 자네가 갖고 있는 것을 주는 생활을 해보게."

그리고 이렇게 덧붙였다. "학생, 우리가 결심만 해서는 그 일을 할 수 없다네. 그러나 우리에게 그것을 할 수 있도록 도와주시는 분이 계시지. 그분은 바로 예수님이시라네."

그는 그 자리에서 교목에게 복음을 듣고, 예수님을 영접하였다. 그리고 남을 돕는 생활을 결심하고 실천하였다. 그는 자기 반에서 제일 가난한 학생에게 자기 용돈을 모아 그것을 그에게 모두 주었다.

본문의 묵상을 위한 주제어

1. 내 이름으로: 주님이 이름 때문에 받아야 할 것을 감사로 여긴다.
2. 미움을 받을: 세상의 방법이 아닌, 주님을 따를 것을 다짐한다.
3. 구원을 받으리라: 오늘, 하나님에 대한 기대를 놓지 말아야 한다.

기도: 여호와께 복된 사람이라는 증거의 하루를 주시옵소서.

주일 성수는 하늘을 오르는 사닥다리

모든 것을 참으며 모든 것을 믿으며 모든 것을 바라며 모든 것을 견디느니라. 고전 13:7

어떤 할머니가 꿈을 꾸었는데, 여러 개의 사닥다리가 각각 자기 앞에 놓여 있었다. 자기 옆에 있는 김 집사의 사닥다리는 온전하여 한 발, 한 발 잘 올라갔다. 그런데 자기 것은 중간, 중간에 다리가 없어 오르기가 힘이 들었다. 그녀는 천사에게 물었다.

"왜 내 사닥다리는 이렇게 생겼소?"

천사는 말하기를, 자매가 주일마다 결석한 대로 그 다리가 빠졌노라고 했다. 중간쯤 오르니 디디고서야 할 다리가 네 개나 빠져서 도저히 오를 수 없어서 힘쓰다가 떨어져 죽는구나 하고 깨어 보니 꿈이었다.

그녀는 식은땀을 흘리며 잠자리에서 일어나 하나님께 주일 범한 것을 회개하였다.

본문의 묵상을 위한 주제어

1. 모든 것을: 하나님의 자녀에게는 모든 것은 협력하여 선을 이룬다!
2. 참음, 견딤: 오늘, 모든 역경과 고난에 처해져도 유익할 것이다.
3. 믿음, 바람: 어떤 경우에 부딪쳐도 하나님의 섭리에 소망을 둔다.

기도: 모든 일들에 여호와께 드림에 초점을 두게 하시옵소서.

성경으로 찾아보기(색인)